捜査研究　臨時増刊号

捜査官のための
三段対照式・刑法

捜査法研究会　編

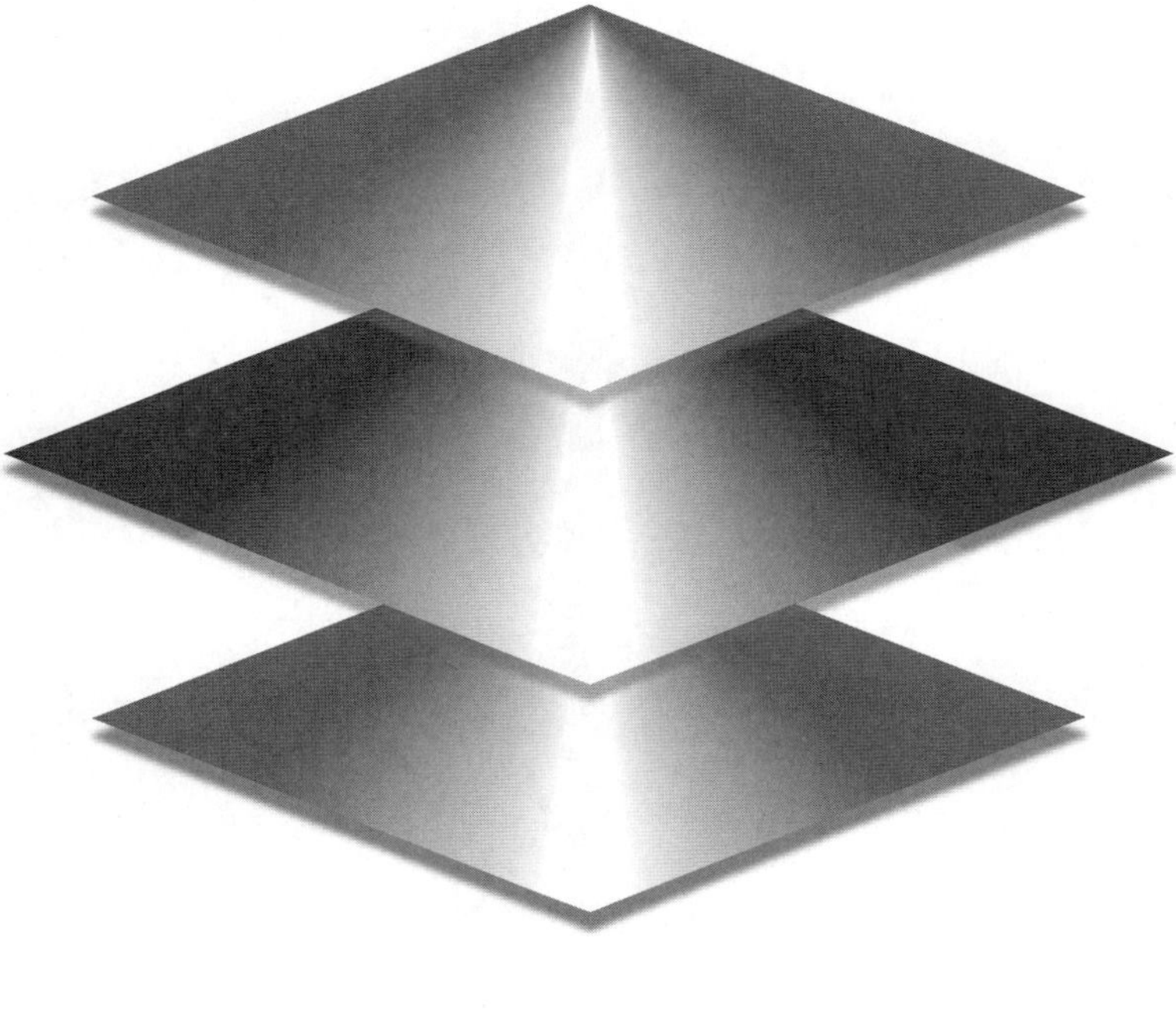

東京法令出版

凡　例

【本書の編集方針】

本書は、警察における迅速・的確な捜査活動等の便宜に資するため、刑法を上段に逐条で登載し、刑事訴訟法等の手続法を中段に、特別法等を下段に掲載するなど、関連する諸法令の重要条文を対照して参照できるよう、三段対照式としました。


【収録の基準】

本書は、平成三〇年七月一日現在公布されている法令を収録しました。

なお、平成三〇年八月三一日までに施行される法令改正については、その改正を加え、平成三〇年九月一日以降に施行される法令改正については、冒頭の法令名の次にその扱いを注記しました。


【各法令の公布及び最終改正】

各法令の公布及び最終改正の年月日・法令番号は、冒頭に一括して掲載しました。


【条文見出しの表示】

公布時に条文見出しのないものには、編集者が条文の内容の要旨を、〔　〕を用いて付記しました。


【項番号の表示】

公布時に項番号のない法令には、編集者が②、③、④等の表示を付記しました。


【手続法・特別法の掲載】

手続として参照する法条、及び刑法を参照している法条を、選択し掲載しました。

なお、必要な条項のみを抜粋して掲載しています。


【本書の見方】

次頁以降に掲載しましたので、参照してください。

【本書の見方】

凡例としての便宜上、実際の誌面とは異なります。黒丸数字はⅢ頁の説明文に該当しています。

上段…刑法

中段…手続法

下段…特別法

101　第3章　外患に関する罪 ❸

第三章　外患に関する罪

（外患誘致）

第八十一条　外国と通謀して日本国に対し武力を行使させた者は、死刑❶に処する。

刑法〔未遂〕八七〔予備・陰謀〕八八 ❷

（外患援助）

第八十二条　日本国に対して外国から武力の行使があったときに、これに加担して、その軍務に服し、その他これに軍事上の利益を与えた者は、死刑又は無期若しくは二年以上の懲役に処する。

刑法〔未遂〕八七〔予備・陰謀〕八八

例示〔その他本条の例に従う罪〕航空危険七、人質五、麻薬六九の六、覚せい剤四一の一二、麻薬特一〇、入管法七四の七、貸金業五〇の四、金商二〇三の二等

◆日本国憲法

（国民の要件）

第一〇条　日本国民たる要件は、法律でこれを定める。

用語〔法律〕国籍二―四 ❹

◆少年法

（死刑と無期刑の緩和）

第五一条　罪を犯すとき十八歳に満たない者に対しては、死刑をもつて処断すべきときは、無期刑を科する。

❺

緊逮	即決	裁員	被参	医療	テロ等	公訴時効
○	×	○	×	×	×	25(15)

勾再延　未遂　予備

◆少年法

（死刑と無期刑の緩和）

第五一条　罪を犯すとき十八歳に満たない者に対しては、死刑をもつて処断すべきときは、無期刑を科する。

2　罪を犯すとき十八歳に満たない者に対しては、無期刑をもつて処断すべきときであつても、有期の懲役又は禁錮を科することができる。この場合において、その刑は、十年以上二十年以下において言い渡す。

◆破壊活動防止法

（内乱、外患の罪の教唆等）

第三八条　刑法第七十七条、第八十一条❻若しくは第八十二条の罪の教唆をなし、又はこれらの罪を実行させる目的をもつてその罪のせん動をなした者は、七年以下の懲役又は禁こに処する。

2　左の各号の一に該当する者は、五年以下の懲役又は禁こに処する。

二　刑法第七十七条、第八十一条又は第八十二条の罪を実行させる目的をもつて、その実行の正当性又は必要性を主張した文書又は図画を印刷し、頒布し、又は公然掲示した者

三　刑法第七十七条、第八十一条又は第八十二条の罪を実行させる目的をもつて、無線通信又は有線放送により、その実行の正当性又は必要性を主張する通信をなした者

◆破壊活動防止法

（内乱、外患の罪の教唆等）

第三八条　刑法第七十七条、第八十一条若しくは第八十二条の罪の教唆をなし、又はこれらの罪を実行させる目的をもつてその罪のせん動をなした者は、七年以下の懲役又は禁こに処する。

2　左の各号の一に該当する者は、五年以下の懲役又は禁こに処する。

二　刑法第七十七条、第八十一条又は第八十二条の罪を実行させる目的をもつて、その実行の正当性又は必要性を主張した文書又は図画を印刷し、頒布し、又は公然掲示した者

◆航空機の強取等の処罰に関する法律

（国外犯）

第五条　前四条の罪は、刑法（明治四十年法律第四十五号）第二条の例に従う。

❼

➡第一条（航空機の強取等）
第二条（航空機強取等致死）
第三条（航空機強取等予備）
第四条（航空機の運航阻害）

❶ 刑法の条文中、特定の用語を補う法令を中・下段に掲載した場合、その用語にサイドラインを付しました。

❷ 刑法は、刑法同士の参照を示し、該当条数を掲げました。

❸ 例示は、条文を掲載していない法令で、刑法の規定の例示となる法令名又は法令名略語と該当条数を掲げました。

❹ 用語は、条文を掲載していない法令で、特定の用語を補う法令名又は法令名略語と該当条数を掲げました。

❺ **捜査手続早見表**

刑法各論（「第二編　罪」）の各罪について捜査手続の便宜に資するため、捜査手続早見表を掲載しました。

・「緊逮」欄　○＝緊急逮捕できる罪。×＝緊急逮捕できない罪。
・「即決」欄　○＝即決裁判手続（平成一八年一〇月二日から施行）の対象となり得る罪。×＝対象とはならない罪。
・「裁員」欄　○＝裁判員裁判対象事件（平成二一年五月二一日から施行）。×＝対象事件ではありません。
・「被参」欄　○＝犯罪被害者等が刑事裁判に参加する制度（平成二〇年一二月一日から施行）の対象事件。×＝対象事件ではありません。
・「医療」欄　○＝心神喪失等の状態で重大な他害行為を行った者の医療及び観察等に関する法律（平成一七年七月一五日から施行）の対象行為。△＝往来危険妨害致死傷などその行為の中に傷害行為等を含んでいる場合には、対象となり得ます。×＝対象行為ではありません。
・「テロ等」欄　Ⅰ＝組織的犯罪処罰法第六条の二第一項第一号・第二項のテロ等準備罪（五年以下の懲役又は禁錮）の対象犯罪。Ⅱ＝同条第一項第二号・第二項のテロ等準備罪（二年以下の懲役又は禁錮）の対象犯罪。×＝対象犯罪ではありません。
・「公訴時効」欄の数字＝公訴時効期間を示し、平成一六年以降、公訴時効期間に変更のあった刑法上の犯罪については、変更前のものを（　）をもって示しました。

未遂＝未遂犯の処罰があることを示します。
予備＝予備又は陰謀罪があることを示します。
親告＝親告罪であることを示します。
親族＝親族間の犯罪の特例があることを示します。
勾再延＝勾留期間が再延長できることを示します。
自首免刑＝自首による刑の免除があることを示します。
自首減免＝自首による刑の減軽があることを示します。
自白減免＝自白による刑の減軽があることを示します。
情状免刑＝情状による刑の免除があることを示します。

❻ 刑法を準用・参照している場合は、サイドラインを付しました。

❼ 掲載した条文中に引用している条項がある場合、その条項を太字で示し、内容が分かるよう、□で囲み、⬇の下に条項と見出しを掲げました。

【参照条文の見方】

・1、2……刑法の1項、2項……を示します。
一、二……刑法の一号、二号……を示します。
・〔　〕内は参照する語句及び内容を示します。これを細分した場合は、細分した内容を示し、＝のあとに関係法条を掲載しました。
・参照する法令を略語等で示すとともに、条に続けて①、②を用いて項数を、1、2を用いて号数を示しました。また、同じ法令の条数は「・」で、異なる法令の間は「、」で区切りました。

刑法

○刑法

（明治四十年四月二十四日 法律第四十五号 改正平成二九・六法七二）

目次

第一編　総則……6
第一章　通則（第一条―第八条）……6
第二章　刑（第九条―第二十一条）……14
第三章　期間計算（第二十二条―第二十四条）……39
第四章　刑の執行猶予（第二十五条―第二十七条の七）……41
第五章　仮釈放（第二十八条―第三十条）……57
第六章　刑の時効及び刑の消滅（第三十一条―第三十四条の二）……67
第七章　犯罪の不成立及び刑の減免（第三十五条―第四十二条）……73
第八章　未遂罪（第四十三条・第四十四条）……85
第九章　併合罪（第四十五条―第五十五条）……86
第十章　累犯（第五十六条―第五十九条）……89
第十一章　共犯（第六十条―第六十五条）……90
第十二章　酌量減軽（第六十六条・第六十七条）……96
第十三章　加重減軽の方法（第六十八条―第七十二条）……96
第二編　罪……99
第一章　削除
第二章　内乱に関する罪（第七十七条―第八十条）……99
第三章　外患に関する罪（第八十一条―第八十九条）……101

手続法

手続法

○日本国憲法（抄）（公布昭二一・一一・三 施行昭二二・五・三）

○刑事訴訟法（抄）（昭二三・七・一〇法一三一 改正平二九・六法七二）

○刑事補償法（抄）（昭二五・一・一法一 改正平一九・六法八八）

注＝平成二九年六月二日法律第四五号による改正（平成三二年四月一日から施行）については、施行までに期間がありますので、改正を織り込んでありません。

○恩赦法（抄）（昭二二・三・二八法二〇 改正平二五・六法四九）

○裁判所法（抄）（昭二二・四・一六法五九 改正平二九・六法六七）

○年齢計算ニ関スル法律（抄）（明三五・一二・二法五〇）

○民法（抄）（明二九・四・二七法八九 改正平二八・六法七一）

注＝平成二九年六月二日法律第四四号による改正（平成三二年四月一日から施行）及び平成三〇年六月二〇日法律第五九号による改正（平成三四年四月一日から施行）については、施行までに期間がありますので、改正を織り込んでありません。

○民事訴訟法（抄）（平八・六・二六法一〇九 改正平二九・六法四五）

○警察法（抄）（昭二九・六・八法一六二 改正平二九・五法二九）

○警察官職務執行法（抄）（昭二三・七・一二法一三六 改正平一八・六法九四）

○会計法（抄）（昭二二・三・三一法三五 改正平二九・六法四五）

特別法

特別法

○刑法施行法（抄）（明四一・三・二八法二九 改正平一四・六法六〇）

○組織的な犯罪の処罰及び犯罪収益の規制等に関する法律（抄）（平一一・八・一八法一三六 改正平三〇・三法七）

○軽犯罪法（抄）（昭二三・五・一法三九 改正昭四八・一〇法一〇五）

○盗犯等ノ防止及処分ニ関スル法律（抄）（昭五・五・二二法九 改正平二九・六法七二）

○航空の危険を生じさせる行為等の処罰に関する法律（抄）（昭四九・六・一九法八七 改正昭五二・一一法八二）

○航空機の強取等の処罰に関する法律（抄）（昭四五・五・一八法六八 改正昭五三・五法四八）

○暴力行為等処罰ニ関スル法律（抄）（大一五・四・一〇法六〇 改正平二九・六法六七）

○人質による強要行為等の処罰に関する法律（抄）（昭五三・五・一六法四八 改正平一六・六法一一五）

○通貨及証券模造取締法（抄）（明二八・四・五法二八 改正明二八・四法二八）

○爆発物取締罰則（抄）（明一七・一二・二七太政官布告三二 改正平二九・六法六七）

○経済関係罰則ノ整備ニ関スル法律（抄）（昭一九・二・一〇法四 改正平一九・六法七四）

○犯罪捜査のための通信傍受に関する法律（抄）（平一一・八・一八法一三七 改正平二八・六法五四）

注＝平成二八年六月三日法律第五四号による改正の一部（平成三一年六月二日までの間において政令で定める日から施行）については、施行までに期間がありますので、改正を織り込んでありません。

刑法

第四章 国交に関する罪（第九十条—第九十四条）……102
第五章 公務の執行を妨害する罪（第九十五条—第九十六条の六）……103
第六章 逃走の罪（第九十七条—第百二条）……113
第七章 犯人蔵匿及び証拠隠滅の罪（第百三条—第百五条の二）……119
第八章 騒乱の罪（第百六条・第百七条）……122
第九章 放火及び失火の罪（第百八条—第百十八条）……123
第十章 出水及び水利に関する罪（第百十九条—第百二十三条）……129
第十一章 往来を妨害する罪（第百二十四条—第百二十九条）……131
第十二章 住居を侵す罪（第百三十条—第百三十二条）……136
第十三章 秘密を侵す罪（第百三十三条—第百三十五条）……136
第十四章 あへん煙に関する罪（第百三十六条—第百四十一条）……141
第十五章 飲料水に関する罪（第百四十二条—第百四十七条）……142
第十六章 通貨偽造の罪（第百四十八条—第百五十三条）……144
第十七章 文書偽造の罪（第百五十四条—第百六十一条の二）……145
第十八章 有価証券偽造の罪（第百六十二条・第百六十三条）……152
第十八章の二 支払用カード電磁的記録に関する罪（第百六十三条の二—第百六十三条の五）……153

手続法

○更生保護法（抄）（平一九・六・一五法 八八 改正平二八・六法 五四）
○薬物使用等の罪を犯した者に対する刑の一部の執行猶予に関する法律（抄）（平二五・六・一九法 五〇）
○少年法（抄）（昭二三・七・一五法一六八 改正平二八・六法 六三）

特別法

○心神喪失等の状態で重大な他害行為を行った者の医療及び観察等に関する法律（抄）（平一五・七・一六法一一〇 改正平二九・六法 七二）
○警察等が取り扱う死体の死因又は身元の調査等に関する法律（抄）（平二四・六・二二法 三四）
○日本国とアメリカ合衆国との間の相互協力及び安全保障条約第六条に基づく施設及び区域並びに日本国における合衆国軍隊の地位に関する協定の実施に伴う刑事特別法（抄）（昭二七・五・七法一三八 改正平二三・六法 七四）
○麻薬及び向精神薬取締法（抄）（昭二八・三・一七法 一四 改正平二七・六法 五〇）
○あへん法（抄）（昭二九・四・二二法 七一 改正平二五・六法 四四）
○国際的な協力の下に規制薬物に係る不正行為を助長する行為等の防止を図るための麻薬及び向精神薬取締法等の特例等に関する法律（抄）（平三・一〇・五法 九四 改正平二六・六法 七四）
○公職選挙法（抄）（昭二五・四・一五法一〇〇 改正平三〇・六法 六五）
○公職にある者等のあっせん行為による利得等の処罰に関する法律（抄）（平一二・一一・二九法一三〇 改正平一四・七法 九一）
○議院における証人の宣誓及び証言等に関する法律（抄）（昭二二・一二・二三法二二五 改正平二六・六法 八六）
○地方公務員法（抄）（昭二五・一二・一三法二六一 改正平二九・五法 二九）
○一般社団法人及び一般財団法人に関する法律（抄）（平一八・六・二法 四八 改正平二九・六法 四五）
○戸籍法（抄）（昭二二・一二・二二法二二四 改正平二八・五法 五一）
○民事執行法（抄）（昭五四・三・三〇法 四 改正平三〇・五法 二九）

刑法

第十九章 印章偽造の罪（第百六十四条―第百六十八条）……154
第十九章の二 不正指令電磁的記録に関する罪（第百六十八条の二・第百六十八条の三）……156
第二十章 偽証の罪（第百六十九条―第百七十一条）……157
第二十一章 虚偽告訴の罪（第百七十二条・第百七十三条）……159
第二十二章 わいせつ、強制性交等及び重婚の罪（第百七十四条―第百八十四条）……162
第二十三章 賭《と》博及び富くじに関する罪（第百八十五条―第百八十七条）……169
第二十四章 礼拝所及び墳墓に関する罪（第百八十八条―第百九十二条）……178
第二十五章 汚職の罪（第百九十三条―第百九十八条）……183
第二十六章 殺人の罪（第百九十九条―第二百三条）……198
第二十七章 傷害の罪（第二百四条―第二百八条の二）……200
第二十八章 過失傷害の罪（第二百九条―第二百十一条）……206
第二十九章 堕胎の罪（第二百十二条―第二百十六条）……209
第三十章 遺棄の罪（第二百十七条―第二百十九条）……210
第三十一章 逮捕及び監禁の罪（第二百二十条・第二百二十一条）……212

手続法

特別法

○破産法（抄）（平一六・六・二法七五 改正平二九・六法四五）
○会社法（抄）（平一七・七・二六法八六 改正平二九・六法四五）
○日本銀行法（抄）（平九・六・一八法八九 改正平一九・六法一〇二）
○国家公務員法（抄）（昭二二・一〇・二一法一二〇 改正平二七・九法六六）
○刑事収容施設及び被収容者等の処遇に関する法律（抄）（平一七・五・二五法五〇 改正平二六・六法六九）
○水難救護法（抄）（明三二・三・二九法九五 改正平二四・五法三〇）
○船舶法（抄）（明三二・三・八法四六 改正平三〇・五法二九）
○遺失物法（抄）（平一八・六・一五法七三 改正平二七・九法六五）
○児童買春、児童ポルノに係る行為等の規制及び処罰並びに児童の保護等に関する法律（抄）（平一一・五・二六法五二 改正平二六・六法七九）
○児童福祉法（抄）（昭二二・一二・一二法一六四 改正平三〇・六法六六）
○売春防止法（抄）（昭三一・五・二四法一一八 改正平二八・六法六三）
○競馬法（抄）（昭二三・七・一三法一五八 改正平三〇・六法五九）
○小型自動車競走法（抄）（昭二五・五・二七法二〇八 改正平二九・六法四五）

注＝平成三〇年六月二〇日法律第五九号による改正（平成三四年四月一日から施行）については、施行までに期間がありますので、改正を織り込んでありません。

○自転車競技法（抄）（昭二三・八・一法二〇九 改正平三〇・六法六六）

第三十二章　脅迫の罪（第二百二十二条・第二百二十三条）……213

第三十三章　略取、誘拐及び人身売買の罪（第二百二十四条―第二百二十九条）……215

第三十四章　名誉に対する罪（第二百三十条―第二百三十二条）……223

第三十五章　信用及び業務に対する罪（第二百三十三条―第二百三十四条の二）……225

第三十六章　窃盗及び強盗の罪（第二百三十五条―第二百四十五条）……229

第三十七章　詐欺及び恐喝の罪（第二百四十六条―第二百五十一条）……236

第三十八章　横領の罪（第二百五十二条―第二百五十五条）……240

第三十九章　盗品等に関する罪（第二百五十六条・第二百五十七条）……242

第四十章　毀棄及び隠匿の罪（第二百五十八条―第二百六十四条）……243

○モーターボート競走法（抄）（昭二六・六・一八法二四二　改正平三〇・六法五九）

○当せん金付証票法（抄）（昭二三・七・一二法一四四　改正平二九・六法四五）

○ガス事業法（抄）（昭二九・三・三一法五一　改正平二九・五法四一）

○不正アクセス行為の禁止等に関する法律（抄）（平一一・八・一三法一二八　改正平二四・三法一二）

○精神保健及び精神障害者福祉に関する法律（抄）（昭二五・五・一法一二三　改正平三〇・六法六六）

○母体保護法（抄）（昭二三・七・一三法一五六　改正平二五・一一法八四）

○墓地、埋葬等に関する法律（抄）（昭二三・五・三一法四八　改正平二三・八法一〇五）

○死体解剖保存法（抄）（昭二四・六・一〇法二〇四　改正平二六・六法八三）

注＝平成三〇年六月一三日法律第四六号による改正（平成三三年六月一二日までの間において政令で定める日から施行）については、施行までに期間がありますので、改正を織り込んでありません。

○医師法（抄）（昭二三・七・三〇法二〇一　改正平二六・六法六九）

○貸金業法（抄）（昭五八・五・一三法三二　改正平二九・六法四五）

○金融商品取引法（抄）（昭二三・四・一三法二五　改正平二九・六法四九）

○商標法（抄）（昭三四・四・一三法一二七　改正平三〇・五法三三）

○郵便法（抄）（昭二二・一二・一二法一六五　改正平二七・六法三八）

○人の健康に係る公害犯罪の処罰に関する法律（抄）（昭四五・一二・二五法一四二）

○水道法（抄）（昭三二・六・一五法一七七　改正平二九・五法四一）

刑法

手続法

特別法

○森林法（抄）（昭二六・六・二六法二四九 改正平三〇・六法三五）
○道路交通法（抄）（昭三五・六・二五法一〇五 改正平二九・六法五二）
○自動車の運転により人を死傷させる行為等の処罰に関する法律（抄）（平二五・一一・二七法八六）
○道路運送法（抄）（昭二六・六・一法一八三 改正平二九・六法四五）
○鉄道営業法（抄）（明三三・三・一六法六五 改正平三〇・五法二九）
○新幹線鉄道における列車運行の安全を妨げる行為の処罰に関する特例法（抄）（昭三九・六・二二法一一一 改正平一一・一二法一六〇）
○破壊活動防止法（抄）（昭二七・七・二一法二四〇 改正平二六・六法七〇）
○特定秘密の保護に関する法律（抄）（平二五・一二・一三法一〇八）
○労働組合法（抄）（昭二四・六・一法一七四 改正平二六・六法六九）
○職業安定法（抄）（昭二二・一一・三〇法一四一 改正平二九・三法一四）
○電気事業法（抄）（昭三九・七・一一法一七〇 改正平二九・五法四一）
○船員法（抄）（昭二二・九・一法一〇〇 改正平二九・六法四五）
○水防法（抄）（昭二四・六・四法一九三 改正平二九・五法三一）
○消防法（抄）（昭二三・七・二四法一八六 改正平三〇・六法六七）
○電波法（抄）（昭二五・五・二法一三一 改正平三〇・五法二四）

第一編　総則

第一章　通則

（国内犯）

第一条　この法律は、日本国内において罪を犯したすべての者に適用する。

２　日本国外にある日本船舶又は日本航空機内において罪を犯した者についても、前項と同様とする。

（すべての者の国外犯）

第二条　この法律は、日本国外において次に掲げる罪を犯したすべての者に適用する。

一　削除

二　第七十七条から第七十九条まで（内乱、予備及び陰謀、内乱等幇助）の罪

三　第八十一条（外患誘致）、第八十二条（外患援助）、第八十七条（未遂罪）及び第八十八条（予備及び陰謀）の罪

四　第百四十八条（通貨偽造及び行使等）の罪及びその未遂罪

五　第百五十四条（詔書偽造等）、第百五十五条（公文書偽造等）、第百五十七条（公正証書原本不実記載等）、第百五十八条（偽造公文書行使等）及び公務所又は公務員によって作られるべき電磁的記録に係る第百六十一条の二（電磁的記録不正作出及び供用）の罪

六　第百六十二条（有価証券偽造等）及び第百六十

◆日本国憲法

（法定手続の保障）

第三一条　何人も、法律の定める手続によらなければ、その生命若しくは自由を奪はれ、又はその他の刑罰を科せられない。

◆船舶法

（日本船舶の範囲）

第一条　左ノ船舶ヲ以テ日本船舶トス

一　日本ノ官庁又ハ公署ノ所有ニ属スル船舶

二　日本国民ノ所有ニ属スル船舶

三　日本ノ法令ニ依リ設立シタル会社ニシテ其代表者ノ全員及ビ業務ヲ執行スル役員ノ三分ノ二以上ガ日本国民ナルモノノ所有ニ属スル船舶

四　前号ニ掲ゲタル法人以外ノ法人ニシテ日本ノ法令ニ依リ設立シ其代表者ノ全員ガ日本国民ナルモノノ所有ニ属スル船舶

◆刑法施行法

（国外犯）

第二六条　左ニ記載シタル罪ハ刑法第二条ノ例ニ従フ

一　削除

二　削除

三　明治三十八年法律第六十六号（外国ニ於テ流通スル貨幣紙幣銀行券証券偽造変造及模造ニ関スル法律）ニ掲ケタル罪

四　通貨及証券模造取締法ニ掲ケタル罪

五　船舶法ニ掲ケタル罪

六　船員法ニ掲ケタル罪

七　船舶職員及び小型船舶操縦者法ニ掲ケタル罪

八　船舶検査法ニ掲ケタル罪

九　戸籍法ニ掲ケタル罪

◆航空機の強取等の処罰に関する法律

（国外犯）

第五条　前四条の罪は、刑法（明治四十年法律第四十五号）第二条の例に従う。

➡第一条（航空機の強取等）
第二条（航空機強取等致死）
第三条（航空機強取等予備）
第四条（航空機の運航阻害）

刑法（三条）

三条（偽造有価証券行使等）の罪

七　第百六十三条の二から第百六十三条の五まで（支払用カード電磁的記録不正作出等、不正電磁的記録カード所持、支払用カード電磁的記録不正作出準備、未遂罪）の罪

八　第百六十四条から第百六十六条まで（御璽偽造及び不正使用等、公印偽造及び不正使用等、公記号偽造及び不正使用等）の罪並びに第百六十四条第二項、第百六十五条第二項及び第百六十六条第二項の罪の未遂罪

（国民の国外犯）

第三条　この法律は、日本国外において次に掲げる罪を犯した日本国民に適用する。

一　第百八条（現住建造物等放火）及び第百九条第一項（非現住建造物等放火）の罪、これらの規定の例により処断すべき罪並びにこれらの罪の未遂罪

二　第百十九条（現住建造物等浸害）の罪

三　第百五十九条から第百六十一条まで（私文書偽造等、虚偽診断書等作成、偽造私文書等行使）及び前条第五号に規定する電磁的記録以外の電磁的記録に係る第百六十一条の二の罪

四　第百六十七条（私印偽造及び不正使用等）の罪及び同条第二項の罪の未遂罪

五　第百七十六条から第百八十一条まで（強制わいせつ、強制性交等、準強制わいせつ及び準強制性

手続法

◆日本国憲法

〔国民の要件〕

第一〇条　日本国民たる要件は、法律でこれを定める。

> 用語　〔法律〕国籍二―四

特別法

◆人質による強要行為等の処罰に関する法律

〔国外犯〕

第五条　第一条の罪は刑法（明治四十年法律第四十五号）第三条、第三条の二及び第四条の二の例に、前三条の罪は同法第二条の例に従う。

> ➡第二条〔加重人質強要〕
> 第三条〔航空機内の人質強要〕
> 第四条〔人質殺害〕

◆貸金業法

第五〇条の四　前条第一項の罪は、日本国外において同項の罪を犯した者にも適用する。

2　前条第三項の罪は、刑法第二条の例に従う。

> ➡第五〇条の三第一項〔貸金業協会役員等の賄賂収受・要求等〕
> 第五〇条の三第三項〔貸金業協会役員等への賄賂供与・申込み等〕

◆刑法施行法

〔国民の国外犯〕

第二七条　左ニ記載シタル罪ハ刑法第三条ノ例ニ従フ

一　著作権法ニ掲ケタル罪

二　削除

三　移民保護法ニ掲ケタル罪

◆暴力行為等処罰ニ関スル法律

〔銃砲又は刀剣類使用による傷害罪〕

第一条ノ二　銃砲又ハ刀剣類ヲ用ヒテ人ノ身体ヲ傷害シタル者ハ一年以上十五年以下ノ懲役ニ処ス

②　前項ノ未遂罪ハ之ヲ罰ス

③　前二項ノ罪ハ刑法第三条、第三条の二及第四条の二ノ例ニ従フ

◆人質による強要行為等の処罰に関する法律

〔国外犯〕

第五条　第一条の罪は刑法（明治四十年法律第四十五号）第三条、第三条の二及び第四条の二の例に、前三条の罪は同法第二条の例に従う。

交等、監護者わいせつ及び監護者性交等、未遂罪、強制わいせつ等致死傷）及び第百八十四条（重婚）の罪

六　第百九十八条（贈賄）の罪

七　第百九十九条（殺人）の罪及びその未遂罪

八　第二百四条（傷害）及び第二百五条（傷害致死）の罪

九　第二百十四条から第二百十六条まで（業務上堕胎及び同致死傷、不同意堕胎、不同意堕胎致死傷）の罪

十　第二百十八条（保護責任者遺棄等）の罪及び同条の罪に係る第二百十九条（遺棄等致死傷）の罪

十一　第二百二十条（逮捕及び監禁）及び第二百二十一条（逮捕等致死傷）の罪

十二　第二百二十四条から第二百二十八条まで（未成年者略取及び誘拐、営利目的等略取及び誘拐、身の代金目的略取等、所在国外移送目的略取及び誘拐、人身売買、被略取者等所在国外移送、被略取者引渡し等、未遂罪）の罪

十三　第二百三十条（名誉毀損）の罪

十四　第二百三十五条から第二百三十六条まで（窃盗、不動産侵奪、強盗）、第二百三十八条から第二百四十条まで（事後強盗、昏《こん》酔強盗、強盗致死傷）、第二百四十一条第一項及び第三項（強盗・強制性交等及び同致死）並びに第二百四十三条（未遂罪）の罪

十五　第二百四十六条から第二百五十条まで（詐欺、電子計算機使用詐欺、背任、準詐欺、恐喝、未遂罪）の罪

十六　第二百五十三条（業務上横領）の罪

十七　第二百五十六条第二項（盗品譲受け等）の罪

➡第一条（人質による強要等）

刑法（三条の二・四条）

（国民以外の者の国外犯）

第三条の二　この法律は、日本国外において日本国民に対して次に掲げる罪を犯した日本国民以外の者に適用する。

一　第百七十六条から第百八十一条まで（強制わいせつ、強制性交等、準強制わいせつ及び準強制性交等、監護者わいせつ及び監護者性交等、未遂罪、強制わいせつ等致死傷）の罪

二　第百九十九条（殺人）の罪及びその未遂罪

三　第二百四条（傷害）及び第二百五条（傷害致死）の罪

四　第二百二十条（逮捕及び監禁）及び第二百二十一条（逮捕等致死傷）の罪

五　第二百二十四条から第二百二十八条まで（未成年者略取及び誘拐、営利目的等略取及び誘拐、身の代金目的略取等、所在国外移送目的略取及び誘拐、人身売買、被略取者等所在国外移送、被略取者引渡し等、未遂罪）の罪

六　第二百三十六条（強盗）、第二百三十八条から第二百四十条まで（事後強盗、昏酔強盗、強盗致死傷）並びに第二百四十一条第一項及び第三項（強盗・強制性交等及び同致死）の罪並びにこれらの罪（同条第一項の罪を除く。）の未遂罪

（公務員の国外犯）

第四条　この法律は、日本国外において次に掲げる罪を犯した日本国の公務員に適用する。

一　第百一条（看守者等による逃走援助）の罪及びその未遂罪

二　第百五十六条（虚偽公文書作成等）の罪

三　第百九十三条（公務員職権濫用）、第百九十五条第二項（特別公務員暴行陵虐）及び第百九十七

手続法

◆日本国憲法

（国民の要件）

第一〇条　日本国民たる要件は、法律でこれを定める。

用語　〔法律〕国籍二―四

特別法

◆暴力行為等処罰ニ関スル法律

（銃砲又は刀剣類使用による傷害罪）

第一条ノ二　銃砲又ハ刀剣類ヲ用ヒテ人ノ身体ヲ傷害シタル者ハ一年以上十五年以下ノ懲役ニ処ス

②　前項ノ未遂罪ハ之ヲ罰ス

③　前二項ノ罪ハ刑法第三条、第三条の二及第四条の二ノ例ニ従フ

◆人質による強要行為等の処罰に関する法律

（国外犯）

第五条　第一条の罪は刑法（明治四十年法律第四十五号）第三条、第三条の二及び第四条の二の例に、前三条の罪は同法第二条の例に従う。

⬇第一条（人質による強要等）

◆経済関係罰則ノ整備ニ関スル法律

（公務員の国外犯）

第七条　第一条、第二条及第五条ノ罪ハ刑法第四条ノ例ニ従フ

⬇第一条（収賄罪）
第二条（事前収賄罪・事後収賄罪）
第五条（秘密漏泄・窃用罪）

条から第百九十七条の四まで（収賄、受託収賄及び事前収賄、第三者供賄、加重収賄及び事後収賄、あっせん収賄）の罪並びに第百九十五条第二項の罪に係る第百九十六条（特別公務員職権濫用等致死傷）の罪

刑法〔公務員〕定義＝七①

（条約による国外犯）

第四条の二　第二条から前条までに規定するもののほか、この法律は、日本国外において、第二編の罪であって条約により日本国外において犯したときであっても罰すべきものとされているものを犯したすべての者に適用する。

◆爆発物取締罰則

〔国外犯〕

第一〇条　第一条乃至第六条ノ罪ハ刑法（明治四十年法律第四十五号）第四条の二ノ例ニ従フ

➡第一条〔爆発物使用〕
第二条〔使用未遂〕
第三条〔製造・輸入・所持等〕
第四条〔脅迫・教唆・煽動・共謀〕
第五条〔幇助のための製造・輸入等〕
第六条〔挙証責任〕

◆暴力行為等処罰ニ関スル法律

〔銃砲又は刀剣類使用による傷害罪〕

第一条ノ二　銃砲又ハ刀剣類ヲ用ヒテ人ノ身体ヲ傷害シタル者ハ一年以上十五年以下ノ懲役ニ処ス

②　前項ノ未遂罪ハ之ヲ罰ス

③　前二項ノ罪ハ刑法第三条、第三条の二及第四条の二ノ例ニ従フ

〔常習的傷害罪、暴行罪、脅迫罪、器物損壊罪〕

第一条ノ三

②　前項（刑法第二百四条ニ係ル部分ヲ除ク）ノ罪ハ同法第四条の二ノ例ニ従フ

◆人質による強要行為等の処罰に関する法律

〔国外犯〕

第五条　第一条の罪は刑法（明治四十年法律第四十五号）第三条、第三条の二及び第四条の二の例に、前三条の罪は同法第二条の例に従う。

➡第一条〔人質による強要等〕

刑法（五条―七条）

（外国判決の効力）

第五条 外国において確定裁判を受けた者であっても、同一の行為について更に処罰することを妨げない。ただし、犯人が既に外国において言い渡された刑の全部又は一部の執行を受けたときは、刑の執行を減軽し、又は免除する。

刑法〔刑の執行の免除〕執行猶予の要件＝二五①2・二七の二①3、刑の消滅の要件＝三四の二①

（刑の変更）

第六条 犯罪後の法律によって刑の変更があったときは、その軽いものによる。

刑法〔刑の軽重〕一〇

（定義）

第七条 この法律において「公務員」とは、国又は地

手続法

◆刑事訴訟法

〔免訴の判決〕

第三三七条 左の場合には、判決で免訴の言渡をしなければならない。

二 犯罪後の法令により刑が廃止されたとき。

〔控訴申立ての理由と控訴趣意書〕

第三八三条 左の事由があることを理由として控訴の申立をした場合には、控訴趣意書に、その事由があることを疎明する資料を添附しなければならない。

二 判決があつた後に刑の廃止若しくは変更又は大赦があつたこと。

〔破棄の判決〕

第四一一条 上告裁判所は、**第四百五条**各号に規定する事由がない場合であつても、左の事由があつて原判決を破棄しなければ著しく正義に反すると認めるときは、判決で原判決を破棄することができる。

五 判決があつた後に刑の廃止若しくは変更又は大赦があつたこと。

➡第四〇五条〔上告のできる判決・上告申立理由〕

◆日本国憲法

〔両議院の組織〕

第四三条 両議院は、全国民を代表する選挙された議員でこれを

特別法

◆刑法施行法

〔主刑の対照と軽重〕

第二条 刑法施行前ニ旧刑法ノ罪又ハ他ノ法律ノ罪ヲ犯シタル者ニ付テハ左ノ例ニ従ヒ刑法ノ主刑ト旧刑法ノ主刑トヲ対照シ刑法第十条ノ規定ニ依リ其軽重ヲ定ム

刑法ノ刑	旧刑法ノ刑
死刑	死刑
無期懲役	無期徒刑
無期禁錮	無期流刑
有期懲役	有期徒刑、重懲役、軽懲役、重禁錮
有期禁錮	有期流刑、重禁獄、軽禁獄、軽禁錮
罰金	罰金
拘留	拘留
科料	科料

〔刑の対照の方法〕

第三条 法律ニ依リ刑ヲ加重減軽ス可キトキ又ハ酌量減軽ヲ為ス可キトキハ加重又ハ減軽ヲ為シタル後刑ノ対照ヲ為ス可シ

② 数罪ヲ犯シタル者ニ付テハ併合罪又ハ数罪倶発ニ関スル規定ヲ適用シタル後刑ノ対照ヲ為ス可シ

③ 一罪ニ付キ二個以上ノ主刑ヲ併科ス可キトキ又ハ二個以上ノ主刑中其一個ヲ科ス可キトキハ其中ニテ重キ刑ノミニ付キ対照ヲ為ス可シ併合罪又ハ数罪倶発ニ関スル規定ニ依リ数罪ノ主刑ヲ併科ス可キトキ亦同シ

◆道路交通法

〔放置車両確認機関〕

第五一条の一二

方公共団体の職員その他法令により公務に従事する議員、委員その他の職員をいう。

2　この法律において「公務所」とは、官公庁その他公務員が職務を行う所をいう。

刑法〔公務員〕公務員の国外犯＝四、公務執行妨害等＝九五・九六、公務員の命令と不解散＝一〇七、公文書偽造等＝一五五～一五七、公電磁的記録不正作出・供用＝一六一の二②③、公印偽造・不正使用等＝一六五、職権濫用等＝一九三～一九五、収賄等＝一九七～一九七の四

〔定義〕

第七条の二　この法律において「電磁的記録」とは、

手続法

組織する。

②　両議院の議員の定数は、法律でこれを定める。

〔地方公共団体の機関・直接選挙〕

第九三条　地方公共団体には、法律の定めるところにより、その議事機関として議会を設置する。

②　地方公共団体の長、その議会の議員及び法律の定めるその他の吏員は、その地方公共団体の住民が、直接これを選挙する。

◆　警察法

〔設置及び組織〕

第四条　内閣総理大臣の所轄の下に、国家公安委員会を置く。

2　国家公安委員会は、委員長及び五人の委員をもつて組織する。

〔組織及び権限〕

第三八条　都道府県知事の所轄の下に、都道府県公安委員会を置く。

2　都道府県公安委員会は、都、道、府及び地方自治法（昭和二十二年法律第六十七号）第二百五十二条の十九第一項の規定により指定する市（以下「指定市」という。）を包括する県（以下「指定県」という。）にあつては五人の委員、指定県以外の県にあつては三人の委員をもつて組織する。

3　都道府県公安委員会は、都道府県警察を管理する。

6　都道府県公安委員会は、国家公安委員会及び他の都道府県公安委員会と常に緊密な連絡を保たなければならない。

◆　刑事訴訟法

〔公訴維持のための指定弁護士〕

第二六八条　裁判所は、第二百六十六条第二号の規定により事件がその裁判所の審判に付されたときは、その事件について公訴の維持にあたる者を弁護士の中から指定しなければならない。

②　前項の指定を受けた弁護士は、事件について公訴を維持するため、裁判の確定に至るまで検察官の職務を行う。但し、検察事務官及び司法警察職員に対する捜査の指揮は、検察官に嘱託してこれをしなければならない。

③　前項の規定により検察官の職務を行う弁護士は、これを法令により公務に従事する職員とみなす。

特別法

7　確認事務に従事する放置車両確認機関の役員又は職員は、刑法（明治四十年法律第四十五号）その他の罰則の適用に関しては、法令により公務に従事する職員とみなす。

電子的方式、磁気的方式その他人の知覚によっては認識することができない方式で作られる記録であって、電子計算機による情報処理の用に供されるものをいう。

刑法〔電磁的記録〕国外犯＝二5・三3、公正証書原本不実記載等＝一五七①、公正証書原本不正供用＝一五八①、電磁的記録不正作出・供用＝一六一の二、支払用カード電磁的記録不正作出等＝一六三の二、不正指令電磁的記録作成等＝一六八の二、不正指令電磁的記録取得等＝一六八の三、電子計算機損壊等業務妨害＝二三四の二、電子計算機使用詐欺＝二四六の二、公用電磁的記録毀棄＝二五八、私用電磁的記録毀棄＝二五九

（他の法令の罪に対する適用）

第八条　この編の規定は、他の法令の罪についても、適用する。ただし、その法令に特別の規定があるときは、この限りでない。

刑法〔特別の規定の例〕三八・三九・四一・四四・六三・六六

◆刑法施行法

〔主刑の対照と軽重〕

第二条　刑法施行前ニ旧刑法ノ罪又ハ他ノ法律ノ罪ヲ犯シタル者ニ付テハ左ノ例ニ従ヒ刑法ノ主刑ト旧刑法ノ主刑トヲ対照シ刑法第十条ノ規定ニ依リ其軽重ヲ定ム

刑法ノ刑	旧刑法ノ刑
死刑	死刑
無期懲役	無期徒刑
無期禁錮	無期流刑
有期懲役	有期徒刑、重懲役、軽懲役、重禁錮
有期禁錮	有期流刑、重禁獄、軽禁獄、軽禁錮
罰金	罰金
拘留	拘留
科料	科料

〔他の法律の刑の変更・廃止〕

第一九条　他ノ法律ニ定メタル主刑ハ第二条ノ例ニ準シ刑法ノ刑ニ対照シテ之ヲ刑法ノ刑名ニ変更ス但単ニ禁錮トアルハ之ヲ有期ノ懲役又ハ禁錮ニ変更ス

②他ノ法律ノ規定中剥奪公権、停止公権、監視及ヒ附加ノ罰金ニ処ス可キ旨ヲ定メタルモノハ之ヲ廃止ス

〔他の法律の刑期〕

第二〇条　他ノ法律ニ定メタル刑ニ付テハ其期間ヲ変更セス但他ノ法律中特ニ期間ヲ定メサル刑ニ付テハ仍ホ旧刑法総則中期間ニ関スル規定ニ従フ

第二章　刑

（刑の種類）

第九条　死刑、懲役、禁錮《こ》、罰金、拘留及び科料を主刑とし、没収を付加刑とする。

◆日本国憲法

〔法定手続の保障〕

第三一条　何人も、法律の定める手続によらなければ、その生命若しくは自由を奪はれ、又はその他の刑罰を科せられない。

〔拷問及び残虐な刑罰の禁止〕

第三六条　公務員による拷問及び残虐な刑罰は、絶対にこれを禁ずる。

◆少年法

（死刑と無期刑の緩和）

第五一条　罪を犯すとき十八歳に満たない者に対しては、死刑をもつて処断すべきときは、無期刑を科する。

2　罪を犯すとき十八歳に満たない者に対しては、無期刑をもつて処断すべきときであつても、有期の懲役又は禁錮を科することができる。この場合において、その刑は、十年以上二十年以下において言い渡す。

（不定期刑）

第五二条　少年に対して有期の懲役又は禁錮をもつて処断すべきときは、処断すべき刑の範囲内において、長期を定めるとともに、長期の二分の一（長期が十年を下回るときは、長期から五年を減じた期間。次項において同じ。）を下回らない範囲内において短期を定めて、これを言い渡す。この場合において、長期は十五年、短期は十年を超えることはできない。

2　前項の短期については、同項の規定にかかわらず、少年の改善更生の可能性その他の事情を考慮し特に必要があるときは、

（他の法律の刑の加減）

第二一条　他ノ法律ニ定メタル刑ヲ加重又ハ減軽ス可キ場合ニ於テハ第二十三条ノ場合ヲ除ク外旧刑法ノ加減例ニ関スル規定ニ依ル

（旧刑法の規定の変更）

第二二条　他ノ法律中旧刑法ノ規定ヲ掲ケ又ハ旧刑法ノ規定ニ依リ若クハ之ニ依ラサルコトヲ定メタル場合ニ付キ刑法中其規定ニ相当スル規定アルモノハ刑法ノ規定ニ変更ス

②爆発物取締罰則第十条ハ之ヲ廃止ス

（未遂罪）

第二三条　他ノ法律ニ定メタル罪ニシテ死刑、無期又ハ短期六年以上ノ懲役若クハ禁錮ニ該ルモノノ未遂罪ハ之ヲ罰ス

◆刑法施行法

（主刑の対照と軽重）

第二条　刑法施行前ニ旧刑法ノ罪又ハ他ノ法律ノ罪ヲ犯シタル者ニ付テハ左ノ例ニ従ヒ刑法ノ主刑ト旧刑法ノ主刑トヲ対照シ刑法第十条ノ規定ニ依リ其軽重ヲ定ム

刑法ノ刑	旧刑法ノ刑
死刑	死刑
無期懲役	無期徒刑
無期禁錮	無期流刑
有期懲役	有期徒刑、重懲役、軽懲役、重禁錮
有期禁錮	有期流刑、重禁獄、軽禁獄、軽禁錮
罰金	罰金
拘留	拘留
科料	科料

（刑の軽重）
第一〇条　主刑の軽重は、前条に規定する順序による。ただし、無期の禁錮と有期の懲役とでは禁錮を重い刑とし、有期の禁錮の長期が有期の懲役の長期の二倍を超えるときも、禁錮を重い刑とする。
2　同種の刑は、長期の長いもの又は多額の多いものを重い刑とし、長期又は多額が同じであるときは、短期の長いもの又は寡額の多いものを重い刑とする。
3　二個以上の死刑又は長期若しくは多額及び短期若しくは寡額が同じである同種の刑は、犯情によってその軽重を定める。

刑法　〔主刑〕刑の種類＝九　〔刑の軽重を比較する場合〕刑の変更＝六、併合罪＝四七、一個の行為が二個以上の罪名に触れる場合等の処理＝五四、傷害罪との比較＝一一八②・一二四②・一四五・一九六・二一六・二一九・二二一・二六〇

処断すべき刑の短期の二分の一を下回らず、かつ、長期の二分の一を下回らない範囲内において、これを定めることができる。この場合においては、刑法第十四条第二項の規定を準用する。
3　刑の執行猶予の言渡をする場合には、前二項の規定は、これを適用しない。

◆刑事訴訟法

〔主刑の執行の順序〕
第四七四条　二以上の主刑の執行は、罰金及び科料を除いては、その重いものを先にする。但し、検察官は、重い刑の執行を停止して、他の刑の執行をさせることができる。

◆少年法

（死刑と無期刑の緩和）
第五一条　罪を犯すとき十八歳に満たない者に対しては、死刑をもつて処断すべきときは、無期刑を科する。
2　罪を犯すとき十八歳に満たない者に対しては、無期刑をもつて処断すべきときであつても、有期の懲役又は禁錮を科することができる。この場合において、その刑は、十年以上二十年以下において言い渡す。

（不定期刑）
第五二条　少年に対して有期の懲役又は禁錮をもつて処断すべきときは、処断すべき刑の範囲内において、長期を定めるとともに、長期の二分の一（長期が十年を下回るときは、長期から五年を減じた期間。次項において同じ。）を下回らない範囲内において短期を定めて、これを言い渡す。この場合において、長期は十五年、短期は十年を超えることはできない。
2　前項の短期については、同項の規定にかかわらず、少年の改善更生の可能性その他の事情を考慮し特に必要があるときは、処断すべき刑の短期の二分の一を下回らず、かつ、長期の二分の一を下回らない範囲内において、これを定めることができる。この場合においては、刑法第十四条第二項の規定を準用する。
3　刑の執行猶予の言渡をする場合には、前二項の規定は、これを適用しない。

◆刑法施行法

〔主刑の対照と軽重〕
第二条　刑法施行前ニ旧刑法ノ罪又ハ他ノ法律ノ罪ヲ犯シタル者ニ付テハ左ノ例ニ従ヒ刑法ノ主刑ト旧刑法ノ主刑トヲ対照シ刑法第十条ノ規定ニ依リ其軽重ヲ定ム

刑法ノ刑	旧刑法ノ刑
死刑	死刑
無期懲役	無期徒刑
無期禁錮	無期流刑
有期懲役	有期徒刑、重懲役、軽懲役、重禁錮
有期禁錮	有期流刑、重禁獄、軽禁獄、軽禁錮
罰金	罰金
拘留	拘留
科料	科料

（刑の対照の方法）
第三条　法律ニ依リ刑ヲ加重減軽ス可キトキ又ハ酌量減軽ヲ為ス可キトキハ加重又ハ減軽ヲ為シタル後刑ノ対照ヲ為ス可シ
②数罪ヲ犯シタル者ニ付テハ併合罪又ハ数罪倶発ニ関スル規定ヲ適用シタル後刑ノ対照ヲ為ス可シ
③一罪ニ付キ二個以上ノ主刑ヲ併科ス可キトキ又ハ二個以上ノ主刑中其一個ヲ科ス可キトキハ其中ニテ重キ刑ノミニ付キ対照ヲ為ス可シ併合罪又ハ数罪倶発ニ関スル規定ニ依リ数罪ノ主刑ヲ併科ス可キトキ亦同シ

（死刑）
第一一条　死刑は、刑事施設内において、絞首して執行する。
2　死刑の言渡しを受けた者は、その執行に至るまで刑事施設に拘置する。
[刑法]1〔減軽〕無期又は一〇年以上＝六八1

◆少年法
（死刑と無期刑の緩和）
第五一条　罪を犯すとき十八歳に満たない者に対しては、死刑をもつて処断すべきときは、無期刑を科する。

◆刑事訴訟法
〔死刑の執行〕
第四七五条　死刑の執行は、法務大臣の命令による。
②　前項の命令は、判決確定の日から六箇月以内にこれをしなければならない。但し、上訴権回復若しくは再審の請求、非常上告又は恩赦の出願若しくは申出がされその手続が終了するまでの期間及び共同被告人であつた者に対する判決が確定するまでの期間は、これをその期間に算入しない。
〔同前〕
第四七六条　法務大臣が死刑の執行を命じたときは、五日以内にその執行をしなければならない。
〔同前〕
第四七七条　死刑は、検察官、検察事務官及び刑事施設の長又はその代理者の立会いの上、これを執行しなければならない。
②　検察官又は刑事施設の長の許可を受けた者でなければ、刑場に入ることはできない。
〔同前〕
第四七八条　死刑の執行に立ち会つた検察事務官は、執行始末書を作り、検察官及び刑事施設の長又はその代理者とともに、これに署名押印しなければならない。
〔死刑執行の停止〕
第四七九条　死刑の言渡を受けた者が心神喪失の状態に在るときは、法務大臣の命令によつて執行を停止する。
②　死刑の言渡を受けた女子が懐胎しているときは、法務大臣の命令によつて執行を停止する。
③　前二項の規定により死刑の執行を停止した場合には、心神喪失の状態が回復した後又は出産の後に法務大臣の命令がなければ、執行することはできない。
④　第四百七十五条第二項の規定は、前項の命令についてこれを準用する。この場合において、判決確定の日とあるのは、心神喪失の状態が回復した日又は出産の日と読み替えるものとする。

◆刑事補償法

◆刑事収容施設及び被収容者等の処遇に関する法律
（定義）
第二条　この法律において、次の各号に掲げる用語の意義は、それぞれ当該各号に定めるところによる。
一　被収容者　刑事施設に収容されている者をいう。
二　被留置者　留置施設に留置されている者をいう。
三　海上保安被留置者　海上保安留置施設に留置されている者をいう。
四　受刑者　懲役受刑者、禁錮《こ》受刑者又は拘留受刑者をいう。
五　懲役受刑者　懲役の刑（国際受刑者移送法（平成十四年法律第六十六号）第十六条第一項第一号の共助刑を含む。以下同じ。）の執行のため拘置されている者をいう。
六　禁錮受刑者　禁錮の刑（国際受刑者移送法第十六条第一項第二号の共助刑を含む。以下同じ。）の執行のため拘置されている者をいう。
七　拘留受刑者　拘留の刑の執行のため拘置されている者をいう。
八　未決拘禁者　被逮捕者、被勾《こう》留者その他未決の者として拘禁されている者をいう。
九　被逮捕者　刑事訴訟法（昭和二十三年法律第百三十一号）の規定により逮捕されて留置されている者をいう。
十　被勾留者　刑事訴訟法の規定により勾留されている者をいう。
十一　死刑確定者　死刑の言渡しを受けて拘置されている者をいう。
十二　各種被収容者　被収容者であって、受刑者、未決拘禁者及び死刑確定者以外のものをいう。
（刑事施設）
第三条　刑事施設は、次に掲げる者を収容し、これらの者に対し必要な処遇を行う施設とする。
一　懲役、禁錮又は拘留の刑の執行のため拘置される者
二　刑事訴訟法の規定により、逮捕された者であって、留置されるもの
三　刑事訴訟法の規定により勾留される者
四　死刑の言渡しを受けて拘置される者
五　前各号に掲げる者のほか、法令の規定により刑事施設に収

刑法（一一条）

手続法

（補償の要件）

第一条

２　上訴権回復による上訴、再審又は非常上告の手続において無罪の裁判を受けた者が原判決によつてすでに刑の執行を受け、又は刑法（明治四十年法律第四十五号）第十一条第二項の規定による拘置を受けた場合には、その者は、国に対して、刑の執行又は拘置による補償を請求することができる。

（補償の内容）

第四条

３　死刑の執行による補償においては、三千万円以内で裁判所の相当と認める額の補償金を交付する。ただし、本人の死亡によつて生じた財産上の損失額が証明された場合には、補償金の額は、その損失額に三千万円を加算した額の範囲内とする。

４　裁判所は、前項の補償金の額を定めるには、同項但書の証明された損失額の外、本人の年齢、健康状態、収入能力その他の事情を考慮しなければならない。

特別法

容すべきこととされる者及び収容することができることとされる者

（被収容者の分離）

第四条　被収容者は、次に掲げる別に従い、それぞれ互いに分離するものとする。

一　性別

二　受刑者（未決拘禁者としての地位を有するものを除く。）、未決拘禁者（受刑者又は死刑確定者としての地位を有するものを除く。）、未決拘禁者としての地位を有する受刑者、死刑確定者及び各種被収容者の別

三　懲役受刑者、禁錮受刑者及び拘留受刑者の別

２　前項の規定にかかわらず、受刑者に第九十二条又は第九十三条に規定する作業として他の被収容者に接して食事の配給その他の作業を行わせるため必要があるときは、同項第二号及び第三号に掲げる別による分離をしないことができる。

３　第一項の規定にかかわらず、適当と認めるときは、居室（被収容者が主として休息及び就寝のために使用する場所として刑事施設の長が指定する室をいう。次編第二章において同じ。）外に限り、同項第三号に掲げる別による分離をしないことができる。

（死刑確定者の処遇の原則）

第三二条　死刑確定者の処遇に当たっては、その者が心情の安定を得られるようにすることに留意するものとする。

２　死刑確定者に対しては、必要に応じ、民間の篤志家の協力を求め、その心情の安定に資すると認められる助言、講話その他の措置を執るものとする。

（死刑確定者の処遇の態様）

第三六条　死刑確定者の処遇は、居室外において行うことが適当と認める場合を除き、昼夜、居室において行う。

２　死刑確定者の居室は、単独室とする。

３　死刑確定者は、居室外においても、第三十二条第一項に定める処遇の原則に照らして有益と認められる場合を除き、相互に接触させてはならない。

（死刑の執行）

第一七八条　死刑は、刑事施設内の刑場において執行する。

２　日曜日、土曜日、国民の祝日に関する法律（昭和二十三年法

（懲役）
第一二条　懲役は、無期及び有期とし、有期懲役は、一月以上二十年以下とする。
2　懲役は、刑事施設に拘置して所定の作業を行わせる。

刑法①〔加減〕一四〔減軽〕六八２３〔軽重〕一〇

◆ 少年法

（死刑と無期刑の緩和）
第五一条
2　罪を犯すとき十八歳に満たない者に対しては、無期刑をもつて処断すべきときであつても、有期の懲役又は禁錮を科することができる。この場合において、その刑は、十年以上二十年以下において言い渡す。

（不定期刑）
第五二条　少年に対して有期の懲役又は禁錮をもつて処断すべきときは、処断すべき刑の範囲内において、長期を定めるとともに、長期の二分の一（長期が十年を下回るときは、長期から五年を減じた期間。次項において同じ。）を下回らない範囲内において短期を定めて、これを言い渡す。この場合において、長期は十五年、短期は十年を超えることはできない。
2　前項の短期については、同項の規定にかかわらず、少年の改善更生の可能性その他の事情を考慮し特に必要があるときは、処断すべき刑の短期の二分の一を下回らず、かつ、長期の二分の一を下回らない範囲内において、これを定めることができる。この場合においては、刑法第十四条第二項の規定を準用する。
3　刑の執行猶予の言渡をする場合には、前二項の規定は、これを適用しない。

（懲役又は禁錮の執行）
第五六条　懲役又は禁錮の言渡しを受けた少年（第三項の規定により少年院において刑の執行を受ける者を除く。）に対しては、特に設けた刑事施設又は刑事施設若しくは留置施設内の特に分界を設けた場所において、その刑を執行する。
3　懲役又は禁錮の言渡しを受けた十六歳に満たない少年に対しては、刑法第十二条第二項又は第十三条第二項の規定にかかわらず、十六歳に達するまでの間、少年院において、その刑を執

律第百七十八号）に規定する休日、一月二日、一月三日及び十二月二十九日から十二月三十一日までの日には、死刑を執行しない。

（解縄）
第一七九条　死刑を執行するときは、絞首された者の死亡を確認してから五分を経過した後に絞縄を解くものとする。

◆ 刑事収容施設及び被収容者等の処遇に関する法律

（刑事施設）
第三条　刑事施設は、次に掲げる者を収容し、これらの者に対し必要な処遇を行う施設とする。
一　懲役、禁錮又は拘留の刑の執行のため拘置される者
二　刑事訴訟法の規定により、逮捕された者であって、留置されるもの
三　刑事訴訟法の規定により勾留される者
四　死刑の言渡しを受けて拘置される者
五　前各号に掲げる者のほか、法令の規定により刑事施設に収容すべきこととされる者及び収容することができることとされる者

（懲役受刑者の作業）
第九二条　懲役受刑者（刑事施設に収容されているものに限る。以下この節において同じ。）に行わせる作業は、懲役受刑者ごとに、刑事施設の長が指定する。

（禁錮受刑者等の作業）
第九三条　刑事施設の長は、禁錮受刑者（刑事施設に収容されているものに限る。以下この節において同じ。）又は拘留受刑者（刑事施設に収容されているものに限る。）が刑事施設の長の指定する作業を行いたい旨の申出をした場合には、法務省令で定めるところにより、その作業を行うことを許すことができる。

（作業の実施）
第九四条　作業は、できる限り、受刑者の勤労意欲を高め、これに職業上有用な知識及び技能を習得させるように実施するものとする。
2　受刑者に職業に関する免許若しくは資格を取得させ、又は職業に必要な知識及び技能を習得させる必要がある場合におい

行することができる。この場合において、その少年には、矯正教育を授ける。

◆刑事訴訟法

〔自由刑の執行停止〕

第四八〇条　懲役、禁錮又は拘留の言渡を受けた者が心神喪失の状態に在るときは、刑の言渡をした裁判所に対応する検察庁の検察官又は刑の言渡を受けた者の現在地を管轄する地方検察庁の検察官の指揮によつて、その状態が回復するまで執行を停止する。

〔同前〕

第四八一条　前条の規定により刑の執行を停止した場合には、検察官は、刑の言渡を受けた者を監護義務者又は地方公共団体の長に引き渡し、病院その他の適当な場所に入れさせなければならない。

② 刑の執行を停止された者は、前項の処分があるまでこれを刑事施設に留置し、その期間を刑期に算入する。

〔同前〕

第四八二条　懲役、禁錮又は拘留の言渡を受けた者について左の事由があるときは、刑の言渡をした裁判所に対応する検察庁の検察官又は刑の言渡を受けた者の現在地を管轄する地方検察庁の検察官の指揮によつて執行を停止することができる。

一　刑の執行によつて、著しく健康を害するとき、又は生命を保つことのできない虞があるとき。
二　年齢七十年以上であるとき。
三　受胎後百五十日以上であるとき。
四　出産後六十日を経過しないとき。
五　刑の執行によつて回復することのできない不利益を生ずる虞があるとき。
六　祖父母又は父母が年齢七十年以上又は重病若しくは不具で、他にこれを保護する親族がないとき。
七　子又は孫が幼年で、他にこれを保護する親族がないとき。
八　その他重大な事由があるとき。

〔刑執行のための呼出し〕

第四八四条　死刑、懲役、禁錮又は拘留の言渡しを受けた者が拘禁されていないときは、検察官は、執行のためこれを呼び出さなければならない。呼出しに応じないときは、収容状を発しなければならない。

て、相当と認めるときは、これらを目的とする訓練を作業として実施する。

（作業の条件等）

第九五条　刑事施設の長は、法務省令で定める基準に従い、一日の作業時間及び作業を行わない日を定める。

2　刑事施設の長は、作業を行う受刑者の安全及び衛生を確保するため必要な措置を講じなければならない。

3　受刑者は、前項の規定により刑事施設の長が講ずる措置に応じて、必要な事項を守らなければならない。

4　第二項の規定により刑事施設の長が講ずべき措置及び前項の規定により受刑者が守らなければならない事項は、労働安全衛生法（昭和四十七年法律第五十七号）その他の法令に定める労働者の安全及び衛生を確保するため事業者が講ずべき措置及び労働者が守らなければならない事項に準じて、法務大臣が定める。

（外部通勤作業）

第九六条　刑事施設の長は、刑法第二十八条（国際受刑者移送法第二十一条において読み替えて適用する場合を含む。）、少年法第五十八条又は国際受刑者移送法第二十二条の規定により仮釈放を許すことができる期間を経過した懲役受刑者又は禁錮受刑者が、第八十八条第二項の規定により開放的施設において処遇を受けていることその他の法務省令で定める事由に該当する場合において、その円滑な社会復帰を図るため必要があるときは、刑事施設の職員の同行なしに、その受刑者を刑事施設の外の事業所（以下この条において「外部事業所」という。）に通勤させて作業を行わせることができる。

2　前項の規定による作業（以下「外部通勤作業」という。）は、外部事業所の業務に従事し、又は外部事業所が行う職業訓練を受けることによって行う。

3　受刑者に外部通勤作業を行わせる場合には、刑事施設の長は、法務省令で定めるところにより、当該外部事業所の事業主（以下この条において「外部事業主」という。）との間において、受刑者の行う作業の種類、作業時間、受刑者の安全及び衛生を確保するため必要な措置その他外部通勤作業の実施に関し必要な事項について、取決めを行わなければならない。

4　刑事施設の長は、受刑者に外部通勤作業を行わせる場合には、あらかじめ、その受刑者が外部通勤作業に関し遵守すべき

（懲役）
第一二条　懲役は、無期及び有期とし、有期懲役は、一月以上二十年以下とする。
２　懲役は、刑事施設に拘置して所定の作業を行わせる。

刑法①〔加減〕一四〔減軽〕六八２３〔軽重〕一〇

〔収容状の発付〕
第四八五条　死刑、懲役、禁錮又は拘留の言渡しを受けた者が逃亡したとき、又は逃亡するおそれがあるときは、検察官は、直ちに収容状を発し、又は司法警察員にこれを発せしめることができる。

〔検事長に対する刑事施設への収容の請求〕
第四八六条　死刑、懲役、禁錮又は拘留の言渡しを受けた者の現在地が分からないときは、検察官は、検事長にその者の刑事施設への収容を請求することができる。
②　請求を受けた検事長は、その管内の検察官に収容状を発せしめなければならない。

〔収容状〕
第四八七条　収容状には、刑の言渡しを受けた者の氏名、住居、年齢、刑名、刑期その他収容に必要な事項を記載し、検察官又は司法警察員が、これに記名押印しなければならない。

〔収容状の効力〕
第四八八条　収容状は、勾引状と同一の効力を有する。

〔収容状の執行〕
第四八九条　収容状の執行については、勾引状の執行に関する規定を準用する。

◆刑事補償法

（補償の要件）
第一条
２　上訴権回復による上訴、再審又は非常上告の手続において無罪の裁判を受けた者が原判決によつてすでに刑の執行を受け、又は刑法（明治四十年法律第四十五号）第十一条第二項の規定による拘置を受けた場合には、その者は、国に対して、刑の執行又は拘置による補償を請求することができる。

（補償の内容）
第四条　抑留又は拘禁による補償においては、**前条及び次条第二項**に規定する場合を除いては、その日数に応じて、一日千円以上一万二千五百円以下の割合による額の補償金を交付する。懲役、禁錮若しくは拘留の執行又は拘置による補償においても、同様である。

事項（以下この条において「特別遵守事項」という。）を定め、これをその受刑者に告知するものとする。
５　特別遵守事項は、次に掲げる事項を具体的に定めるものとする。
一　指定された経路及び方法により移動しなければならないこと。
二　指定された時刻までに刑事施設に帰着しなければならないこと。
三　正当な理由なく、外部通勤作業を行う場所以外の場所に立ち入ってはならないこと。
四　外部事業主による作業上の指示に従わなければならないこと。
五　正当な理由なく、犯罪性のある者その他接触することにより矯正処遇の適切な実施に支障を生ずるおそれがある者と接触してはならないこと。
６　刑事施設の長は、外部通勤作業を行う受刑者が遵守事項又は特別遵守事項を遵守しなかった場合その他外部通勤作業を不適当とする事由があると認める場合には、これを中止することができる。

（作業収入）
第九七条　作業の実施による収入は、国庫に帰属する。

（作業報奨金）
第九八条　刑事施設の長は、作業を行った受刑者に対しては、釈放の際（その者が受刑者以外の被収容者となったときは、その際）に、その時における報奨金計算額に相当する金額の作業報奨金を支給するものとする。
２　刑事施設の長は、法務省令で定めるところにより、毎月、その月の前月において受刑者が行った作業に対応する金額として、法務大臣が定める基準に従い、その作業の成績その他就業に関する事項を考慮して算出した金額を報奨金計算額に加算するものとする。ただし、釈放の日の属する月における作業に係る加算は、釈放の時に行う。
３　前項の基準は、作業の種類及び内容、作業に要する知識及び技能の程度等を考慮して定める。
４　刑事施設の長は、受刑者がその釈放前に作業報奨金の支給を受けたい旨の申出をした場合において、その使用の目的が、自弁物品等の購入、親族の生計の援助、被害者に対する損害賠償

（禁錮）

第一三条 禁錮は、無期及び有期とし、有期禁錮は、一月以上二十年以下とする。

2 禁錮は、刑事施設に拘置する。

刑法 1 〔加減〕一四〔減軽〕六八2 3〔軽重〕一〇

（有期の懲役及び禁錮の加減の限度）

第一四条 死刑又は無期の懲役若しくは禁錮を減軽して有期の懲役又は禁錮とする場合においては、その長期を三十年とする。

2 有期の懲役又は禁錮を加重する場合においては三十年にまで上げることができ、これを減軽する場合においては一月未満に下げることができる。

刑法 〔加重〕併合罪＝四七、再犯＝五七〔減軽〕法律上の減軽＝三六②・三七①・三八③・三九②・四二・四三・六三・一七〇・一七一・一七三・二二八の二・二二八の三、酌量減軽＝六六〔加重減軽の方法〕六八―七二

↓第三条（補償をしないことができる場合）
第五条第二項（同一の原因について複数の法律による損害賠償を受けた場合）

◆ 少年法

（死刑と無期刑の緩和）

第五一条

2 罪を犯すとき十八歳に満たない者に対しては、無期刑をもつて処断すべきときであつても、有期の懲役又は禁錮を科することができる。この場合において、その刑は、十年以上二十年以下において言い渡す。

（不定期刑）

第五二条 少年に対して有期の懲役又は禁錮をもつて処断すべきときは、処断すべき刑の範囲内において、長期を定めるとともに、長期の二分の一（長期が十年を下回るときは、長期から五年を減じた期間。次項において同じ。）を下回らない範囲内において短期を定めて、これを言い渡す。この場合において、長期は十五年、短期は十年を超えることはできない。

2 前項の短期については、同項の規定にかかわらず、少年の改善更生の可能性その他の事情を考慮し特に必要があるときは、処断すべき刑の短期の二分の一を下回らず、かつ、長期の二分の一を下回らない範囲内において、これを定めることができる。この場合においては、刑法第十四条第二項の規定を準用す

への充当等相当なものであると認めるときは、第一項の規定にかかわらず、法務省令で定めるところにより、その支給の時における報奨金計算額に相当する金額の範囲内で、申出の額の全部又は一部の金額を支給することができる。この場合には、その支給額に相当する金額を報奨金計算額から減額する。

5 受刑者が次の各号のいずれかに該当する場合において、当該各号に定める日から起算して六月を経過する日までに刑事施設に収容されなかったときは、その者の報奨金計算額は、零とする。

一 逃走したとき 逃走した日

二 第八十三条第二項の規定により解放された場合において、同条第三項に規定する避難を必要とする状況がなくなった後速やかに同項に規定する場所に出頭しなかったとき 避難を必要とする状況がなくなった日

三 外部通勤作業又は第百六条第一項の規定による外出若しくは外泊の場合において、刑事施設の長が指定した日時までに刑事施設に帰着しなかったとき その日

◆ 刑事収容施設及び被収容者等の処遇に関する法律

（刑事施設）

第三条 刑事施設は、次に掲げる者を収容し、これらの者に対し必要な処遇を行う施設とする。

一 懲役、禁錮又は拘留の刑の執行のため拘置される者

二 刑事訴訟法の規定により、逮捕された者であって、留置されるもの

三 刑事訴訟法の規定により勾留される者

四 死刑の言渡しを受けて拘置される者

五 前各号に掲げる者のほか、法令の規定により刑事施設に収容すべきこととされる者及び収容することができることとされる者

（禁錮）
第一三条　禁錮は、無期及び有期とし、有期禁錮は、一月以上二十年以下とする。
2　禁錮は、刑事施設に拘置する。

刑法①〔加減〕一四〔減軽〕六八２３〔軽重〕一〇

（有期の懲役及び禁錮の加減の限度）
第一四条　死刑又は無期の懲役若しくは禁錮を減軽して有期の懲役又は禁錮とする場合においては、その長期を三十年とする。
2　有期の懲役又は禁錮を加重する場合においては三十年にまで上げることができ、これを減軽する場合においては一月未満に下げることができる。

刑法〔加重〕併合罪＝四七、再犯＝五七〔減軽〕法律上の減軽＝三六②・三七①・三八③・三九②・四二・四三・六三・一七〇・一七一・一七三・二二八の二・二二八の三、酌量減軽＝六六〔加重減軽の方法〕六八―七二

る。
3　刑の執行猶予の言渡をする場合には、前二項の規定は、これを適用しない。

（懲役又は禁錮の執行）
第五六条　懲役又は禁錮の言渡しを受けた少年（第三項の規定により少年院において刑の執行を受ける者を除く。）に対しては、特に設けた刑事施設又は刑事施設若しくは留置施設内の特に分界を設けた場所において、その刑を執行する。
3　懲役又は禁錮の言渡しを受けた十六歳に満たない少年に対しては、刑法第十二条第二項又は第十三条第二項の規定にかかわらず、十六歳に達するまでの間、少年院において、その刑を執行することができる。この場合において、その少年には、矯正教育を授ける。

◆ **刑事訴訟法**

〔自由刑の執行停止〕
第四八〇条　懲役、禁錮又は拘留の言渡を受けた者が心神喪失の状態に在るときは、刑の言渡をした裁判所に対応する検察庁の検察官又は刑の言渡を受けた者の現在地を管轄する地方検察庁の検察官の指揮によつて、その状態が回復するまで執行を停止する。

〔同前〕
第四八一条　前条の規定により刑の執行を停止した場合には、検察官は、刑の言渡を受けた者を監護義務者又は地方公共団体の長に引き渡し、病院その他の適当な場所に入れさせなければならない。
②　刑の執行を停止された者は、前項の処分があるまでこれを刑事施設に留置し、その期間を刑期に算入する。

〔同前〕
第四八二条　懲役、禁錮又は拘留の言渡を受けた者について左の事由があるときは、刑の言渡をした裁判所に対応する検察庁の検察官又は刑の言渡を受けた者の現在地を管轄する地方検察庁の検察官の指揮によつて執行を停止することができる。
一　刑の執行によつて、著しく健康を害するとき、又は生命を保つことのできない虞があるとき。
二　年齢七十年以上であるとき。
三　受胎後百五十日以上であるとき。
四　出産後六十日を経過しないとき。

五　刑の執行によつて回復することのできない不利益を生ずる虞があるとき。

六　祖父母又は父母が年齢七十年以上又は重病若しくは不具で、他にこれを保護する親族がないとき。

七　子又は孫が幼年で、他にこれを保護する親族がないとき。

八　その他重大な事由があるとき。

〔刑執行のための呼出し〕

第四八四条　死刑、懲役、禁錮又は拘留の言渡しを受けた者が拘禁されていないときは、検察官は、執行のためこれを呼び出さなければならない。呼出しに応じないときは、収容状を発しなければならない。

〔収容状の発付〕

第四八五条　死刑、懲役、禁錮又は拘留の言渡しを受けた者が逃亡したとき、又は逃亡するおそれがあるときは、検察官は、直ちに収容状を発し、又は司法警察員にこれを発せしめることができる。

〔検事長に対する刑事施設への収容の請求〕

第四八六条　死刑、懲役、禁錮又は拘留の言渡しを受けた者の現在地が分からないときは、検察官は、検事長にその者の刑事施設への収容を請求することができる。

②　請求を受けた検事長は、その管内の検察官に収容状を発せしめなければならない。

〔収容状〕

第四八七条　収容状には、刑の言渡しを受けた者の氏名、住居、年齢、刑名、刑期その他収容に必要な事項を記載し、検察官又は司法警察員が、これに記名押印しなければならない。

〔収容状の効力〕

第四八八条　収容状は、勾引状と同一の効力を有する。

〔収容状の執行〕

第四八九条　収容状の執行については、勾引状の執行に関する規定を準用する。

◆　刑事補償法

〔補償の要件〕

第一条

2　上訴権回復による上訴、再審又は非常上告の手続において無罪の裁判を受けた者が原判決によつてすでに刑の執行を受け、又は刑法（明治四十年法律第四十五号）第十一条第二項の規定

（罰金）

第一五条　罰金は、一万円以上とする。ただし、これを減軽する場合においては、一万円未満に下げることができる。

刑法〔減軽〕六八4・七一

による拘置を受けた場合には、その者は、国に対して、刑の執行又は拘置による補償を請求することができる。

（補償の内容）

第四条　抑留又は拘禁による補償においては、**前条及び次条第二項**に規定する場合を除いては、その日数に応じて、一日千円以上一万二千五百円以下の割合による額の補償金を交付する。懲役、禁錮《こ》若しくは拘留の執行又は拘置による補償においても、同様である。

➡第三条〔補償をしないことができる場合〕
第五条第二項〔同一の原因について複数の法律による損害賠償を受けた場合〕

◆刑事訴訟法

〔仮納付の判決〕

第三四八条　裁判所は、罰金、科料又は追徴を言い渡す場合において、判決の確定を待つてはその執行をすることができず、又はその執行をするのに著しい困難を生ずる虞があると認めるときは、検察官の請求により又は職権で、被告人に対し、仮に罰金、科料又は追徴に相当する金額を納付すべきことを命ずることができる。

② 仮納付の裁判は、刑の言渡と同時に、判決でその言渡をしなければならない。

③ 仮納付の裁判は、直ちにこれを執行することができる。

〔財産刑等の執行〕

第四九〇条　罰金、科料、没収、追徴、過料、没取、訴訟費用、費用賠償又は仮納付の裁判は、検察官の命令によつてこれを執行する。この命令は、執行力のある債務名義と同一の効力を有する。

② 前項の裁判の執行は、民事執行法（昭和五十四年法律第四号）その他強制執行の手続に関する法令の規定に従つてする。ただし、執行前に裁判の送達をすることを要しない。

用語〔その他強制執行の手続に関する法令〕行執二・三

〔相続財産に対する執行〕

第四九一条　没収又は租税その他の公課若しくは専売に関する法令の規定により言い渡した罰金若しくは追徴は、刑の言渡を受けた者が判決の確定した後死亡した場合には、相続財産についてこれを執行することができる。

〔合併後の法人に対する執行〕

第四九二条　法人に対して罰金、科料、没収又は追徴を言い渡した場合に、その法人が判決の確定した後合併によつて消滅したときは、合併の後存続する法人又は合併によつて設立された法人に対して執行することができる。

〔仮納付の執行の調整〕

第四九三条　第一審と第二審とにおいて、仮納付の裁判があつた場合に、第一審の仮納付の裁判について既に執行があつたときは、その執行は、これを第二審の仮納付の裁判で納付を命ぜられた金額の限度において、第二審の仮納付の裁判についての執行とみなす。

②　前項の場合において、第一審の仮納付の裁判の執行によつて得た金額が第二審の仮納付の裁判で納付を命ぜられた金額を超えるときは、その超過額は、これを還付しなければならない。

〔仮納付の執行と本刑の執行〕

第四九四条　仮納付の裁判の執行があつた後に、罰金、科料又は追徴の裁判が確定したときは、その金額の限度において刑の執行があつたものとみなす。

②　前項の場合において、仮納付の裁判の執行によつて得た金額が罰金、科料又は追徴の金額を超えるときは、その超過額は、これを還付しなければならない。

◆ 刑事補償法

（補償の要件）

第一条

2　上訴権回復による上訴、再審又は非常上告の手続において無罪の裁判を受けた者が原判決によつてすでに刑の執行を受け、又は刑法（明治四十年法律第四十五号）第十一条第二項の規定による拘置を受けた場合には、その者は、国に対して、刑の執行又は拘置による補償を請求することができる。

（補償の内容）

第四条　抑留又は拘禁による補償においては、**前条及び次条第二項**に規定する場合を除いては、その日数に応じて、一日千円以上一万二千五百円以下の割合による額の補償金を交付する。懲役、禁錮《こ》若しくは拘留の執行又は拘置による補償においても、同様である。

（拘留）

第一六条 拘留は、一日以上三十日未満とし、刑事施設に拘置する。

刑法 〔減軽〕六八5・七〇・七一 〔拘留に当たる罪〕教唆・幇助の処罰の制限＝六四、没収の制限＝二〇

5 罰金又は科料の執行による補償においては、すでに徴収した罰金又は科料の額に、これに対する徴収の日の翌日から補償の決定の日までの期間に応じ年五分の割合による金額を加算した額に等しい補償金を交付する。労役場留置の執行をしたときは、第一項の規定を準用する。

➡第三条〔補償をしないことができる場合〕
第五条第二項〔同一の原因について複数の法律による損害賠償を受けた場合〕

◆刑事訴訟法

〔自由刑の執行停止〕

第四八〇条 懲役、禁錮又は拘留の言渡を受けた者が心神喪失の状態に在るときは、刑の言渡をした裁判所に対応する検察庁の検察官又は刑の言渡を受けた者の現在地を管轄する地方検察庁の検察官の指揮によつて、その状態が回復するまで執行を停止する。

〔同前〕

第四八一条 前条の規定により刑の執行を停止した場合には、検察官は、刑の言渡を受けた者を監護義務者又は地方公共団体の長に引き渡し、病院その他の適当な場所に入れさせなければならない。

② 刑の執行を停止された者は、前項の処分があるまでこれを刑事施設に留置し、その期間を刑期に算入する。

〔同前〕

第四八二条 懲役、禁錮又は拘留の言渡を受けた者について左の事由があるときは、刑の言渡をした裁判所に対応する検察庁の検察官又は刑の言渡を受けた者の現在地を管轄する地方検察庁の検察官の指揮によつて執行を停止することができる。

一 刑の執行によつて、著しく健康を害するとき、又は生命を保つことのできない虞があるとき。
二 年齢七十年以上であるとき。
三 受胎後百五十日以上であるとき。
四 出産後六十日を経過しないとき。
五 刑の執行によつて回復することのできない不利益を生ずる虞があるとき。
六 祖父母又は父母が年齢七十年以上又は重病若しくは不具

◆刑事収容施設及び被収容者等の処遇に関する法律

（定義）

第二条 この法律において、次の各号に掲げる用語の意義は、それぞれ当該各号に定めるところによる。

一 被収容者 刑事施設に収容されている者をいう。
二 被留置者 留置施設に留置されている者をいう。
三 海上保安被留置者 海上保安留置施設に留置されている者をいう。
四 受刑者 懲役受刑者、禁錮《こ》受刑者又は拘留受刑者をいう。
五 懲役受刑者 懲役の刑（国際受刑者移送法（平成十四年法律第六十六号）第十六条第一項第一号の共助刑を含む。以下同じ。）の執行のため拘置されている者をいう。
六 禁錮受刑者 禁錮の刑（国際受刑者移送法第十六条第一項第二号の共助刑を含む。以下同じ。）の執行のため拘置されている者をいう。
七 拘留受刑者 拘留の刑の執行のため拘置されている者をいう。
八 未決拘禁者 被逮捕者、被勾《こう》留者その他未決の者として拘禁されている者をいう。
九 被逮捕者 刑事訴訟法（昭和二十三年法律第百三十一号）の規定により逮捕されて留置されている者をいう。
十 被勾留者 刑事訴訟法の規定により勾留されている者をいう。
十一 死刑確定者 死刑の言渡しを受けて拘置されている者をいう。
十二 各種被収容者 被収容者であって、受刑者、未決拘禁者

刑法（一六条）

手続法

で、他にこれを保護する親族がないとき。
七　子又は孫が幼年で、他にこれを保護する親族がないとき。
八　その他重大な事由があるとき。

〔刑執行のための呼出し〕
第四八四条　死刑、懲役、禁錮又は拘留の言渡しを受けた者が拘禁されていないときは、検察官は、執行のためこれを呼び出さなければならない。呼出しに応じないときは、収容状を発しなければならない。

〔収容状の発付〕
第四八五条　死刑、懲役、禁錮又は拘留の言渡しを受けた者が逃亡したとき、又は逃亡するおそれがあるときは、検察官は、直ちに収容状を発し、又は司法警察員にこれを発せしめることができる。

〔検事長に対する刑事施設への収容の請求〕
第四八六条　死刑、懲役、禁錮又は拘留の言渡しを受けた者の現在地が分からないときは、検察官は、検事長にその者の刑事施設への収容を請求することができる。
②　請求を受けた検事長は、その管内の検察官に収容状を発せしめなければならない。

〔収容状〕
第四八七条　収容状には、刑の言渡しを受けた者の氏名、住居、年齢、刑名、刑期その他収容に必要な事項を記載し、検察官又は司法警察員が、これに記名押印しなければならない。

〔収容状の効力〕
第四八八条　収容状は、勾引状と同一の効力を有する。

〔収容状の執行〕
第四八九条　収容状の執行については、勾引状の執行に関する規定を準用する。

◆ 刑事補償法

（補償の要件）
第一条
2　上訴権回復による上訴、再審又は非常上告の手続において無罪の裁判を受けた者が原判決によつてすでに刑の執行を受け、又は刑法（明治四十年法律第四十五号）第十一条第二項の規定による拘置を受けた場合には、その者は、国に対して、刑の執行又は拘置による補償を請求することができる。

（補償の内容）

特別法

及び死刑確定者以外のものをいう。

（刑事施設）
第三条　刑事施設は、次に掲げる者を収容し、これらの者に対し必要な処遇を行う施設とする。
一　懲役、禁錮又は拘留の刑の執行のため拘置される者
二　刑事訴訟法の規定により、逮捕された者であって、留置されるもの
三　刑事訴訟法の規定により勾留される者
四　死刑の言渡しを受けて拘置される者
五　前各号に掲げる者のほか、法令の規定により刑事施設に収容すべきこととされる者及び収容することができることとされる者

（被収容者の分離）
第四条　被収容者は、次に掲げる別に従い、それぞれ互いに分離するものとする。
一　性別
二　受刑者（未決拘禁者としての地位を有するものを除く。）、未決拘禁者（受刑者又は死刑確定者としての地位を有するものを除く。）、未決拘禁者としての地位を有する受刑者、死刑確定者及び各種被収容者の別
三　懲役受刑者、禁錮受刑者及び拘留受刑者の別
2　前項の規定にかかわらず、受刑者に第九十二条又は第九十三条に規定する作業として他の被収容者に接して食事の配給その他の作業を行わせるため必要があるときは、同項第二号及び第三号に掲げる別による分離をしないことができる。
3　第一項の規定にかかわらず、適当と認めるときは、居室（被収容者が主として休息及び就寝のために使用する場所として刑事施設の長が指定する室をいう。次編第二章において同じ。）外に限り、同項第三号に掲げる別による分離をしないことができる。

（科料）
第一七条　科料は、千円以上一万円未満とする。

刑法　〔減軽〕六八6・七一〔科料に当たる罪〕教唆・幇助の処罰の制限＝六四、没収の制限＝二〇

第四条　抑留又は拘禁による補償においては、前条及び次条第二項に規定する場合を除いては、その日数に応じて、一日千円以上一万二千五百円以下の割合による額の補償金を交付する。懲役、禁錮若しくは拘留の執行又は拘置による補償においても、同様である。

> ⬇第三条〔補償をしないことができる場合〕
> 第五条第二項〔同一の原因について複数の法律による損害賠償を受けた場合〕

◆刑事訴訟法

〔仮納付の判決〕
第三四八条　裁判所は、罰金、科料又は追徴を言い渡す場合において、判決の確定を待つてはその執行をすることができず、又はその執行をするのに著しい困難を生ずる虞があると認めるときは、検察官の請求により又は職権で、被告人に対し、仮に罰金、科料又は追徴に相当する金額を納付すべきことを命ずることができる。

② 仮納付の裁判は、刑の言渡と同時に、判決でその言渡をしなければならない。

③ 仮納付の裁判は、直ちにこれを執行することができる。

〔財産刑等の執行〕
第四九〇条　罰金、科料、没収、追徴、過料、没取、訴訟費用、費用賠償又は仮納付の裁判は、検察官の命令によつてこれを執行する。この命令は、執行力のある債務名義と同一の効力を有する。

② 前項の裁判の執行は、民事執行法（昭和五十四年法律第四号）その他強制執行の手続に関する法令の規定に従つてする。ただし、執行前に裁判の送達をすることを要しない。

> 用語　〔その他強制執行の手続に関する法令〕行執二・三

〔相続財産に対する執行〕
第四九一条　没収又は租税その他の公課若しくは専売に関する法令の規定により言い渡した罰金若しくは追徴は、刑の言渡を受けた者が判決の確定した後死亡した場合には、相続財産についてこれを執行することができる。

〔合併後の法人に対する執行〕

第四九二条　法人に対して罰金、科料、没収又は追徴を言い渡した場合に、その法人が判決の確定した後合併によつて消滅したときは、合併の後存続する法人又は合併によつて設立された法人に対して執行することができる。

〔仮納付の執行の調整〕

第四九三条　第一審と第二審とにおいて、仮納付の裁判があつた場合に、第一審の仮納付の裁判について既に執行があつたときは、その執行は、これを第二審の仮納付の裁判で納付を命ぜられた金額の限度において、第二審の仮納付の裁判についての執行とみなす。

②　前項の場合において、第一審の仮納付の裁判の執行によつて得た金額が第二審の仮納付の裁判で納付を命ぜられた金額を超えるときは、その超過額は、これを還付しなければならない。

〔仮納付の執行と本刑の執行〕

第四九四条　仮納付の裁判の執行があつた後に、罰金、科料又は追徴の裁判が確定したときは、その金額の限度において刑の執行があつたものとみなす。

②　前項の場合において、仮納付の裁判の執行によつて得た金額が罰金、科料又は追徴の金額を超えるときは、その超過額は、これを還付しなければならない。

◆　刑事補償法

〔補償の要件〕

第一条

2　上訴権回復による上訴、再審又は非常上告の手続において無罪の裁判を受けた者が原判決によつてすでに刑の執行を受け、又は刑法（明治四十年法律第四十五号）第十一条第二項の規定による拘置を受けた場合には、その者は、国に対して、刑の執行又は拘置による補償を請求することができる。

〔補償の内容〕

第四条　抑留又は拘禁による補償においては、**前条及び次条第二項**に規定する場合を除いては、その日数に応じて、一日千円以上一万二千五百円以下の割合による額の補償金を交付する。懲役、禁錮《こ》若しくは拘留の執行又は拘置による補償においても、同様である。

（労役場留置）

第一八条　罰金を完納することができない者は、一日以上二年以下の期間、労役場に留置する。

2　科料を完納することができない者は、一日以上三十日以下の期間、労役場に留置する。

3　罰金を併科した場合又は罰金と科料とを併科した場合における留置の期間は、三年を超えることができない。科料を併科した場合における留置の期間は、六十日を超えることができない。

4　罰金又は科料の言渡しをするときは、その言渡しとともに、罰金又は科料を完納することができない場合における留置の期間を定めて言い渡さなければならない。

5　罰金については裁判が確定した後三十日以内、科料については裁判が確定した後十日以内は、本人の承諾がなければ留置の執行をすることができない。

6　罰金又は科料の一部を納付した者についての留置の日数は、その残額を留置一日の割合に相当する金額で除して得た日数（その日数に一日未満の端数を生じるときは、これを一日とする。）とする。

➡第三条（補償をしないことができる場合）
第五条第二項〔同一の原因について複数の法律による損害賠償を受けた場合〕

5　罰金又は科料の執行による補償においては、すでに徴収した罰金又は科料の額に、これに対する徴収の日の翌日から補償の決定の日までの期間に応じ年五分の割合による金額を加算した額に等しい補償金を交付する。労役場留置の執行をしたときは、第一項の規定を準用する。

◆少年法

（換刑処分の禁止）

第五四条　少年に対しては、労役場留置の言渡をしない。

◆刑事訴訟法

〔労役場留置の執行〕

第五〇五条　罰金又は科料を完納することができない場合における労役場留置の執行については、刑の執行に関する規定を準用する。

用語〔規定を準用〕四七二―四七四・四八〇―四八二・四八四―四八九

◆刑事補償法

（補償の要件）

第一条

2　上訴権回復による上訴、再審又は非常上告の手続において無罪の裁判を受けた者が原判決によつてすでに刑の執行を受け、又は刑法（明治四十年法律第四十五号）第十一条第二項の規定による拘置を受けた場合には、その者は、国に対して、刑の執行又は拘置による補償を請求することができる。

（補償の内容）

第四条　抑留又は拘禁による補償においては、**前条及び次条第二項**に規定する場合を除いては、その日数に応じて、一日千円以上一万二千五百円以下の割合による額の補償金を交付する。懲役、禁錮若しくは拘留の執行又は拘置による補償においても、同様である。

◆刑事収容施設及び被収容者等の処遇に関する法律

（労役場及び監置場の附置等）

第二八七条　労役場及び監置場は、それぞれ、法務大臣が指定する刑事施設に附置する。

2　監置の裁判の執行を受ける者は、最寄りの地に監置場がないとき、又は最寄りの監置場に留置の余力がないときは、刑事施設内の特に区別した場所に留置することができる。

3　労役場及び監置場については、第五条、第六条、第十一条及び第十二条の規定を準用する。

4　刑事施設視察委員会は、刑事施設に附置された労役場及び監置場の運営に関しても、第七条第二項に規定する事務を行うものとする。この場合においては、第九条及び第十条の規定を準用する。

（労役場留置者の処遇）

第二八八条　労役場に留置されている者（以下「労役場留置者」という。）の処遇については、その性質に反しない限り、前編第二章中の懲役受刑者に関する規定を準用する。

刑法（一九条）

（没収）
第一九条　次に掲げる物は、没収することができる。
一　犯罪行為を組成した物
二　犯罪行為の用に供し、又は供しようとした物
三　犯罪行為によって生じ、若しくはこれによって得た物又は犯罪行為の報酬として得た物
四　前号に掲げる物の対価として得た物
2　没収は、犯人以外の者に属しない物に限り、これをすることができる。ただし、犯人以外の者に属する物であっても、犯罪の後にその者が情を知って取得したものであるときは、これを没収することができる。

刑法〔拘留・科料と没収〕二〇〔必要的没収の例〕一九七の五

手続法

⬇第三条（補償をしないことができる場合）
第五条第二項〔同一の原因について複数の法律による損害賠償を受けた場合〕

5　罰金又は科料の執行による補償においては、すでに徴収した罰金又は科料の額に、これに対する徴収の日の翌日から補償の決定の日までの期間に応じ年五分の割合による金額を加算した額に等しい補償金を交付する。労役場留置の執行をしたときは、第一項の規定を準用する。

◆日本国憲法

〔財産権〕
第二九条　財産権は、これを侵してはならない。
②　財産権の内容は、公共の福祉に適合するやうに、法律でこれを定める。
③　私有財産は、正当な補償の下に、これを公共のために用ひることができる。

◆刑事訴訟法

〔財産刑等の執行〕
第四九〇条　罰金、科料、没収、追徴、過料、没取、訴訟費用、費用賠償又は仮納付の裁判は、検察官の命令によってこれを執行する。この命令は、執行力のある債務名義と同一の効力を有する。
②　前項の裁判の執行は、民事執行法（昭和五十四年法律第四号）その他強制執行の手続に関する法令の規定に従ってする。ただし、執行前に裁判の送達をすることを要しない。

用語〔その他強制執行の手続に関する法令〕行執二一・三

〔相続財産に対する執行〕
第四九一条　没収又は租税その他の公課若しくは専売に関する法令の規定により言い渡した罰金若しくは追徴は、刑の言渡を受けた者が判決の確定した後死亡した場合には、相続財産についてこれを執行することができる。
〔合併後の法人に対する執行〕
第四九二条　法人に対して罰金、科料、没収又は追徴を言い渡した場合に、その法人が判決の確定した後合併によって消滅したときは、合併の後存続する法人又は合併によって設立された法

特別法

◆公職にある者等のあっせん行為による利得等の処罰に関する法律

（没収及び追徴）
第三条　前二条の場合において、犯人が収受した財産上の利益は、没収する。その全部又は一部を没収することができないときは、その価額を追徴する。

⬇第一条（公職者あっせん利得）
第二条（議員秘書あっせん利得）

◆公職選挙法

（買収及び利害誘導罪の場合の没収）
第二二四条　前四条の場合において収受し又は交付を受けた利益は、没収する。その全部又は一部を没収することができないときは、その価額を追徴する。

⬇第二二一条（買収及び利害誘導罪）
第二二二条（多数人買収及び多数人利害誘導罪）
第二二三条（公職の候補者及び当選人に対する買収及び利害誘導罪）
第二二三条の二（新聞紙、雑誌の不法利用罪）

（携帯兇器の没収）
第二三三条　前二条の罪を犯した場合においては、その携帯した物件を没収する。

⬇第二三一条（兇器携帯罪）
第二三二条（投票所、開票所、選挙会場等における兇器携帯罪）

◆国際的な協力の下に規制薬物に係る不正行為を

（没収）
第一九条　次に掲げる物は、没収することができる。
一　犯罪行為を組成した物
二　犯罪行為の用に供し、又は供しようとした物
三　犯罪行為によって生じ、若しくはこれによって得た物又は犯罪行為の報酬として得た物
四　前号に掲げる物の対価として得た物
2　没収は、犯人以外の者に属しない物に限り、これをすることができる。ただし、犯人以外の者に属する物であっても、犯罪の後にその者が情を知って取得したものであるときは、これを没収することができる。

刑法〔拘留・科料と没収〕二〇〔必要的没収の例〕一九七の五

人に対して執行することができる。

（没収物の処分）

第四九六条　没収物は、検察官がこれを処分しなければならない。

（没収物の交付）

第四九七条　没収を執行した後三箇月以内に、権利を有する者が没収物の交付を請求したときは、検察官は、破壊し、又は廃棄すべき物を除いては、これを交付しなければならない。
②　没収物を処分した後前項の請求があつた場合には、検察官は、公売によつて得た代価を交付しなければならない。

◆刑事補償法

（補償の要件）

第一条
2　上訴権回復による上訴、再審又は非常上告の手続において無罪の裁判を受けた者が原判決によつてすでに刑の執行を受け、又は刑法（明治四十年法律第四十五号）第十一条第二項の規定による拘置を受けた場合には、その者は、国に対して、刑の執行又は拘置による補償を請求することができる。
（補償の内容）

第四条
6　没収の執行による補償においては、没収物がまだ処分されていないときは、その物を返付し、すでに処分されているときは、その物の時価に等しい額の補償金を交付し、又、徴収した追徴金についてはその額にこれに対する徴収の日の翌日から補償の決定の日までの期間に応じ年五分の割合による金額を加算した額に等しい補償金を交付する。

助長する行為等の防止を図るための麻薬及び向精神薬取締法等の特例等に関する法律

（薬物犯罪収益等の没収）
第一一条　次に掲げる財産は、これを没収する。ただし、**第六条**第一項若しくは第二項又は**第七条**の罪が薬物犯罪収益又は薬物犯罪収益に由来する財産とこれらの財産以外の財産とが混和した財産に係る場合において、これらの罪につき第三号から第五号までに掲げる財産の全部を没収することが相当でないと認められるときは、その一部を没収することができる。
一　薬物犯罪収益（第二条第二項第六号又は第七号に掲げる罪に係るものを除く。）
二　薬物犯罪収益に由来する財産（第二条第二項第六号又は第七号に掲げる罪に係る薬物犯罪収益の保有又は処分に基づき得たものを除く。）
三　**第六条**第一項若しくは第二項又は**第七条**の罪に係る薬物犯罪収益等
四　**第六条**第一項若しくは第二項又は**第七条**の犯罪行為より生じ、若しくは当該犯罪行為により得た財産又は当該犯罪行為の報酬として得た財産
五　前二号の財産の果実として得た財産、前二号の財産の対価として得た財産、これらの財産の対価として得た財産その他前二号の財産の保有又は処分に基づき得た財産
2　前項の規定により没収すべき財産について、当該財産の性質、その使用の状況、当該財産に関する犯人以外の者の権利の有無その他の事情からこれを没収することが相当でないと認められるときは、同項の規定にかかわらず、これを没収しないことができる。
3　次に掲げる財産は、これを没収することができる。
一　薬物犯罪収益（第二条第二項第六号又は第七号に掲げる罪に係るものに限る。）
二　薬物犯罪収益に由来する財産（第二条第二項第六号又は第七号に掲げる罪に係る薬物犯罪収益の保有又は処分に基づき得たものに限る。）
三　**第六条**第三項の罪に係る薬物犯罪収益等
四　**第六条**第三項の犯罪行為より生じ、若しくは当該犯罪行為により得た財産又は当該犯罪行為の報酬として得た財産
五　前二号の財産の果実として得た財産、前二号の財産の対価

として得た財産、これらの財産の対価として得た財産その他前二号の財産の保有又は処分に基づき得た財産

➡第二条（定義）
第六条（薬物犯罪収益等隠匿）
第七条（薬物犯罪収益等収受）

◆組織的な犯罪の処罰及び犯罪収益の規制等に関する法律

（団体に属する犯罪行為組成物件等の没収）

第八条　団体の構成員が罪（これに当たる行為が、当該団体の活動として、当該行為を実行するための組織により行われたもの、又は第三条第二項に規定する目的で行われたものに限る。）を犯した場合、又は当該罪を犯す目的でその予備罪（これに当たる行為が、当該団体の活動として、当該行為を実行するための組織により行われたもの、及び同項に規定する目的で行われたものを除く。）を犯した場合において、当該犯罪行為を組成し、又は当該犯罪行為の用に供し、若しくは供しようとした物が、当該団体に属し、かつ、当該構成員が管理するものであるときは、刑法第十九条第二項本文の規定にかかわらず、その物が当該団体及び犯人以外の者に属しない場合に限り、これを没収することができる。ただし、当該団体において、当該物が当該犯罪行為を組成し、又は当該犯罪行為の用に供され、若しくは供されようとすることの防止に必要な措置を講じていたときは、この限りでない。

（犯罪収益等の没収等）

第一三条

4　次に掲げる財産は、これを没収する。ただし、**第九条**第一項から第三項までの罪が薬物犯罪収益又はその保有若しくは処分に基づき得た財産とこれらの財産以外の財産とが混和した財産に係る場合において、これらの罪につき次に掲げる財産の全部を没収することが相当でないと認められるときは、その一部を没収することができる。

一　**第九条**第一項の罪に係る株主等の地位に係る株式又は持分であって、薬物不法収益等を用いることにより取得されたもの

二　**第九条**第二項又は第三項の罪に係る債権であって、薬物不法収益等を用いることにより取得されたもの（当該債権がそ

（追徴）

第一九条の二　前条第一項第三号又は第四号に掲げる物の全部又は一部を没収することができないときは、その価額を追徴することができる。

刑法〔必要的追徴の例〕一九七の五

◆刑事訴訟法

（仮納付の判決）

第三四八条　裁判所は、罰金、科料又は追徴を言い渡す場合において、判決の確定を待つてはその執行をすることができず、又はその執行をするのに著しい困難を生ずる虞があると認めるときは、検察官の請求により又は職権で、被告人に対し、仮に罰金、科料又は追徴に相当する金額を納付すべきことを命ずることができる。

② 仮納付の裁判は、刑の言渡と同時に、判決でその言渡をしなければならない。

③ 仮納付の裁判は、直ちにこれを執行することができる。

（財産刑等の執行）

第四九〇条　罰金、科料、没収、追徴、過料、没取、訴訟費用、費用賠償又は仮納付の裁判は、検察官の命令によつてこれを執行する。この命令は、執行力のある債務名義と同一の効力を有する。

② 前項の裁判の執行は、民事執行法（昭和五十四年法律第四号）その他強制執行の手続に関する法令の規定に従つてする。ただし、執行前に裁判の送達をすることを要しない。

の取得に用いられた薬物不法収益等である財産の返還を目的とするものであるときは、当該薬物不法収益等）

三　薬物不法収益等を用いた**第九条**第一項から第三項までの犯罪行為により得た財産又は当該犯罪行為の報酬として得た財産

四　前三号の財産の果実として得た財産、前三号の財産の対価として得た財産、これらの財産の対価として得た財産その他前三号の財産の保有又は処分に基づき得た財産

5　前項の規定により没収すべき財産について、当該財産の性質、その使用の状況、当該財産に関する犯人以外の者の権利の有無その他の事情からこれを没収することが相当でないと認められるときは、同項の規定にかかわらず、これを没収しないことができる。

➡第九条（不法収益等による法人等の事業経営の支配を目的とする行為）

◆公職にある者等のあっせん行為による利得等の処罰に関する法律

（没収及び追徴）

第三条　**前二条**の場合において、犯人が収受した財産上の利益は、没収する。その全部又は一部を没収することができないときは、その価額を追徴する。

➡第一条（公職者あっせん利得）
第二条（議員秘書あっせん利得）

◆公職選挙法

（買収及び利害誘導罪の場合の没収）

第二二四条　**前四条**の場合において収受し又は交付を受けた利益は、没収する。その全部又は一部を没収することができないときは、その価額を追徴する。

➡第二二一条（買収及び利害誘導罪）
第二二二条（多数人買収及び多数人利害誘導罪）
第二二三条（公職の候補者及び当選人に対する買収及び利害誘導罪）
第二二三条の二（新聞紙、雑誌の不法利用罪）

◆国際的な協力の下に規制薬物に係る不正行為を

刑法（二〇条）

（没収の制限）
第二〇条　拘留又は科料のみに当たる罪については、特別の規定がなければ、没収を科することができない。ただし、第十九条第一項第一号に掲げる物の没

手続法

用語〔その他強制執行の手続に関する法令〕　行執二・三

（相続財産に対する執行）
第四九一条　没収又は租税その他の公課若しくは専売に関する法令の規定により言い渡した罰金若しくは追徴は、刑の言渡を受けた者が判決の確定した後死亡した場合には、相続財産についてこれを執行することができる。

（合併後の法人に対する執行）
第四九二条　法人に対して罰金、科料、没収又は追徴を言い渡した場合に、その法人が判決の確定した後合併によつて消滅したときは、合併の後存続する法人又は合併によつて設立された法人に対して執行することができる。

（仮納付の執行の調整）
第四九三条　第一審と第二審とにおいて、仮納付の裁判があつた場合に、第一審の仮納付の裁判について既に執行があつたときは、その執行は、これを第二審の仮納付の裁判で納付を命ぜられた金額の限度において、第二審の仮納付の裁判についての執行とみなす。
②　前項の場合において、第一審の仮納付の裁判の執行によつて得た金額が第二審の仮納付の裁判で納付を命ぜられた金額を超えるときは、その超過額は、これを還付しなければならない。

（仮納付の執行と本刑の執行）
第四九四条　仮納付の裁判の執行があつた後に、罰金、科料又は追徴の裁判が確定したときは、その金額の限度において刑の執行があつたものとみなす。
②　前項の場合において、仮納付の裁判の執行によつて得た金額が罰金、科料又は追徴の金額を超えるときは、その超過額は、これを還付しなければならない。

特別法

助長する行為等の防止を図るための麻薬及び向精神薬取締法等の特例等に関する法律

（追徴）
第一三条　第十一条第一項の規定により没収すべき財産を没収することができないとき、又は同条第二項の規定によりこれを没収しないときは、その価額を犯人から追徴する。
2　第十一条第三項に規定する財産を没収することができないとき、又は当該財産の性質、その使用の状況、当該財産に関する犯人以外の者の権利の有無その他の事情からこれを没収することが相当でないと認められるときは、その価額を犯人から追徴することができる。

➡第一一条（薬物犯罪収益等の没収）

◆組織的な犯罪の処罰及び犯罪収益の規制等に関する法律

（追徴）
第一六条　第十三条第一項各号に掲げる財産が不動産若しくは動産若しくは金銭債権でないときその他これを没収することができないとき、又は当該財産の性質、その使用の状況、当該財産に関する犯人以外の者の権利の有無その他の事情からこれを没収することが相当でないと認められるときは、その価額を犯人から追徴することができる。ただし、当該財産が犯罪被害財産であるときは、この限りでない。
2　前項ただし書の規定にかかわらず、**第十三条第三項**各号のいずれかに該当するときは、その犯罪被害財産の価額を犯人から追徴することができる。
3　**第十三条第四項**の規定により没収すべき財産を没収することができないとき、又は同条第五項の規定によりこれを没収しないときは、その価額を犯人から追徴する。

➡第一三条（犯罪収益等の没収等）

◆軽犯罪法

（軽犯罪）
第一条　左の各号の一に該当する者は、これを拘留又は科料に処する。
一　人が住んでおらず、且つ、看守していない邸宅、建物又は

収については、この限りでない。

刑法〔拘留又は科料のみに当たる罪の例〕侮辱＝二三一

船舶の内に正当な理由がなくてひそんでいた者
二　正当な理由がなくて刃物、鉄棒その他人の生命を害し、又は人の身体に重大な害を加えるのに使用されるような器具を隠して携帯していた者
三　正当な理由がなくて合かぎ、のみ、ガラス切りその他他人の邸宅又は建物に侵入するのに使用されるような器具を隠して携帯していた者
四　生計の途がないのに、働く能力がありながら職業に就く意思を有せず、且つ、一定の住居を持たない者で諸方をうろついたもの
五　公共の会堂、劇場、飲食店、ダンスホールその他公共の娯楽場において、入場者に対して、又は汽車、電車、乗合自動車、船舶、飛行機その他公共の乗物の中で乗客に対して著しく粗野又は乱暴な言動で迷惑をかけた者
六　正当な理由がなくて他人の標燈又は街路その他公衆の通行し、若しくは集合する場所に設けられた燈火を消した者
七　みだりに船又はいかだを水路に放置し、その他水路の交通を妨げるような行為をした者
八　風水害、地震、火事、交通事故、犯罪の発生その他の変事に際し、正当な理由がなく、現場に出入するについて公務員若しくはこれを援助する者の指示に従うことを拒み、又は公務員から援助を求められたのにかかわらずこれに応じなかつた者
九　相当の注意をしないで、建物、森林その他燃えるような物の附近で火をたき、又はガソリンその他引火し易い物の附近で火気を用いた者
十　相当の注意をしないで、銃砲又は火薬類、ボイラーその他の爆発する物を使用し、又はもてあそんだ者
十一　相当の注意をしないで、他人の身体又は物件に害を及ぼす虞のある場所に物を投げ、注ぎ、又は発射した者
十二　人畜に害を加える性癖のあることの明らかな犬その他の鳥獣類を正当な理由がなくて解放し、又はその監守を怠つてこれを逃がした者
十三　公共の場所において多数の人に対して著しく粗野若しくは乱暴な言動で迷惑をかけ、又は威勢を示して汽車、電車、乗合自動車、船舶その他の公共の乗物、演劇その他の催し若しくは割当物資の配給を待ち、若しくはこれらの乗物若しく

は催しの切符を買い、若しくは割当物資の配給に関する証票を得るため待つている公衆の列に割り込み、若しくはその列を乱した者

十四　公務員の制止をきかずに、人声、楽器、ラジオなどの音を異常に大きく出して静穏を害し近隣に迷惑をかけた者

十五　官公職、位階勲等、学位その他法令により定められた称号若しくは外国におけるこれらに準ずるものを詐称し、又は資格がないのにかかわらず、法令により定められた制服若しくは勲章、記章その他の標章若しくはこれらに似せて作つた物を用いた者

十六　虚構の犯罪又は災害の事実を公務員に申し出た者

十七　質入又は古物の売買若しくは交換に関する帳簿に、法令により記載すべき氏名、住居、職業その他の事項につき虚偽の申立をして不実の記載をさせた者

十八　自己の占有する場所内に、老幼、不具若しくは傷病のため扶助を必要とする者又は人の死体若しくは死胎のあることを知りながら、速やかにこれを公務員に申し出なかつた者

十九　正当な理由がなくて変死体又は死胎の現場を変えた者

二十　公衆の目に触れるような場所で公衆にけん悪の情を催させるような仕方でしり、ももその他身体の一部をみだりに露出した者

二十一　削除

二十二　こじきをし、又はこじきをさせた者

二十三　正当な理由がなくて人の住居、浴場、更衣場、便所その他人が通常衣服をつけないでいるような場所をひそかにのぞき見た者

二十四　公私の儀式に対して悪戯などでこれを妨害した者

二十五　川、みぞその他の水路の流通を妨げるような行為をした者

二十六　街路又は公園その他公衆の集合する場所で、たんつばを吐き、又は大小便をし、若しくはこれをさせた者

二十七　公共の利益に反してみだりにごみ、鳥獣の死体その他の汚物又は廃物を棄てた者

二十八　他人の進路に立ちふさがつて、若しくはその身辺に群がつて立ち退こうとせず、又は不安若しくは迷惑を覚えさせるような仕方で他人につきまとつた者

二十九　他人の身体に対して害を加えることを共謀した者の誰

（未決勾留《こう》日数の本刑算入）
第二一条　未決勾留《こう》の日数は、その全部又は一部を本刑に算入することができる。

◆刑事訴訟法

〔鑑定留置、留置状〕
第一六七条　被告人の心神又は身体に関する鑑定をさせるについて必要があるときは、裁判所は、期間を定め、病院その他の相当な場所に被告人を留置することができる。
⑥　第一項の留置は、未決勾留日数の算入については、これを勾留とみなす。

〔未決勾留日数の本刑通算〕
第四九五条　上訴の提起期間中の未決勾留の日数は、上訴申立後の未決勾留の日数を除き、全部これを本刑に通算する。
②　上訴申立後の未決勾留の日数は、左の場合には、全部これを本刑に通算する。
一　検察官が上訴を申し立てたとき。
二　検察官以外の者が上訴を申し立てた場合においてその上訴審において原判決が破棄されたとき。
③　前二項の規定による通算については、未決勾留の一日を刑期の一日又は金額の四千円に折算する。
④　上訴裁判所が原判決を破棄した後の未決勾留は、上訴中の未決勾留日数に準じて、これを通算する。

◆少年法

（少年鑑別所収容中の日数）
第五三条　第十七条第一項第二号の措置がとられた場合においては、少年鑑別所に収容中の日数は、これを未決勾留の日数とみ

かがその共謀に係る行為の予備行為をした場合における共謀者
三十　人畜に対して犬その他の動物をけしかけ、又は馬若しくは牛を驚かせて逃げ走らせた者
三十一　他人の業務に対して悪戯などでこれを妨害した者
三十二　入ることを禁じた場所又は他人の田畑に正当な理由がなくて入つた者
三十三　みだりに他人の家屋その他の工作物にはり札をし、若しくは他人の看板、禁札その他の標示物を取り除き、又はこれらの工作物若しくは標示物を汚した者
三十四　公衆に対して物を販売し、若しくは頒布し、又は役務を提供するにあたり、人を欺き、又は誤解させるような事実を挙げて広告をした者

第三章　期間計算

（期間の計算）
第二二条　月又は年によって期間を定めたときは、暦に従って計算する。

（刑期の計算）
第二三条　刑期は、裁判が確定した日から起算する。
2　拘禁されていない日数は、裁判が確定した後であっても、刑期に算入しない。

刑法 2〔拘禁されていない日数〕仮釈放＝二九③
用語〔拘禁されていない日数〕留置の日数は算入する＝更生七六

なす。

⬇第一七条第一項第二号〔観護の措置〕〔少年鑑別所への送致〕

◆刑事訴訟法

〔上訴提起期間〕
第三五八条　上訴の提起期間は、裁判が告知された日から進行する。

〔控訴提起期間〕
第三七三条　控訴の提起期間は、十四日とする。

〔準用規定〕
第四一四条　前章の規定は、この法律に特別の定のある場合を除いては、上告の審判についてこれを準用する。

⬇第三章　控訴

〔上告判決の確定〕
第四一八条　上告裁判所の判決は、宣告があつた日から第四百十五条の期間を経過したとき、又はその期間内に同条第一項の申立があつた場合には訂正の判決若しくは申立を棄却する決定があつたときに、確定する。

⬇第四一五条〔訂正の判決〕

〔正式裁判の請求〕
第四六五条　略式命令を受けた者又は検察官は、その告知を受けた日から十四日以内に正式裁判の請求をすることができる。
② 正式裁判の請求は、略式命令をした裁判所に、書面でこれをしなければならない。正式裁判の請求があつたときは、裁判所は、速やかにその旨を検察官又は略式命令を受けた者に通知しなければならない。

〔略式命令の効力〕
第四七〇条　略式命令は、正式裁判の請求期間の経過又はその請

（受刑等の初日及び釈放）

第二四条　受刑の初日は、時間にかかわらず、一日として計算する。時効期間の初日についても、同様とする。

2　刑期が終了した場合における釈放は、その終了の日の翌日に行う。

刑法①〔時効期間〕三二

求の取下により、確定判決と同一の効力を生ずる。正式裁判の請求を棄却する裁判が確定したときも、同様である。

〔裁判の確定と執行〕

第四七一条　裁判は、この法律に特別の定のある場合を除いては、確定した後これを執行する。

〔自由刑の執行停止〕

第四八〇条　懲役、禁錮又は拘留の言渡を受けた者が心神喪失の状態に在るときは、刑の言渡をした裁判所に対応する検察庁の検察官又は刑の言渡を受けた者の現在地を管轄する地方検察庁の検察官の指揮によつて、その状態が回復するまで執行を停止する。

〔同前〕

第四八一条　前条の規定により刑の執行を停止した場合には、検察官は、刑の言渡を受けた者を監護義務者又は地方公共団体の長に引き渡し、病院その他の適当な場所に入れさせなければならない。

②　刑の執行を停止された者は、前項の処分があるまでこれを刑事施設に留置し、その期間を刑期に算入する。

〔刑執行のための呼出し〕

第四八四条　死刑、懲役、禁錮又は拘留の言渡しを受けた者が拘禁されていないときは、検察官は、執行のためこれを呼び出さなければならない。呼出しに応じないときは、収容状を発しなければならない。

◆刑事訴訟法

〔刑執行のための呼出し〕

第四八四条　死刑、懲役、禁錮又は拘留の言渡しを受けた者が拘禁されていないときは、検察官は、執行のためこれを呼び出さなければならない。呼出しに応じないときは、収容状を発しなければならない。

〔収容状の発付〕

第四八五条　死刑、懲役、禁錮又は拘留の言渡しを受けた者が逃亡したとき、又は逃亡するおそれがあるときは、検察官は、直ちに収容状を発し、又は司法警察員にこれを発せしめることができる。

◆刑事収容施設及び被収容者等の処遇に関する法律

（受刑者の釈放）

第一七一条　受刑者の釈放は、次の各号に掲げる場合の区分に応じ、当該各号に定める期間内に、できる限り速やかに行う。

一　釈放すべき日があらかじめ定められている場合　その日の午前中

二　不定期刑の終了による場合　更生保護法（平成十九年法律第八十八号）第四十四条第二項の通知が刑事施設に到達した日の翌日の午前中

三　政令で行われる恩赦による場合であって、当該恩赦に係る政令の規定の公布の日が釈放すべき日となる場合　その日のうち

第四章 刑の執行猶予

（刑の全部の執行猶予）

第二五条 次に掲げる者が三年以下の懲役若しくは禁錮又は五十万円以下の罰金の言渡しを受けたときは、情状により、裁判が確定した日から一年以上五年以下の期間、その刑の全部の執行を猶予することができる。

一 前に禁錮以上の刑に処せられたことがない者

二 前に禁錮以上の刑に処せられたことがあっても、その執行を終わった日又はその執行の免除を得た日から五年以内に禁錮以上の刑に処せられたことがない者

2 前に禁錮以上の刑に処せられたことがあってもその刑の全部の執行を猶予された者が一年以下の懲役又は禁錮の言渡しを受け、情状に特に酌量すべきものがあるときも、前項と同様とする。ただし、次条第一項の規定により保護観察に付せられ、その期間内に更に罪を犯した者については、この限りでない。

［刑法］①㊀（刑に処せられたことのない者）猶予期間経過＝二七、刑の消滅＝三四の二 ㊁（刑の執行の免除）外国判決の効力＝五、刑の時効＝三一 ②（保護観察）二五の二①

［用語］①㊀（刑に処せられたことがない者）大赦・特赦＝恩赦三・五 ㊁刑の執行の免除＝恩赦八

◆ 少年法

（不定期刑）

第五二条 少年に対して有期の懲役又は禁錮をもつて処断すべきときは、処断すべき刑の範囲内において、長期を定めるとともに、長期の二分の一（長期が十年を下回るときは、長期から五年を減じた期間。次項において同じ。）を下回らない範囲内において短期を定めて、これを言い渡す。この場合において、長期は十五年、短期は十年を超えることはできない。

2 前項の短期については、同項の規定にかかわらず、少年の改善更生の可能性その他の事情を考慮し特に必要があるときは、処断すべき刑の短期の二分の一を下回らず、かつ、長期の二分の一を下回らない範囲内において、これを定めることができる。この場合においては、刑法第十四条第二項の規定を準用する。

3 刑の執行猶予の言渡をする場合には、前二項の規定は、これを適用しない。

（人の資格に関する法令の適用）

第六〇条 少年のとき犯した罪により刑に処せられてその執行を受け終り、又は執行の免除を受けた者は、人の資格に関する法令の適用については、将来に向つて刑の言渡を受けなかつたものとみなす。

◆ 刑事訴訟法

〔刑の言渡しの判決、刑の執行猶予の言渡し〕

第三三三条

② 刑の執行猶予は、刑の言渡しと同時に、判決でその言渡しをしなければならない。猶予の期間中保護観察に付する場合も、同様とする。

〔略式命令〕

第四六一条 簡易裁判所は、検察官の請求により、その管轄に属する事件について、公判前、略式命令で、百万円以下の罰金又は科料を科することができる。この場合には、刑の執行猶予をし、没収を科し、その他付随の処分をすることができる。

四 前三号に掲げる場合以外の場合 釈放の根拠となる文書が刑事施設に到達した時から十時間以内

刑法（二五条の二）

（刑の全部の執行猶予中の保護観察）

第二五条の二　前条第一項の場合においては猶予の期間中保護観察に付することができ、同条第二項の場合においては猶予の期間中保護観察に付する。

２　前項の規定により付せられた保護観察は、行政官庁の処分によって仮に解除することができる。

３　前項の規定により保護観察を仮に解除されたときは、前条第二項ただし書及び第二十六条の二第二号の規定の適用については、その処分を取り消されるまでの間は、保護観察に付せられなかったものとみなす。

手続法

◆更生保護法

（所掌事務）

第一六条　地方更生保護委員会（以下「地方委員会」という。）は、次に掲げる事務をつかさどる。

六　刑法第二十五条の二第二項及び第二十七条の三第二項（薬物使用等の罪を犯した者に対する刑の一部の執行猶予に関する法律（平成二十五年法律第五十号）第四条第二項において準用する場合を含む。）の行政官庁として、保護観察を仮に解除し、又はその処分を取り消すこと。

（保護観察の対象者）

第四八条　次に掲げる者（以下「保護観察対象者」という。）に対する保護観察の実施については、この章の定めるところによる。

四　刑法第二十五条の二第一項若しくは第二十七条の三第一項又は薬物使用等の罪を犯した者に対する刑の一部の執行猶予に関する法律第四条第一項の規定により保護観察に付されている者（以下「保護観察付執行猶予者」という。）

（保護観察の仮解除）

第八一条　刑法第二十五条の二第二項又は第二十七条の三第二項（薬物使用等の罪を犯した者に対する刑の一部の執行猶予に関する法律第四条第二項において準用する場合を含む。以下この条において同じ。）の規定による保護観察を仮に解除する処分は、地方委員会が、保護観察所の長の申出により、決定をもってするものとする。

２　刑法第二十五条の二第二項又は第二十七条の三第二項の規定により保護観察を仮に解除されている保護観察付執行猶予者については、第四十九条、第五十一条から第五十八条まで、第六十一条、第六十二条、第六十五条から第六十五条の四まで、第七十九条及び前条の規定は、適用しない。

３　刑法第二十五条の二第二項又は第二十七条の三第二項の規定により保護観察を仮に解除されている保護観察付執行猶予者に対する第五十条及び第六十三条の規定の適用については、第五十条第一項中「以下「一般遵守事項」という」とあるのは「第二号ロ及び第三号に掲げる事項を除く」と、同項第二号中「守り、保護観察官及び保護司による指導監督を誠実に受ける」とあるのは「守る」と、同項第五号中「転居又は七日以上の旅行」とあるのは「転居」と、第六十三条第二項第二号中「遵守

特別法

◆売春防止法

（保護観察との関係）

第一九条　**第五条**の罪のみを犯した者を補導処分に付するときは、刑法第二十五条の二第一項の規定を適用しない。同法第五十四条第一項の規定により第五条の罪の刑によつて処断された者についても、同様とする。

➡第五条（勧誘等）

（刑の全部の執行猶予の必要的取消し）

第二六条　次に掲げる場合においては、刑の全部の執行猶予の言渡しを取り消さなければならない。ただし、第三号の場合において、猶予の言渡しを受けた者が第二十五条第一項第二号に掲げる者であるとき、又は次条第三号に該当するときは、この限りでない。

一　猶予の期間内に更に罪を犯して禁錮以上の刑に処せられ、その刑の全部について執行猶予の言渡しがないとき。

二　猶予の言渡し前に犯した他の罪について禁錮以上の刑に処せられ、その刑の全部について執行猶

事項」とあるのは「第八十一条第三項の規定により読み替えて適用される第五十条第一項に掲げる事項」とする。

4　第一項に規定する処分があったときは、その処分を受けた保護観察付執行猶予者について定められている特別遵守事項は、その処分と同時に取り消されたものとみなす。

5　地方委員会は、刑法第二十五条の二第二項又は第二十七条の三第二項の規定により保護観察を仮に解除されている保護観察付執行猶予者について、保護観察所の長の申出があった場合において、その行状に鑑み再び保護観察を実施する必要があると認めるときは、決定をもって、これらの規定による処分を取り消さなければならない。

◆刑事訴訟法

〔刑の言渡しの判決、刑の執行猶予の言渡し〕

第三三三条　被告事件について犯罪の証明があつたときは、**第三百三十四条**の場合を除いては、判決で刑の言渡をしなければならない。

②　刑の執行猶予は、刑の言渡しと同時に、判決でその言渡しをしなければならない。猶予の期間中保護観察に付する場合も、同様とする。

➡第三三四条〔刑の免除の判決〕

◆刑事訴訟法

〔刑の執行猶予取消しの手続〕

第三四九条　刑の執行猶予の言渡を取り消すべき場合には、検察官は、刑の言渡を受けた者の現在地又は最後の住所地を管轄する地方裁判所、家庭裁判所又は簡易裁判所に対しその請求をしなければならない。

②　刑法第二十六条の二第二号又は第二十七条の五第二号の規定により刑の執行猶予の言渡しを取り消すべき場合には、前項の請求は、保護観察所の長の申出に基づいてこれをしなければならない。

〔同前〕

第三四九条の二　前条の請求があつたときは、裁判所は、猶予の言渡を受けた者又はその代理人の意見を聴いて決定をしなければならない。

予の言渡しがないとき。
三　猶予の言渡し前に他の罪について禁錮以上の刑に処せられたことが発覚したとき。

（刑の全部の執行猶予の裁量的取消し）
第二六条の二　次に掲げる場合においては、刑の全部の執行猶予の言渡しを取り消すことができる。
一　猶予の期間内に更に罪を犯し、罰金に処せられたとき。
二　第二十五条の二第一項の規定により保護観察に付せられた者が遵守すべき事項を遵守せず、その情状が重いとき。
三　猶予の言渡し前に他の罪について禁錮以上の刑に処せられ、その刑の全部の執行を猶予されたことが発覚したとき。

刑法〔取消し〕二六

（刑の全部の執行猶予の取消しの場合における他の

②　前項の場合において、その請求が刑法第二十六条の二第二号又は第二十七条の五第二号の規定による猶予の言渡しの取消しを求めるものであつて、猶予の言渡しを受けた者の請求があるときは、口頭弁論を経なければならない。
③　第一項の決定をするについて口頭弁論を経る場合には、猶予の言渡を受けた者は、弁護人を選任することができる。
④　第一項の決定をするについて口頭弁論を経る場合には、検察官は、裁判所の許可を得て、保護観察官に意見を述べさせることができる。
⑤　第一項の決定に対しては、即時抗告をすることができる。

◆少年法

（人の資格に関する法令の適用）
第六〇条
２　少年のとき犯した罪について刑に処せられた者で刑の執行猶予の言渡を受けた者は、その猶予期間中、刑の執行を受け終つたものとみなして、前項の規定を適用する。
３　前項の場合において、刑の執行猶予の言渡を取り消されたときは、人の資格に関する法令の適用については、その取り消されたとき、刑の言渡があつたものとみなす。

◆更生保護法

（一般遵守事項）
第五〇条　保護観察対象者は、次に掲げる事項（以下「一般遵守事項」という。）を遵守しなければならない。
一　再び犯罪をすることがないよう、又は非行をなくすよう健全な生活態度を保持すること。
二　次に掲げる事項を守り、保護観察官及び保護司による指導監督を誠実に受けること。
イ　保護観察官又は保護司の呼出し又は訪問を受けたときは、これに応じ、面接を受けること。
ロ　保護観察官又は保護司から、労働又は通学の状況、収入又は支出の状況、家庭環境、交友関係その他の生活の実態を示す事実であつて指導監督を行うため把握すべきものを明らかにするよう求められたときは、これに応じ、その事実を申告し、又はこれに関する資料を提示すること。
三　保護観察に付されたときは、速やかに、住居を定め、その地を管轄する保護観察所の長にその届出をすること（第三十

（刑の執行猶予の取消し）

第二六条の三　前二条の規定により禁錮以上の刑の全部の執行猶予の言渡しを取り消したときは、執行猶予中の他の禁錮以上の刑についても、その猶予の言渡しを取り消さなければならない。

刑法〔執行猶予の競合〕二五②

九条第三項（第四十二条において準用する場合を含む。次号において同じ。）又は第七十八条の二第一項の規定により住居を特定された場合及び次条第二項第五号の規定により宿泊すべき特定の場所を定められた場合を除く。）。

四　前号の届出に係る住居（第三十九条第三項又は第七十八条の二第一項の規定により住居を特定された場合には当該住居、次号の転居の許可を受けた場合には当該許可に係る住居）に居住すること（次条第二項第五号の規定により宿泊すべき特定の場所を定められた場合を除く。）。

五　転居又は七日以上の旅行をするときは、あらかじめ、保護観察所の長の許可を受けること。

2　刑法第二十七条の三第一項又は薬物使用等の罪を犯した者に対する刑の一部の執行猶予に関する法律第四条第一項の規定により保護観察に付する旨の言渡しを受けた者（以下「保護観察付一部猶予者」という。）が仮釈放中の保護観察に引き続きこれらの規定による保護観察に付されたときは、第七十八条の二第一項の規定により住居を特定された場合及び次条第二項第五号の規定により宿泊すべき特定の場所を定められた場合を除き、仮釈放中の保護観察の終了時に居住することとされていた前項第三号の届出に係る住居（第三十九条第三項の規定により住居を特定された場合には当該住居、前項第五号の転居の許可を受けた場合には当該許可に係る住居）につき、同項第三号の届出をしたものとみなす。

（特別遵守事項）

第五一条　保護観察対象者は、一般遵守事項のほか、遵守すべき特別の事項（以下「特別遵守事項」という。）が定められたときは、これを遵守しなければならない。

2　特別遵守事項は、次条に定める場合を除き、第五十二条の定めるところにより、これに違反した場合に第七十二条第一項、刑法第二十六条の二、第二十七条の五及び第二十九条第一項並びに少年法第二十六条の四第一項に規定する処分がされることがあることを踏まえ、次に掲げる事項について、保護観察対象者の改善更生のために特に必要と認められる範囲内において、具体的に定めるものとする。

一　犯罪性のある者との交際、いかがわしい場所への出入り、遊興による浪費、過度の飲酒その他の犯罪又は非行に結び付くおそれのある特定の行動をしてはならないこと。

（刑の全部の執行猶予の裁量的取消し）

第二六条の二　次に掲げる場合においては、刑の全部の執行猶予の言渡しを取り消すことができる。

一　猶予の期間内に更に罪を犯し、罰金に処せられたとき。

二　第二十五条の二第一項の規定により保護観察に付せられた者が遵守すべき事項を遵守せず、その情状が重いとき。

三　猶予の言渡し前に他の罪について禁錮以上の刑に処せられ、その刑の全部の執行を猶予されたことが発覚したとき。

刑法〔取消し〕二六

（刑の全部の執行猶予の取消しの場合における他の刑の執行猶予の取消し）

第二六条の三　前二条の規定により禁錮以上の刑の全部の執行猶予の言渡しを取り消したときは、執行猶予中の他の禁錮以上の刑についても、その猶予の言渡しを取り消さなければならない。

刑法〔執行猶予の競合〕二五②

二　労働に従事すること、通学することその他の再び犯罪をすることがなく又は非行のない健全な生活態度を保持するために必要と認められる特定の行動を実行し、又は継続すること。

三　七日未満の旅行、離職、身分関係の異動その他の指導監督を行うため事前に把握しておくことが特に重要と認められる生活上又は身分上の特定の事項について、緊急の場合を除き、あらかじめ、保護観察官又は保護司に申告すること。

四　医学、心理学、教育学、社会学その他の専門的知識に基づく特定の犯罪的傾向を改善するための体系化された手順による処遇として法務大臣が定めるものを受けること。

五　法務大臣が指定する施設、保護観察対象者を監護すべき者の居宅その他の改善更生のために適当と認められる特定の場所であって、宿泊の用に供されるものに一定の期間宿泊して指導監督を受けること。

六　善良な社会の一員としての意識の涵《かん》養及び規範意識の向上に資する地域社会の利益の増進に寄与する社会的活動を一定の時間行うこと。

七　その他指導監督を行うため特に必要な事項

（特別遵守事項の設定及び変更）

第五二条　保護観察所の長は、保護観察処分少年について、法務省令で定めるところにより、少年法第二十四条第一項第一号の保護処分をした家庭裁判所の意見を聴き、これに基づいて、特別遵守事項を定めることができる。これを変更するときも、同様とする。

2　地方委員会は、少年院仮退院者又は仮釈放者について、保護観察所の長の申出により、法務省令で定めるところにより、決定をもって、特別遵守事項を定めることができる。保護観察所の長の申出により、これを変更するときも、同様とする。

3　前項の場合において、少年院からの仮退院又は仮釈放を許す旨の決定による釈放の時までに特別遵守事項を定め、又は変更するときは、保護観察所の長の申出を要しないものとする。

4　地方委員会は、保護観察付一部猶予者について、刑法第二十七条の二の規定による猶予の期間の開始の時までに、法務省令で定めるところにより、決定をもって、特別遵守事項（猶予期間中の保護観察における特別遵守事項に限る。以下この項及び次条第四項において同じ。）を定め、又は変更することができる。この場合において、仮釈放中の保護観察付一部猶予者について、特別遵守事項を定め、又は変更するときは、保護観察所の長の申出によらなければならない。

5　保護観察所の長は、刑法第二十五条の二第一項の規定により保護観察に付されている保護観察付執行猶予者について、その保護観察の開始に際し、法務省令で定めるところにより、同項の規定により保護観察に付する旨の言渡しをした裁判所の意見を聴き、これに基づいて、特別遵守事項を定めることができる。

6　保護観察所の長は、前項の場合のほか、保護観察付執行猶予者について、法務省令で定めるところにより、当該保護観察所の所在地を管轄する地方裁判所、家庭裁判所又は簡易裁判所に対し、定めようとする又は変更しようとする特別遵守事項の内容を示すとともに、必要な資料を提示して、その意見を聴いた上、特別遵守事項を定め、又は変更することができる。ただし、当該裁判所が不相当とする旨の意見を述べたものについては、この限りでない。

（特別遵守事項の取消し）

第五三条　保護観察所の長は、保護観察処分少年又は保護観察付執行猶予者について定められている特別遵守事項（遵守すべき期間が定められている特別遵守事項であって当該期間が満了したものその他その性質上一定の事実が生ずるまでの間遵守すべきこととされる特別遵守事項であって当該事実が生じたものを除く。以下この条において同じ。）につき、必要がなくなったと認めるときは、法務省令で定めるところにより、これを取り消すものとする。

2　地方委員会は、保護観察所の長の申出により、少年院仮退院者又は仮釈放者について定められている特別遵守事項につき、必要がなくなったと認めるときは、法務省令で定めるところにより、決定をもって、これを取り消すものとする。

3　前条第三項の規定は、前項の規定により特別遵守事項を取り消す場合について準用する。

4　地方委員会は、保護観察付一部猶予者について定められている特別遵守事項につき、刑法第二十七条の二の規定による猶予の期間の開始までの間に、必要がなくなったと認めるときは、法務省令で定めるところにより、決定をもって、これを取り消すものとする。この場合において、仮釈放中の保護観察付一部

（刑の全部の執行猶予の裁量的取消し）

第二六条の二　次に掲げる場合においては、刑の全部の執行猶予の言渡しを取り消すことができる。

一　猶予の期間内に更に罪を犯し、罰金に処せられたとき。

二　第二十五条の二第一項の規定により保護観察に付せられた者が遵守すべき事項を遵守せず、その情状が重いとき。

三　猶予の言渡し前に他の罪について禁錮以上の刑に処せられ、その刑の全部の執行を猶予されたことが発覚したとき。

刑法〔取消し〕二六

（刑の全部の執行猶予の取消しの場合における他の刑の執行猶予の取消し）

第二六条の三　前二条の規定により禁錮以上の刑の全部の執行猶予の言渡しを取り消したときは、執行猶予中の他の禁錮以上の刑についても、その猶予の言渡しを取り消さなければならない。

刑法〔執行猶予の競合〕二五②

猶予者について定められている特別遵守事項を取り消すときは、保護観察所の長の申出によらなければならない。

（一般遵守事項の通知）

第五四条　保護観察所の長は、少年法第二十四条第一項第一号の保護処分があったとき又は刑法第二十五条の二第一項の規定により保護観察に付する旨の言渡しがあったときは、法務省令で定めるところにより、保護観察処分少年又は保護観察付執行猶予者に対し、一般遵守事項の内容を記載した書面を交付しなければならない。

2　刑事施設の長又は少年院の長は、第三十九条第一項の決定により懲役若しくは禁錮の刑の執行のため収容している者を釈放するとき、刑の一部の執行猶予の言渡しを受けてその刑のうち執行が猶予されなかった部分の期間の執行を終わり、若しくはその執行を受けることがなくなったこと（その執行を終わり、又はその執行を受けることがなくなった時に他に執行すべき懲役又は禁錮の刑があるときは、その刑の執行を終わり、又はその執行を受けることがなくなったこと。次条第二項において同じ。）により保護観察付一部猶予者を釈放するとき、又は第四十一条の決定により保護処分の執行のため収容している者を釈放するときは、法務省令で定めるところにより、その者に対し、一般遵守事項の内容を記載した書面を交付しなければならない。

（特別遵守事項の通知）

第五五条　保護観察所の長は、保護観察対象者について、特別遵守事項が定められ、又は変更されたときは、法務省令で定めるところにより、当該保護観察対象者に対し、当該特別遵守事項の内容を記載した書面を交付しなければならない。ただし、次項に規定する場合については、この限りでない。

2　刑事施設の長又は少年院の長は、懲役若しくは禁錮の刑の執行のため収容している者について第三十九条第一項の決定による釈放の時までに特別遵守事項（その者が保護観察付一部猶予者である場合には、猶予期間中の保護観察における特別遵守事項を含む。）が定められたとき、保護観察付一部猶予者についてその刑のうち執行が猶予されなかった部分の期間の執行を終わり、若しくはその執行を受けることがなくなったことによる釈放の時までに特別遵守事項が定められたとき、又は保護処分の執行のため収容している者について第四十一条の決定による

（刑の全部の執行猶予の猶予期間経過の効果）

第二七条　刑の全部の執行猶予の言渡しを取り消されることなくその猶予の期間を経過したときは、刑の言渡しは、効力を失う。

釈放の時までに特別遵守事項が定められたときは、法務省令で定めるところにより、その釈放の時に当該特別遵守事項（釈放の時までに変更された場合には、変更後のもの）の内容を記載した書面を交付しなければならない。ただし、その釈放の時までに当該特別遵守事項が取り消されたときは、この限りでない。

◆刑事訴訟法

〔刑の執行猶予取消しの手続〕

第三四九条　刑の執行猶予の言渡を取り消すべき場合には、検察官は、刑の言渡を受けた者の現在地又は最後の住所地を管轄する地方裁判所、家庭裁判所又は簡易裁判所に対しその請求をしなければならない。

②　刑法第二十六条の二第二号又は第二十七条の五第二号の規定により刑の執行猶予の言渡しを取り消すべき場合には、前項の請求は、保護観察所の長の申出に基づいてこれをしなければならない。

〔同前〕

第三四九条の二　前条の請求があつたときは、裁判所は、猶予の言渡を受けた者又はその代理人の意見を聴いて決定をしなければならない。

②　前項の場合において、その請求が刑法第二十六条の二第二号又は第二十七条の五第二号の規定による猶予の言渡しの取消しを求めるものであつて、猶予の言渡しを受けた者の請求があるときは、口頭弁論を経なければならない。

③　第一項の決定をするについて口頭弁論を経る場合には、猶予の言渡を受けた者は、弁護人を選任することができる。

④　第一項の決定をするについて口頭弁論を経る場合には、検察官は、裁判所の許可を得て、保護観察官に意見を述べさせることができる。

⑤　第一項の決定に対しては、即時抗告をすることができる。

◆少年法

（人の資格に関する法令の適用）

第六〇条

２　少年のとき犯した罪について刑に処せられた者で刑の執行猶予の言渡を受けた者は、その猶予期間中、刑の執行を受け終つ

刑法〔猶予期間〕期間計算＝二二

（刑の一部の執行猶予）

第二十七条の二　次に掲げる者が三年以下の懲役又は禁錮の言渡しを受けた場合において、犯情の軽重及び犯人の境遇その他の情状を考慮して、再び犯罪をすることを防ぐために必要であり、かつ、相当であると認められるときは、一年以上五年以下の期間、その刑の一部の執行を猶予することができる。

一　前に禁錮以上の刑に処せられたことがない者

二　前に禁錮以上の刑に処せられたことがあっても、その刑の全部の執行を猶予された者

三　前に禁錮以上の刑に処せられたことがあっても、その執行を終わった日又はその執行の免除を得た日から五年以内に禁錮以上の刑に処せられたことがない者

2　前項の規定によりその一部の執行を猶予された刑については、そのうち執行が猶予されなかった部分の期間を執行し、当該部分の期間の執行を終わった日又はその執行を受けることがなくなった日から、その猶予の期間を起算する。

3　前項の規定にかかわらず、その刑のうち執行が猶予されなかった部分の期間の執行を終わり、又はその執行を受けることがなくなった時において他に執行すべき懲役又は禁錮があるときは、第一項の規定による猶予の期間は、その執行すべき懲役若しくは禁錮の執行を終わった日又はその執行を受けることがなくなった日から起算する。

刑法①㈠〔刑に処せられたことのない者〕猶予期間経過＝二七、刑の消滅＝三四の二　㈡〔刑の全部の執行猶予〕二五　㈢〔刑の執行の免除〕外国判決の効力＝五、刑の時効＝三一

たものとみなして、前項の規定を適用する。

◆**薬物使用等の罪を犯した者に対する刑の一部の執行猶予に関する法律**

（刑の一部の執行猶予の特則）

第三条　薬物使用等の罪を犯した者であって、刑法第二十七条の二第一項各号に掲げる者以外のものに対する同項の規定の適用については、同項中「次に掲げる者が」とあるのは「薬物使用等の罪を犯した者に対する刑の一部の執行猶予に関する法律（平成二十五年法律第五十号）第二条第二項に規定する薬物使用等の罪を犯した者が、その罪又はその罪及び他の罪について」と、「考慮して」とあるのは「考慮して、刑事施設における処遇に引き続き社会内において同条第一項に規定する規制薬物等に対する依存の改善に資する処遇を実施することが」とする。

◆**恩赦法**

〔大赦の効力〕

第三条　大赦は、前条の政令に特別の定のある場合を除いては、大赦のあつた罪について、左の効力を有する。

一　有罪の言渡を受けた者については、その言渡は、効力を失う。

二　まだ有罪の言渡を受けない者については、公訴権は、消滅する。

➡第二条〔大赦〕

〔特赦〕

第四条　特赦は、有罪の言渡を受けた特定の者に対してこれを行う。

第五条　特赦は、有罪の言渡の効力を失わせる。

〔刑の執行の免除〕

第八条　刑の執行の免除は、刑の言渡しを受けた特定の者に対してこれを行う。ただし、刑の全部の執行猶予の言渡しを受けた者又は刑の一部の執行猶予の言渡しを受けてその刑のうち執行が猶予されなかつた部分の期間の執行を終わつた者であつて、まだ猶予の期間を経過しないものに対しては、その刑の執行の免除は、これを行わない。

（刑の一部の執行猶予中の保護観察）
第二七条の三　前条第一項の場合においては、猶予の期間中保護観察に付することができる。
2　前項の規定により付せられた保護観察は、行政官庁の処分によって仮に解除することができる。
3　前項の規定により保護観察を仮に解除されたときは、第二十七条の五第二号の規定の適用については、その処分を取り消されるまでの間は、保護観察に付せられなかったものとみなす。

◆薬物使用等の罪を犯した者に対する刑の一部の執行猶予に関する法律
（刑の一部の執行猶予中の保護観察の特則）
第四条　前条に規定する者に刑の一部の執行猶予の言渡しをするときは、刑法第二十七条の三第一項の規定にかかわらず、猶予の期間中保護観察に付する。
2　刑法第二十七条の三第二項及び第三項の規定は、前項の規定により付せられた保護観察の仮解除について準用する。

◆更生保護法
（所掌事務）
第一六条　地方更生保護委員会（以下「地方委員会」という。）は、次に掲げる事務をつかさどる。
六　刑法第二十五条の二第二項及び第二十七条の三第二項（薬物使用等の罪を犯した者に対する刑の一部の執行猶予に関する法律（平成二十五年法律第五十号）第四条第二項において準用する場合を含む。）の行政官庁として、保護観察を仮に解除し、又はその処分を取り消すこと。
（保護観察の対象者）
第四八条　次に掲げる者（以下「保護観察対象者」という。）に対する保護観察の実施については、この章の定めるところによる。
四　刑法第二十五条の二第一項若しくは第二十七条の三第一項又は薬物使用等の罪を犯した者に対する刑の一部の執行猶予に関する法律第四条第一項の規定により保護観察に付されている者（以下「保護観察付執行猶予者」という。）
（保護観察の仮解除）
第八一条　刑法第二十五条の二第二項又は第二十七条の三第二項（薬物使用等の罪を犯した者に対する刑の一部の執行猶予に関する法律第四条第二項において準用する場合を含む。以下この条において同じ。）の規定による保護観察を仮に解除する処分は、地方委員会が、保護観察所の長の申出により、決定をもってするものとする。
2　刑法第二十五条の二第二項又は第二十七条の三第二項の規定により保護観察を仮に解除されている保護観察付執行猶予者については、第四十九条、第五十一条から第五十八条まで、第六十一条、第六十二条、第六十五条から第六十五条の四まで、第七十九条及び前条の規定は、適用しない。

（刑の一部の執行猶予の必要的取消し）

第二七条の四　次に掲げる場合においては、刑の一部の執行猶予の言渡しを取り消さなければならない。ただし、第三号の場合において、猶予の言渡しを受けた者が第二十七条の二第一項第三号に掲げる者であるときは、この限りでない。

一　猶予の言渡し後に更に罪を犯し、禁錮以上の刑に処せられたとき。

3　刑法第二十五条の二第二項又は第二十七条の三第二項の規定により保護観察を仮に解除されている保護観察付執行猶予者に対する第五十条及び第六十三条の規定の適用については、第五十条第一項中「以下「一般遵守事項」という」とあるのは「第二号ロ及び第三号に掲げる事項を除く」と、同項第二号中「守り、保護観察官及び保護司による指導監督を誠実に受ける」とあるのは「守る」と、同項第五号中「転居又は七日以上の旅行」とあるのは「転居」と、第六十三条第二項第二号中「遵守事項」とあるのは「第八十一条第三項の規定により読み替えて適用される第五十条第一項に掲げる事項」とする。

4　第一項に規定する処分があったときは、その処分を受けた保護観察付執行猶予者について定められている特別遵守事項は、その処分と同時に取り消されたものとみなす。

5　地方委員会は、刑法第二十五条の二第二項又は第二十七条の三第二項の規定により保護観察を仮に解除されている保護観察付執行猶予者について、保護観察所の長の申出があった場合において、その行状に鑑み再び保護観察を実施する必要があると認めるときは、決定をもって、これらの規定による処分を取り消さなければならない。

◆刑事訴訟法

（刑の言渡しの判決、刑の執行猶予の言渡し）

第三三三条　被告事件について犯罪の証明があったときは、第三百三十四条の場合を除いては、判決で刑の言渡をしなければならない。

②　刑の執行猶予は、刑の言渡しと同時に、判決でその言渡しをしなければならない。猶予の期間中保護観察に付する場合も、同様とする。

◆薬物使用等の罪を犯した者に対する刑の一部の執行猶予に関する法律

（刑の一部の執行猶予の必要的取消しの特則等）

第五条　第三条の規定により読み替えて適用される刑法第二十七条の二第一項の規定による刑の一部の執行猶予の言渡しの取消しについては、同法第二十七条の四第三号の規定は、適用しない。

◆刑事訴訟法

（刑の執行猶予取消しの手続）

二　猶予の言渡し前に犯した他の罪について禁錮以上の刑に処せられたとき。
三　猶予の言渡し前に他の罪について禁錮以上の刑に処せられ、その刑の全部について執行猶予の言渡しがないことが発覚したとき。

（刑の一部の執行猶予の裁量的取消し）
第二七条の五　次に掲げる場合においては、刑の一部の執行猶予の言渡しを取り消すことができる。
一　猶予の言渡し後に更に罪を犯し、罰金に処せられたとき。
二　第二十七条の三第一項の規定により保護観察に付せられた者が遵守すべき事項を遵守しなかったとき。

刑法〔取消し〕二七の四

（刑の一部の執行猶予の取消しの場合における他の刑の執行猶予の取消し）

第三四九条　刑の執行猶予の言渡を取り消すべき場合には、検察官は、刑の言渡を受けた者の現在地又は最後の住所地を管轄する地方裁判所、家庭裁判所又は簡易裁判所に対しその請求をしなければならない。
②　刑法第二十六条の二第二号又は第二十七条の五第二号の規定により刑の執行猶予の言渡しを取り消すべき場合には、前項の請求は、保護観察所の長の申出に基づいてこれをしなければならない。

〔同前〕
第三四九条の二　前条の請求があつたときは、裁判所は、猶予の言渡を受けた者又はその代理人の意見を聴いて決定をしなければならない。
②　前項の場合において、その請求が刑法第二十六条の二第二号又は第二十七条の五第二号の規定による猶予の言渡しの取消しを求めるものであつて、猶予の言渡しを受けた者の請求があるときは、口頭弁論を経なければならない。
③　第一項の決定をするについて口頭弁論を経る場合には、猶予の言渡を受けた者は、弁護人を選任することができる。
④　第一項の決定をするについて口頭弁論を経る場合には、検察官は、裁判所の許可を得て、保護観察官に意見を述べさせることができる。
⑤　第一項の決定に対しては、即時抗告をすることができる。

◆更生保護法

（一般遵守事項）
第五〇条　保護観察対象者は、次に掲げる事項（以下「一般遵守事項」という。）を遵守しなければならない。
一　再び犯罪をすることがないよう、又は非行をなくすよう健全な生活態度を保持すること。
二　次に掲げる事項を守り、保護観察官及び保護司による指導監督を誠実に受けること。
イ　保護観察官又は保護司の呼出し又は訪問を受けたときは、これに応じ、面接を受けること。
ロ　保護観察官又は保護司から、労働又は通学の状況、収入又は支出の状況、家庭環境、交友関係その他の生活の実態を示す事実であって指導監督を行うため把握すべきものを明らかにするよう求められたときは、これに応じ、その事

第二七条の六　前二条の規定により刑の一部の執行猶予の言渡しを取り消したときは、執行猶予中の他の禁錮以上の刑についても、その猶予の言渡しを取り消さなければならない。

刑法〔執行猶予の競合〕二七の二①２

実を申告し、又はこれに関する資料を提示すること。

三　保護観察に付されたときは、速やかに、住居を定め、その地を管轄する保護観察所の長にその届出をすること（第三十九条第三項（第四十二条において準用する場合を含む。次号において同じ。）又は第七十八条の二第一項の規定により住居を特定された場合及び次条第二項第五号の規定により宿泊すべき特定の場所を定められた場合を除く。）。

四　前号の届出に係る住居（第三十九条第三項又は第七十八条の二第一項の規定により住居を特定された場合には当該住居、次号の転居の許可を受けた場合には当該許可に係る住居）に居住すること（次条第二項第五号の規定により宿泊すべき特定の場所を定められた場合を除く。）。

五　転居又は七日以上の旅行をするときは、あらかじめ、保護観察所の長の許可を受けること。

２　刑法第二十七条の三第一項又は薬物使用等の罪を犯した者に対する刑の一部の執行猶予に関する法律第四条第一項の規定により保護観察に付する旨の言渡しを受けた者（以下「保護観察付一部猶予者」という。）が仮釈放中の保護観察に引き続きこれらの規定による保護観察に付されたときは、第七十八条の二第一項の規定により住居を特定された場合及び次条第二項第五号の規定により宿泊すべき特定の場所を定められた場合を除き、仮釈放中の保護観察の終了時に居住することとされていた前項第三号の届出に係る住居（第三十九条第三項の規定により住居を特定された場合には当該住居、前項第五号の転居の許可を受けた場合には当該許可に係る住居）につき、同項第三号の届出をしたものとみなす。

（特別遵守事項）

第五一条　保護観察対象者は、一般遵守事項のほか、遵守すべき特別の事項（以下「特別遵守事項」という。）が定められたときは、これを遵守しなければならない。

２　特別遵守事項は、次条に定める場合を除き、第五十二条の定めるところにより、これに違反した場合に第七十二条第一項、刑法第二十六条の二、第二十七条の五及び第二十九条第一項並びに少年法第二十六条の四第一項に規定する処分がされることがあることを踏まえ、次に掲げる事項について、保護観察対象者の改善更生のために特に必要と認められる範囲内において、具体的に定めるものとする。

一　犯罪性のある者との交際、いかがわしい場所への出入り、遊興による浪費、過度の飲酒その他の犯罪又は非行に結び付くおそれのある特定の行動をしてはならないこと。

二　労働に従事すること、通学することその他の再び犯罪をすることがなく又は非行のない健全な生活態度を保持するために必要と認められる特定の行動を実行し、又は継続すること。

三　七日未満の旅行、離職、身分関係の異動その他の指導監督を行うため事前に把握しておくことが特に重要と認められる生活上又は身分上の特定の事項について、緊急の場合を除き、あらかじめ、保護観察官又は保護司に申告すること。

四　医学、心理学、教育学、社会学その他の専門的知識に基づく特定の犯罪的傾向を改善するための体系化された手順による処遇として法務大臣が定めるものを受けること。

五　法務大臣が指定する施設、保護観察対象者を監護すべき者の居宅その他の改善更生のために適当と認められる特定の場所であって、宿泊の用に供されるものに一定の期間宿泊して指導監督を受けること。

六　善良な社会の一員としての意識の涵《かん》養及び規範意識の向上に資する地域社会の利益の増進に寄与する社会的活動を一定の時間行うこと。

七　その他指導監督を行うため特に必要な事項

（特別遵守事項の特則）

第五一条の二　薬物使用等の罪を犯した者に対する刑の一部の執行猶予に関する法律第四条第一項の規定により保護観察に付する旨の言渡しを受けた者については、次条第四項の定めるところにより、規制薬物等（同法第二条第一項に規定する規制薬物等をいう。以下同じ。）の使用を反復する犯罪的傾向を改善するための前条第二項第四号に規定する処遇を受けることを猶予期間中の保護観察における特別遵守事項として定めなければならない。ただし、これに違反した場合に刑法第二十七条の五に規定する処分がされることがあることを踏まえ、その改善更生のために特に必要とは認められないときは、この限りでない。

２　第四項の場合を除き、前項の規定により定められた猶予期間中の保護観察における特別遵守事項を刑法第二十七条の二の規定による猶予の期間の開始までの間に取り消す場合における第五十三条第四項の規定の適用については、同項中「必要」とあ

（刑の一部の執行猶予の猶予期間経過の効果）

第二七条の七　刑の一部の執行猶予の言渡しを取り消されることなくその猶予の期間を経過したときは、その懲役又は禁錮を執行が猶予されなかった部分の期間を刑期とする懲役又は禁錮に減軽する。この場合においては、当該部分の期間の執行を終わった日又はその執行を受けることがなくなった日において、刑の執行を受け終わったものとする。

[刑法]〔猶予期間〕期間計算＝二二

るのは、「特に必要」とする。

3　第一項の規定は、同項に規定する者について、次条第二項及び第三項の定めるところにより仮釈放中の保護観察における特別遵守事項を釈放の時までに定める場合に準用する。この場合において、第一項ただし書中「第二十七条の五」とあるのは、「第二十九条第一項」と読み替えるものとする。

4　第一項に規定する者について、仮釈放を許す旨の決定をした場合においては、前項の規定による仮釈放中の保護観察における特別遵守事項の設定及び第一項の規定による猶予期間中の保護観察における特別遵守事項の設定は、釈放の時までに行うものとする。

5　前項の場合において、第三項において準用する第一項の規定により定められた仮釈放中の保護観察における特別遵守事項を釈放までの間に取り消す場合における第五十三条第二項の規定の適用については、同項中「必要」とあるのは、「特に必要」とし、第一項の規定により定められた猶予期間中の保護観察における特別遵守事項を釈放までの間に取り消す場合における同条第四項の規定の適用については、同項中「刑法第二十七条の二の規定による猶予の期間の開始までの間に、必要」とあるのは、「釈放までの間に、特に必要」とする。

◆ **少年法**

（人の資格に関する法令の適用）

第六〇条

2　少年のとき犯した罪について刑に処せられた者で刑の執行猶予の言渡を受けた者は、その猶予期間中、刑の執行を受け終つたものとみなして、前項の規定を適用する。

◆ **恩赦法**

〔減刑〕

第七条

④　刑の一部の執行猶予の言渡しを受けてまだ猶予の期間を経過しない者に対しては、第二項の規定にかかわらず、刑を減軽する減刑又はその刑のうち執行が猶予されなかつた部分の期間の執行を減軽する減刑のみを行うものとし、また、刑を減軽するとともに猶予の期間を短縮することができる。

第五章　仮釈放

（仮釈放）

第二八条　懲役又は禁錮に処せられた者に改悛《しゅん》の状があるときは、有期刑についてはその刑期の三分の一を、無期刑については十年を経過した後、行政官庁の処分によって仮に釈放することができる。

◆更生保護法

（所掌事務）

第一六条　地方更生保護委員会（以下「地方委員会」という。）は、次に掲げる事務をつかさどる。

一　刑法（明治四十年法律第四十五号）第二十八条の行政官庁として、仮釈放を許し、又はその処分を取り消すこと。

（法定期間経過の通告）

第三三条　刑事施設の長又は少年院の長は、懲役又は禁錮の刑の執行のため収容している者について、刑法第二十八条又は少年法第五十八条第一項に規定する期間が経過したときは、その旨を地方委員会に通告しなければならない。

（仮釈放及び仮出場の申出）

第三四条　刑事施設の長又は少年院の長は、懲役又は禁錮の刑の執行のため収容している者について、前条の期間が経過し、かつ、法務省令で定める基準に該当すると認めるときは、地方委員会に対し、仮釈放を許すべき旨の申出をしなければならない。

2　刑事施設の長は、拘留の刑の執行のため収容している者又は労役場に留置している者について、法務省令で定める基準に該当すると認めるときは、地方委員会に対し、仮出場を許すべき旨の申出をしなければならない。

（申出によらない審理の開始等）

第三五条　地方委員会は、前条の申出がない場合であっても、必要があると認めるときは、仮釈放又は仮出場を許すか否かに関する審理を開始することができる。

2　地方委員会は、前項の規定により審理を開始するに当たっては、あらかじめ、審理の対象となるべき者が収容されている刑事施設（労役場に留置されている場合には、当該労役場が附置された刑事施設）の長又は少年院の長の意見を聴かなければならない。

第三六条　地方委員会は、前条第一項の規定により審理を開始するか否かを判断するため必要があると認めるときは、審理の対象となるべき者との面接、関係人に対する質問その他の方法により、調査を行うことができる。

2　前項の調査を行うに当たっては、審理の対象となるべき者が

◆刑事収容施設及び被収容者等の処遇に関する法律

（受刑者の釈放）

第一七一条　受刑者の釈放は、次の各号に掲げる場合の区分に応じ、当該各号に定める期間内に、できる限り速やかに行う。

一　釈放すべき日があらかじめ定められている場合　その日の午前中

二　不定期刑の終了による場合　更生保護法（平成十九年法律第八十八号）第四十四条第二項の通知が刑事施設に到達した日の翌日の午前中

三　政令で行われる恩赦による場合であって、当該恩赦に係る政令の規定の公布の日が釈放すべき日となる場合　その日のうち

四　前三号に掲げる場合以外の場合　釈放の根拠となる文書が刑事施設に到達した時から十時間以内

（仮釈放）

第二八条　懲役又は禁錮に処せられた者に改悛《しゅん》の状があるときは、有期刑についてはその刑期の三分の一を、無期刑については十年を経過した後、行政官庁の処分によって仮に釈放することができる。

収容されている刑事施設（労役場に留置されている場合には、当該労役場が附置された刑事施設）又は少年院の職員から参考となる事項について聴取し、及びこれらの者に面接への立会いその他の協力を求めることができる。

（仮釈放の審理における委員による面接等）

第三七条　地方委員会は、仮釈放を許すか否かに関する審理においては、その構成員である委員をして、審理対象者と面接させなければならない。ただし、その者の重い疾病若しくは傷害により面接を行うことが困難であると認められるとき又は法務省令で定める場合であって面接の必要がないと認められるときは、この限りでない。

２　地方委員会は、仮釈放を許すか否かに関する審理において必要があると認めるときは、審理対象者について、保護観察所の長に対し、事項を定めて、第八十二条第一項の規定による生活環境の調整を行うことを求めることができる。

３　前条第二項の規定は、仮釈放を許すか否かに関する審理における調査について準用する。

（被害者等の意見等の聴取）

第三八条　地方委員会は、仮釈放を許すか否かに関する審理を行うに当たり、法務省令で定めるところにより、被害者等（審理対象者が刑を言い渡される理由となった犯罪により害を被った者（以下この項において「被害者」という。）又はその法定代理人若しくは被害者が死亡した場合若しくはその心身に重大な故障がある場合におけるその配偶者、直系の親族若しくは兄弟姉妹をいう。次項において同じ。）から、審理対象者の仮釈放に関する意見及び被害に関する心情（以下この条において「意見等」という。）を述べたい旨の申出があったときは、当該意見等を聴取するものとする。ただし、当該被害に係る事件の性質、審理の状況その他の事情を考慮して相当でないと認めるときは、この限りでない。

２　地方委員会は、被害者等の居住地を管轄する保護観察所の長に対し、前項の申出の受理に関する事務及び同項の意見等の聴取を円滑に実施するための事務を嘱託することができる。

（仮釈放及び仮出場を許す処分）

第三九条　刑法第二十八条の規定による仮釈放を許す処分及び同法第三十条の規定による仮出場を許す処分は、地方委員会の決定をもってするものとする。

刑法（二九条）

（仮釈放の取消し等）

第二九条　次に掲げる場合においては、仮釈放の処分を取り消すことができる。

一　仮釈放中に更に罪を犯し、罰金以上の刑に処せられたとき。

二　仮釈放前に犯した他の罪について罰金以上の刑に処せられたとき。

三　仮釈放前に他の罪について罰金以上の刑に処せられた者に対し、その刑の執行をすべきとき。

四　仮釈放中に遵守すべき事項を遵守しなかったとき。

２　刑の一部の執行猶予の言渡しを受け、その刑について仮釈放の処分を受けた場合において、当該仮釈放中に当該執行猶予の言渡しを取り消されたとき

手続法

２　地方委員会は、仮釈放又は仮出場を許す処分をするに当たっては、釈放すべき日を定めなければならない。

３　地方委員会は、仮釈放を許す処分をするに当たっては、第五十一条第二項第五号の規定により宿泊すべき特定の場所を定める場合その他特別の事情がある場合を除き、第八十二条第一項の規定による住居の調整の結果に基づき、仮釈放を許される者が居住すべき住居を特定するものとする。

４　地方委員会は、第一項の決定をした場合において、当該決定を受けた者について、その釈放までの間に、刑事施設の規律及び秩序を害する行為をしたこと、予定されていた釈放後の住居、就業先その他の生活環境に著しい変化が生じたことその他その釈放が相当でないと認められる特別の事情が生じたと認めるときは、仮釈放又は仮出場を許すか否かに関する審理を再開しなければならない。この場合においては、当該決定は、その効力を失う。

５　第三十六条の規定は、前項の規定による審理の再開に係る判断について準用する。

（仮釈放中の保護観察）

第四〇条　仮釈放を許された者は、仮釈放の期間中、保護観察に付する。

◆更生保護法

（一般遵守事項）

第五〇条　保護観察対象者は、次に掲げる事項（以下「一般遵守事項」という。）を遵守しなければならない。

一　再び犯罪をすることがないよう、又は非行をなくすよう健全な生活態度を保持すること。

二　次に掲げる事項を守り、保護観察官及び保護司による指導監督を誠実に受けること。

イ　保護観察官又は保護司の呼出し又は訪問を受けたときは、これに応じ、面接を受けること。

ロ　保護観察官又は保護司から、労働又は通学の状況、収入又は支出の状況、家庭環境、交友関係その他の生活の実態を示す事実であって指導監督を行うため把握すべきものを明らかにするよう求められたときは、これに応じ、その事実を申告し、又はこれに関する資料を提示すること。

三　保護観察に付されたときは、速やかに、住居を定め、その

特別法

は、その処分は、効力を失う。

3　仮釈放の処分を取り消したとき、又は前項の規定により仮釈放の処分が効力を失ったときは、釈放中の日数は、刑期に算入しない。

地を管轄する保護観察所の長にその届出をすること（第三十九条第三項（第四十二条において準用する場合を含む。次号において同じ。）又は第七十八条の二第一項の規定により住居を特定された場合及び次条第二項第五号の規定により宿泊すべき特定の場所を定められた場合を除く。）。

四　前号の届出に係る住居（第三十九条第三項又は第七十八条の二第一項の規定により住居を特定された場合には当該住居、次号の転居の許可を受けた場合には当該許可に係る住居）に居住すること（次条第二項第五号の規定により宿泊すべき特定の場所を定められた場合を除く。）。

五　転居又は七日以上の旅行をするときは、あらかじめ、保護観察所の長の許可を受けること。

2　刑法第二十七条の三第一項又は薬物使用等の罪を犯した者に対する刑の一部の執行猶予に関する法律第四条第一項の規定により保護観察に付する旨の言渡しを受けた者（以下「保護観察付一部猶予者」という。）が仮釈放中の保護観察に引き続きこれらの規定による保護観察に付されたときは、第七十八条の二第一項の規定により住居を特定された場合及び次条第二項第五号の規定により宿泊すべき特定の場所を定められた場合を除き、仮釈放中の保護観察の終了時に居住することとされていた前項第三号の届出に係る住居（第三十九条第三項の規定により住居を特定された場合には当該住居、前項第五号の転居の許可を受けた場合には当該許可に係る住居）につき、同項第三号の届出をしたものとみなす。

（特別遵守事項）

第五一条　保護観察対象者は、一般遵守事項のほか、遵守すべき特別の事項（以下「特別遵守事項」という。）が定められたときは、これを遵守しなければならない。

2　特別遵守事項は、次条に定める場合を除き、第五十二条の定めるところにより、これに違反した場合に第七十二条第一項、刑法第二十六条の二、第二十七条の五及び第二十九条第一項並びに少年法第二十六条の四第一項に規定する処分がされることがあることを踏まえ、次に掲げる事項について、保護観察対象者の改善更生のために特に必要と認められる範囲内において、具体的に定めるものとする。

一　犯罪性のある者との交際、いかがわしい場所への出入り、遊興による浪費、過度の飲酒その他の犯罪又は非行に結び付くおそれのある特定の行動をしてはならないこと。

二　労働に従事すること、通学することその他の再び犯罪をすることがなく又は非行のない健全な生活態度を保持するために必要と認められる特定の行動を実行し、又は継続すること。

三　七日未満の旅行、離職、身分関係の異動その他の指導監督を行うため事前に把握しておくことが特に重要と認められる生活上又は身分上の特定の事項について、緊急の場合を除き、あらかじめ、保護観察官又は保護司に申告すること。

四　医学、心理学、教育学、社会学その他の専門的知識に基づく特定の犯罪的傾向を改善するための体系化された手順による処遇として法務大臣が定めるものを受けること。

五　法務大臣が指定する施設、保護観察対象者を監護すべき者の居宅その他の改善更生のために適当と認められる特定の場所であって、宿泊の用に供されるものに一定の期間宿泊して指導監督を受けること。

六　善良な社会の一員としての意識の涵《かん》養及び規範意識の向上に資する地域社会の利益の増進に寄与する社会的活動を一定の時間行うこと。

七　その他指導監督を行うため特に必要な事項

（特別遵守事項の設定及び変更）

第五二条　保護観察所の長は、保護観察処分少年について、法務省令で定めるところにより、少年法第二十四条第一項第一号の保護処分をした家庭裁判所の意見を聴き、これに基づいて、特別遵守事項を定めることができる。これを変更するときも、同様とする。

2　地方委員会は、少年院仮退院者又は仮釈放者について、保護観察所の長の申出により、法務省令で定めるところにより、決定をもって、特別遵守事項を定めることができる。保護観察所の長の申出により、これを変更するときも、同様とする。

3　前項の場合において、少年院からの仮退院又は仮釈放を許す旨の決定による釈放の時までに特別遵守事項を定め、又は変更するときは、保護観察所の長の申出を要しないものとする。

4　地方委員会は、保護観察付一部猶予者について、刑法第二十七条の二の規定による猶予の期間の開始の時までに、法務省令で定めるところにより、決定をもって、特別遵守事項（猶予期間中の保護観察における特別遵守事項に限る。以下この項及び

（仮釈放の取消し等）

第二九条　次に掲げる場合においては、仮釈放の処分を取り消すことができる。

一　仮釈放中に更に罪を犯し、罰金以上の刑に処せられたとき。

二　仮釈放前に犯した他の罪について罰金以上の刑に処せられたとき。

三　仮釈放前に他の罪について罰金以上の刑に処せられた者に対し、その刑の執行をすべきとき。

四　仮釈放中に遵守すべき事項を遵守しなかったとき。

２　刑の一部の執行猶予の言渡しを受け、その刑について仮釈放の処分を受けた場合において、当該仮釈放中に当該執行猶予の言渡しを取り消されたときは、その処分は、効力を失う。

３　仮釈放の処分を取り消したとき、又は前項の規定により仮釈放の処分が効力を失ったときは、釈放中の日数は、刑期に算入しない。

次条第四項において同じ。）を定め、又は変更することができる。この場合において、仮釈放中の保護観察付一部猶予者について、特別遵守事項を定め、又は変更するときは、保護観察所の長の申出によらなければならない。

５　保護観察所の長は、刑法第二十五条の二第一項の規定により保護観察に付されている保護観察付執行猶予者について、その保護観察の開始に際し、法務省令で定めるところにより、同項の規定により保護観察に付する旨の言渡しをした裁判所の意見を聴き、これに基づいて、特別遵守事項を定めることができる。

６　保護観察所の長は、前項の場合のほか、保護観察付執行猶予者について、法務省令で定めるところにより、当該保護観察所の所在地を管轄する地方裁判所、家庭裁判所又は簡易裁判所に対し、定めようとする又は変更しようとする特別遵守事項の内容を示すとともに、必要な資料を提示して、その意見を聴いた上、特別遵守事項を定め、又は変更することができる。ただし、当該裁判所が不相当とする旨の意見を述べたものについては、この限りでない。

（特別遵守事項の取消し）

第五三条　保護観察所の長は、保護観察処分少年又は保護観察付執行猶予者について定められている特別遵守事項（遵守すべき期間が定められている特別遵守事項であって当該期間が満了したものその他その性質上一定の事実が生ずるまでの間遵守すべきこととされる特別遵守事項であって当該事実が生じたものを除く。以下この条において同じ。）につき、必要がなくなったと認めるときは、法務省令で定めるところにより、これを取り消すものとする。

２　地方委員会は、保護観察所の長の申出により、少年院仮退院者又は仮釈放者について定められている特別遵守事項につき、必要がなくなったと認めるときは、法務省令で定めるところにより、決定をもって、これを取り消すものとする。

３　前条第三項の規定は、前項の規定により特別遵守事項を取り消す場合について準用する。

４　地方委員会は、保護観察付一部猶予者について定められている特別遵守事項につき、刑法第二十七条の二の規定による猶予の期間の開始までの間に、必要がなくなったと認めるときは、法務省令で定めるところにより、決定をもって、これを取り消すものとする。この場合において、仮釈放中の保護観察付一部猶予者について定められている特別遵守事項を取り消すときは、保護観察所の長の申出によらなければならない。

（一般遵守事項の通知）

第五四条　保護観察所の長は、少年法第二十四条第一項第一号の保護処分があったとき又は刑法第二十五条の二第一項の規定により保護観察に付する旨の言渡しがあったときは、法務省令で定めるところにより、保護観察処分少年又は保護観察付執行猶予者に対し、一般遵守事項の内容を記載した書面を交付しなければならない。

２　刑事施設の長又は少年院の長は、第三十九条第一項の決定により懲役若しくは禁錮の刑の執行のため収容している者を釈放するとき、刑の一部の執行猶予の言渡しを受けてその刑のうち執行が猶予されなかった部分の期間の執行を終わり、若しくはその執行を受けることがなくなったこと（その執行を終わり、又はその執行を受けることがなくなった時に他に執行すべき懲役又は禁錮の刑があるときは、その刑の執行を終わり、又はその執行を受けることがなくなったこと。次条第二項において同じ。）により保護観察付一部猶予者を釈放するとき、又は第四十一条の決定により保護処分の執行のため収容している者を釈放するときは、法務省令で定めるところにより、その者に対し、一般遵守事項の内容を記載した書面を交付しなければならない。

（特別遵守事項の通知）

第五五条　保護観察所の長は、保護観察対象者について、特別遵守事項が定められ、又は変更されたときは、法務省令で定めるところにより、当該保護観察対象者に対し、当該特別遵守事項の内容を記載した書面を交付しなければならない。ただし、次項に規定する場合については、この限りでない。

２　刑事施設の長又は少年院の長は、懲役若しくは禁錮の刑の執行のため収容している者について第三十九条第一項の決定による釈放の時までに特別遵守事項（その者が保護観察付一部猶予者である場合には、猶予期間中の保護観察における特別遵守事項を含む。）が定められたとき、保護観察付一部猶予者についてその刑のうち執行が猶予されなかった部分の期間の執行を終わり、若しくはその執行を受けることがなくなったことによる釈放の時までに特別遵守事項が定められたとき、又は保護処分

（仮釈放の取消し等）
第二九条　次に掲げる場合においては、仮釈放の処分を取り消すことができる。
一　仮釈放中に更に罪を犯し、罰金以上の刑に処せられたとき。
二　仮釈放前に犯した他の罪について罰金以上の刑に処せられたとき。
三　仮釈放前に他の罪について罰金以上の刑に処せられた者に対し、その刑の執行をすべきとき。
四　仮釈放中に遵守すべき事項を遵守しなかったとき。
2　刑の一部の執行猶予の言渡しを受け、その刑について仮釈放の処分を受けた場合において、当該仮釈放中に当該執行猶予の言渡しを取り消されたときは、その処分は、効力を失う。
3　仮釈放の処分を取り消したとき、又は前項の規定により仮釈放の処分が効力を失ったときは、釈放中の日数は、刑期に算入しない。

の執行のため収容している者について第四十一条の決定による釈放の時までに特別遵守事項が定められたときは、法務省令で定めるところにより、その釈放の時に当該特別遵守事項（釈放の時までに変更された場合には、変更後のもの）の内容を記載した書面を交付しなければならない。ただし、その釈放の時までに当該特別遵守事項が取り消されたときは、この限りでない。

（仮釈放の取消し）
第七五条　刑法第二十九条第一項の規定による仮釈放の取消しは、仮釈放者に対する保護観察をつかさどる保護観察所の所在地を管轄する地方委員会が、決定をもってするものとする。
2　刑法第二十九条第一項第四号に該当することを理由とする前項の決定は、保護観察所の長の申出によらなければならない。
3　刑事訴訟法第四百八十四条から第四百八十九条までの規定は、仮釈放を取り消された者の収容について適用があるものとする。

（留置）
第七六条　地方委員会は、第六十三条第二項又は第三項の引致状により引致された仮釈放者について、刑法第二十九条第一項第一号から第三号までに該当する場合であって前条第一項の決定をするか否かに関する審理を開始する必要があると認めるとき、又は同条第二項の申出がありその審理を開始するときは、当該仮釈放者を刑事施設又は少年鑑別所に留置することができる。
2　前項の規定により仮釈放者が留置された場合において、その者の仮釈放が取り消されたときは、刑法第二十九条第三項の規定にかかわらず、その留置の日数は、刑期に算入するものとする。
3　第七十三条第二項及び第四項から第六項までの規定は、第一項の規定による留置について準用する。この場合において、同条第四項中「第七十一条の規定による申請」とあるのは、「第七十五条第一項の決定」と読み替えるものとする。

（保護観察の停止）
第七七条　地方委員会は、保護観察所の長の申出により、仮釈放者の所在が判明しないため保護観察が実施できなくなったと認めるときは、決定をもって、保護観察を停止することができる。

刑法（三〇条）

（仮出場）
第三〇条　拘留に処せられた者は、情状により、いつでも、行政官庁の処分によって仮に出場を許すことができる。
２　罰金又は科料を完納することができないため留置された者も、前項と同様とする。
刑法②〔留置〕一八

手続法

２　前項の規定により保護観察を停止されている仮釈放者の所在が判明したときは、その所在の地を管轄する地方委員会は、直ちに、決定をもって、その停止を解かなければならない。
３　前項の決定は、急速を要するときは、第二十三条第一項の規定にかかわらず、一人の委員ですることができる。
４　第一項の規定により保護観察を停止されている仮釈放者が第六十三条第二項又は第三項の引致状により引致されたときは、第二項の決定があったものとみなす。
５　仮釈放者の刑期は、第一項の決定によってその進行を停止し、第二項の決定があった時からその進行を始める。
６　地方委員会は、仮釈放者が第一項の規定により保護観察を停止されている間に遵守事項を遵守しなかったことを理由として、仮釈放の取消しをすることができない。
７　地方委員会は、第一項の決定をした後、保護観察の停止の理由がなかったことが明らかになったときは、決定をもって、同項の決定を取り消さなければならない。
８　前項の規定により第一項の決定が取り消された場合における仮釈放者の刑期の計算については、第五項の規定は、適用しない。

◆更生保護法

（所掌事務）
第一六条　地方更生保護委員会（以下「地方委員会」という。）は、次に掲げる事務をつかさどる。
二　刑法第三十条の行政官庁として、仮出場を許すこと。
（仮釈放及び仮出場の申出）
第三四条　刑事施設の長又は少年院の長は、懲役又は禁錮の刑の執行のため収容している者について、前条の期間が経過し、かつ、法務省令で定める基準に該当すると認めるときは、地方委員会に対し、仮釈放を許すべき旨の申出をしなければならない。
２　刑事施設の長は、拘留の刑の執行のため収容している者又は労役場に留置している者について、法務省令で定める基準に該当すると認めるときは、地方委員会に対し、仮出場を許すべき旨の申出をしなければならない。
（申出によらない審理の開始等）
第三五条　地方委員会は、前条の申出がない場合であっても、必

特別法

◆刑事収容施設及び被収容者等の処遇に関する法律

（受刑者の釈放）
第一七一条　受刑者の釈放は、次の各号に掲げる場合の区分に応じ、当該各号に定める期間内に、できる限り速やかに行う。
一　釈放すべき日があらかじめ定められている場合　その日の午前中
二　不定期刑の終了による場合　更生保護法（平成十九年法律第八十八号）第四十四条第二項の通知が刑事施設に到達した日の翌日の午前中
三　政令で行われる恩赦による場合であって、当該恩赦に係る政令の規定の公布の日が釈放すべき日となる場合　その日のうち
四　前三号に掲げる場合以外の場合　釈放の根拠となる文書が刑事施設に到達した時から十時間以内

（仮出場）

第三〇条　拘留に処せられた者は、情状により、いつでも、行政官庁の処分によって仮に出場を許すことができる。

２　罰金又は科料を完納することができないため留置された者も、前項と同様とする。

刑法②〔留置〕一八

要があると認めるときは、仮釈放又は仮出場を許すか否かに関する審理を開始することができる。

２　地方委員会は、前項の規定により審理を開始するに当たっては、あらかじめ、審理の対象となるべき者が収容されている刑事施設（労役場に留置されている場合には、当該労役場が附置された刑事施設）の長又は少年院の長の意見を聴かなければならない。

第三六条　地方委員会は、前条第一項の規定により審理を開始するか否かを判断するため必要があると認めるときは、審理の対象となるべき者との面接、関係人に対する質問その他の方法により、調査を行うことができる。

２　前項の調査を行うに当たっては、審理の対象となるべき者が収容されている刑事施設（労役場に留置されている場合には、当該労役場が附置された刑事施設）又は少年院の職員から参考となる事項について聴取し、及びこれらの者に面接への立会いその他の協力を求めることができる。

（仮釈放の審理における委員による面接等）

第三七条　地方委員会は、仮釈放を許すか否かに関する審理においては、その構成員である委員をして、審理対象者と面接させなければならない。ただし、その者の重い疾病若しくは傷害により面接を行うことが困難であると認められるとき又は法務省令で定める場合であって面接の必要がないと認められるときは、この限りでない。

２　地方委員会は、仮釈放を許すか否かに関する審理において必要があると認めるときは、審理対象者について、保護観察所の長に対し、事項を定めて、第八十二条第一項の規定による生活環境の調整を行うことを求めることができる。

３　前条第二項の規定は、仮釈放を許すか否かに関する審理における調査について準用する。

（被害者等の意見等の聴取）

第三八条　地方委員会は、仮釈放を許すか否かに関する審理を行うに当たり、法務省令で定めるところにより、被害者等（審理対象者が刑を言い渡される理由となった犯罪により害を被った者（以下この項において「被害者」という。）又はその法定代理人若しくは被害者が死亡した場合若しくはその心身に重大な故障がある場合におけるその配偶者、直系の親族若しくは兄弟姉妹をいう。次項において同じ。）から、審理対象者の仮釈放

第六章　刑の時効及び刑の消滅

（刑の時効）
第三一条　刑（死刑を除く。）の言渡しを受けた者は、時効によりその執行の免除を得る。

に関する意見及び被害に関する心情（以下この条において「意見等」という。）を述べたい旨の申出があったときは、当該意見等を聴取するものとする。ただし、当該被害に係る事件の性質、審理の状況その他の事情を考慮して相当でないと認めるときは、この限りでない。

２　地方委員会は、被害者等の居住地を管轄する保護観察所の長に対し、前項の申出の受理に関する事務及び同項の意見等の聴取を円滑に実施するための事務を嘱託することができる。

（仮釈放及び仮出場を許す処分）
第三九条　刑法第二十八条の規定による仮釈放を許す処分及び同法第三十条の規定による仮出場を許す処分は、地方委員会の決定をもってするものとする。

２　地方委員会は、仮釈放又は仮出場を許す処分をするに当たっては、釈放すべき日を定めなければならない。

３　地方委員会は、仮釈放を許す処分をするに当たっては、第五十一条第二項第五号の規定により宿泊すべき特定の場所を定める場合その他特別の事情がある場合を除き、第八十二条第一項の規定による住居の調整の結果に基づき、仮釈放を許される者が居住すべき住居を特定するものとする。

４　地方委員会は、第一項の決定をした場合において、当該決定を受けた者について、その釈放までの間に、刑事施設の規律及び秩序を害する行為をしたこと、予定されていた釈放後の住居、就業先その他の生活環境に著しい変化が生じたことその他その釈放が相当でないと認められる特別の事情が生じたと認めるときは、仮釈放又は仮出場を許すか否かに関する審理を再開しなければならない。この場合においては、当該決定は、その効力を失う。

５　第三十六条の規定は、前項の規定による審理の再開に係る判断について準用する。

◆日本国憲法
〔法定手続の保障〕
第三一条　何人も、法律の定める手続によらなければ、その生命若しくは自由を奪はれ、又はその他の刑罰を科せられない。

刑法〔刑の執行の免除〕執行猶予の要件＝二五①2・二七の二①3、再犯の要件＝五六、刑の消滅の要件＝三四の二

〔時効の期間〕

第三二条　時効は、刑の言渡しが確定した後、次の期間その執行を受けないことによって完成する。

◆刑事訴訟法

〔公訴時効期間〕

第二五〇条　時効は、人を死亡させた罪であつて禁錮以上の刑に当たるもの（死刑に当たるものを除く。）については、次に掲げる期間を経過することによつて完成する。

一　無期の懲役又は禁錮に当たる罪については三十年
二　長期二十年の懲役又は禁錮に当たる罪については二十年
三　前二号に掲げる罪以外の罪については十年

②　時効は、人を死亡させた罪であつて禁錮以上の刑に当たるもの以外の罪については、次に掲げる期間を経過することによつて完成する。

一　死刑に当たる罪については二十五年
二　無期の懲役又は禁錮に当たる罪については十五年
三　長期十五年以上の懲役又は禁錮に当たる罪については十年
四　長期十五年未満の懲役又は禁錮に当たる罪については七年
五　長期十年未満の懲役又は禁錮に当たる罪については五年
六　長期五年未満の懲役若しくは禁錮又は罰金に当たる罪については三年
七　拘留又は科料に当たる罪については一年

〔刑の言渡しの判決、刑の執行猶予の言渡し〕

第三三三条　被告事件について犯罪の証明があつたときは、**第三百三十四条**の場合を除いては、判決で刑の言渡をしなければならない。

②　刑の執行猶予は、刑の言渡しと同時に、判決でその言渡しをしなければならない。猶予の期間中保護観察に付する場合も、同様とする。

➡第三三四条〔刑の免除の判決〕

〔略式命令〕

第四六一条　簡易裁判所は、検察官の請求により、その管轄に属する事件について、公判前、略式命令で、百万円以下の罰金又は科料を科することができる。この場合には、刑の執行猶予をし、没収を科し、その他付随の処分をすることができる。

◆刑事訴訟法

〔上訴提起期間〕

第三五八条　上訴の提起期間は、裁判が告知された日から進行す

一　無期の懲役又は禁錮については三十年
二　十年以上の有期の懲役又は禁錮については二十年
三　三年以上十年未満の懲役又は禁錮については十年
四　三年未満の懲役又は禁錮については五年
五　罰金については三年
六　拘留、科料及び没収については一年

刑法〔期間計算〕二二、初日算入＝二四

（時効の停止）
第三三条　時効は、法令により執行を猶予し、又は停止した期間内は、進行しない。

刑法〔執行猶予〕二五・二七の二

る。

〔控訴提起期間〕
第三七三条　控訴の提起期間は、十四日とする。

〔準用規定〕
第四一四条　前章の規定は、この法律に特別の定のある場合を除いては、上告の審判についてこれを準用する。

➡第三章　控訴

〔上告判決の確定〕
第四一八条　上告裁判所の判決は、宣告があつた日から**第四百十五条**の期間を経過したとき、又はその期間内に同条第一項の申立があつた場合には訂正の判決若しくは申立を棄却する決定があつたときに、確定する。

➡第四一五条〔訂正の判決〕

〔正式裁判の請求〕
第四六五条　略式命令を受けた者又は検察官は、その告知を受けた日から十四日以内に正式裁判の請求をすることができる。
②　正式裁判の請求は、略式命令をした裁判所に、書面でこれをしなければならない。正式裁判の請求があつたときは、裁判所は、速やかにその旨を検察官又は略式命令を受けた者に通知しなければならない。

〔略式命令の効力〕
第四七〇条　略式命令は、正式裁判の請求期間の経過又はその請求の取下により、確定判決と同一の効力を生ずる。正式裁判の請求を棄却する裁判が確定したときも、同様である。

◆刑事訴訟法

〔公訴の提起と時効の停止〕
第二五四条　時効は、当該事件についてした公訴の提起によつてその進行を停止し、管轄違又は公訴棄却の裁判が確定した時からその進行を始める。
②　共犯の一人に対してした公訴の提起による時効の停止は、他の共犯に対してその効力を有する。この場合において、停止した時効は、当該事件についてした裁判が確定した時からその進行を始める。

〔その他の理由による時効の停止〕

（時効の停止）

第三三条　時効は、法令により執行を猶予し、又は停止した期間内は、進行しない。

刑法〔執行猶予〕二五・二七の二

第二五五条　犯人が国外にいる場合又は犯人が逃げ隠れているため有効に起訴状の謄本の送達若しくは略式命令の告知ができなかつた場合には、時効は、その国外にいる期間又は逃げ隠れている期間その進行を停止する。

② 犯人が国外にいること又は犯人が逃げ隠れているため有効に起訴状の謄本の送達若しくは略式命令の告知ができなかつたことの証明に必要な事項は、裁判所の規則でこれを定める。

〔上訴権回復〕

第三六五条　上訴権回復の請求があつたときは、原裁判所は、前条の決定をするまで裁判の執行を停止する決定をすることができる。この場合には、被告人に対し勾留状を発することができる。

〔執行停止の効力〕

第四四二条　再審の請求は、刑の執行を停止する効力を有しない。但し、管轄裁判所に対応する検察庁の検察官は、再審の請求についての裁判があるまで刑の執行を停止することができる。

〔再審開始の決定〕

第四四八条　再審の請求が理由のあるときは、再審開始の決定をしなければならない。

② 再審開始の決定をしたときは、決定で刑の執行を停止することができる。

〔主刑の執行の順序〕

第四七四条　二以上の主刑の執行は、罰金及び科料を除いては、その重いものを先にする。但し、検察官は、重い刑の執行を停止して、他の刑の執行をさせることができる。

〔死刑執行の停止〕

第四七九条　死刑の言渡を受けた者が心神喪失の状態に在るときは、法務大臣の命令によつて執行を停止する。

② 死刑の言渡を受けた女子が懐胎しているときは、法務大臣の命令によつて執行を停止する。

③ 前二項の規定により死刑の執行を停止した場合には、心神喪失の状態が回復した後又は出産の後に法務大臣の命令がなければ、執行することはできない。

④ **第四百七十五条第二項**の規定は、前項の命令についてこれを準用する。この場合において、判決確定の日とあるのは、心神喪失の状態が回復した日又は出産の日と読み替えるものとす

刑法（三四条）

（時効の中断）
第三四条　懲役、禁錮及び拘留の時効は、刑の言渡しを受けた者をその執行のために拘束することによつ

手続法

る。

➡第四七五条第二項〔死刑の執行までの期間〕

〔自由刑の執行停止〕
第四八〇条　懲役、禁錮又は拘留の言渡を受けた者が心神喪失の状態に在るときは、刑の言渡をした裁判所に対応する検察庁の検察官又は刑の言渡を受けた者の現在地を管轄する地方検察庁の検察官の指揮によつて、その状態が回復するまで執行を停止する。

〔同前〕
第四八一条　前条の規定により刑の執行を停止した場合には、検察官は、刑の言渡を受けた者を監護義務者又は地方公共団体の長に引き渡し、病院その他の適当な場所に入れさせなければならない。

②　刑の執行を停止された者は、前項の処分があるまでこれを刑事施設に留置し、その期間を刑期に算入する。

〔同前〕
第四八二条　懲役、禁錮又は拘留の言渡を受けた者について左の事由があるときは、刑の言渡をした裁判所に対応する検察庁の検察官又は刑の言渡を受けた者の現在地を管轄する地方検察庁の検察官の指揮によつて執行を停止することができる。

一　刑の執行によつて、著しく健康を害するとき、又は生命を保つことのできない虞があるとき。
二　年齢七十年以上であるとき。
三　受胎後百五十日以上であるとき。
四　出産後六十日を経過しないとき。
五　刑の執行によつて回復することのできない不利益を生ずる虞があるとき。
六　祖父母又は父母が年齢七十年以上又は重病若しくは不具で、他にこれを保護する親族がないとき。
七　子又は孫が幼年で、他にこれを保護する親族がないとき。
八　その他重大な事由があるとき。

◆　刑事訴訟法

〔勾引状・勾留状の執行〕
第七〇条　勾引状又は勾留状は、検察官の指揮によつて、検察事務官又は司法警察職員がこれを執行する。但し、急速を要する

特別法

◆　刑事収容施設及び被収容者等の処遇に関する法律

（収容のための連戻し）
第八一条　刑務官は、被収容者が次の各号のいずれかに該当する

刑法（三四条）

て中断する。

2　罰金、科料及び没収の時効は、執行行為をすることによって中断する。

手続法

場合には、裁判長、受命裁判官又は地方裁判所、家庭裁判所若しくは簡易裁判所の裁判官は、その執行を指揮することができる。

②　刑事施設にいる被告人に対して発せられた勾留状は、検察官の指揮によつて、刑事施設職員がこれを執行する。

〔管轄区域外の勾引状若しくは勾留状の執行〕

第七一条　検察事務官又は司法警察職員は、必要があるときは、管轄区域外で、勾引状若しくは勾留状を執行し、又はその地の検察事務官若しくは司法警察職員にその執行を求めることができる。

〔被告人の捜査・勾引状・勾留状の執行の嘱託〕

第七二条　被告人の現在地が判らないときは、裁判長は、検事長にその捜査及び勾引状又は勾留状の執行を嘱託することができる。

②　嘱託を受けた検事長は、その管内の検察官に捜査及び勾引状又は勾留状の執行の手続をさせなければならない。

〔勾引状・勾留状の執行手続〕

第七三条　勾引状を執行するには、これを被告人に示した上、できる限り速やかに且つ直接、指定された裁判所その他の場所に引致しなければならない。第六十六条第四項の勾引状については、これを発した裁判官に引致しなければならない。

②　勾留状を執行するには、これを被告人に示した上、できる限り速やかに、かつ、直接、指定された刑事施設に引致しなければならない。

③　勾引状又は勾留状を所持しないためこれを示すことができない場合において、急速を要するときは、前二項の規定にかかわらず、被告人に対し公訴事実の要旨及び令状が発せられている旨を告げて、その執行をすることができる。但し、令状は、できる限り速やかにこれを示さなければならない。

〔収容状の効力〕

第四八八条　収容状は、勾引状と同一の効力を有する。

〔収容状の執行〕

第四八九条　収容状の執行については、勾引状の執行に関する規定を準用する。

〔財産刑等の執行〕

第四九〇条　罰金、科料、没収、追徴、過料、没取、訴訟費用、費用賠償又は仮納付の裁判は、検察官の命令によつてこれを執

特別法

場合には、当該各号に定める時から四十八時間以内に着手したときに限り、これを連れ戻すことができる。

一　逃走したとき　逃走の時

二　第九十六条第一項の規定による作業又は第百六条第一項の規定による外出若しくは外泊の場合において、刑事施設の長が指定した日時までに刑事施設に帰着しなかったとき　その日時

刑法（三四の二・三五条）

（刑の消滅）

第三四条の二　禁錮以上の刑の執行を終わり又はその執行の免除を得た者が罰金以上の刑に処せられないで十年を経過したときは、刑の言渡しは、効力を失う。罰金以下の刑の執行を終わり又はその執行の免除を得た者が罰金以上の刑に処せられないで五年を経過したときも、同様とする。

2　刑の免除の言渡しを受けた者が、その言渡しが確定した後、罰金以上の刑に処せられないで二年を経過したときは、刑の免除の言渡しは、効力を失う。

刑法 ①〔執行の免除〕外国判決の効力＝五、刑の時効＝三一　②〔刑の免除〕三六②・三七①・四三・八〇・九三・一〇五・一一三・一七〇・一七一・一七三・二〇一・二二八の三・二四四①・二五一・二五五・二五七

第七章　犯罪の不成立及び刑の減免

（正当行為）

第三五条　法令又は正当な業務による行為は、罰しない。

手続法

行する。この命令は、執行力のある債務名義と同一の効力を有する。

②　前項の裁判の執行は、民事執行法（昭和五十四年法律第四号）その他強制執行の手続に関する法令の規定に従つてする。ただし、執行前に裁判の送達をすることを要しない。

◆日本国憲法

〔法定手続の保障〕

第三一条　何人も、法律の定める手続によらなければ、その生命若しくは自由を奪はれ、又はその他の刑罰を科せられない。

◆刑事訴訟法

〔鑑定と必要な処分、許可状〕

第一六八条　鑑定人は、鑑定について必要がある場合には、裁判所の許可を受けて、人の住居若しくは人の看守する邸宅、建造物若しくは船舶内に入り、身体を検査し、死体を解剖し、墳墓を発掘し、又は物を破壊することができる。

②　裁判所は、前項の許可をするには、被告人の氏名、罪名及び

特別法

◆労働組合法

（目的）

第一条

2　刑法（明治四十年法律第四十五号）第三十五条の規定は、労働組合の団体交渉その他の行為であつて前項に掲げる目的を達成するためにした正当なものについて適用があるものとする。但し、いかなる場合においても、暴力の行使は、労働組合の正当な行為と解釈されてはならない。

（正当行為）

第三五条　法令又は正当な業務による行為は、罰しない。

立ち入るべき場所、検査すべき身体、解剖すべき死体、発掘すべき墳墓又は破壊すべき物並びに鑑定人の氏名その他裁判所の規則で定める事項を記載した許可状を発して、これをしなければならない。

③　裁判所は、身体の検査に関し、適当と認める条件を附することができる。

④　鑑定人は、第一項の処分を受ける者に許可状を示さなければならない。

⑤　前三項の規定は、鑑定人が公判廷でする第一項の処分については、これを適用しない。

〔逮捕状による逮捕要件〕

第一九九条　検察官、検察事務官又は司法警察職員は、被疑者が罪を犯したことを疑うに足りる相当な理由があるときは、裁判官のあらかじめ発する逮捕状により、これを逮捕することができる。ただし、三十万円（刑法、暴力行為等処罰に関する法律及び経済関係罰則の整備に関する法律の罪以外の罪については、当分の間、二万円）以下の罰金、拘留又は科料に当たる罪については、被疑者が定まつた住居を有しない場合又は正当な理由がなく前条の規定による出頭の求めに応じない場合に限る。

②　裁判官は、被疑者が罪を犯したことを疑うに足りる相当な理由があると認めるときは、検察官又は司法警察員（警察官たる司法警察員については、国家公安委員会又は都道府県公安委員会が指定する警部以上の者に限る。以下本条において同じ。）の請求により、前項の逮捕状を発する。但し、明らかに逮捕の必要がないと認めるときは、この限りでない。

③　検察官又は司法警察員は、第一項の逮捕状を請求する場合において、同一の犯罪事実についてその被疑者に対し前に逮捕状の請求又はその発付があつたときは、その旨を裁判所に通知しなければならない。

〔緊急逮捕〕

第二一〇条　検察官、検察事務官又は司法警察職員は、死刑又は無期若しくは長期三年以上の懲役若しくは禁錮にあたる罪を犯したことを疑うに足りる充分な理由がある場合で、急速を要し、裁判官の逮捕状を求めることができないときは、その理由を告げて被疑者を逮捕することができる。この場合には、直ちに裁判官の逮捕状を求める手続をしなければならない。逮捕状

刑法（三六条）

（正当防衛）

第三六条　急迫不正の侵害に対して、自己又は他人の権利を防衛するため、やむを得ずにした行為は、罰しない。

２　防衛の程度を超えた行為は、情状により、その刑を減軽し、又は免除することができる。

刑法②〔減軽〕六八―七〇・七二2

手続法

が発せられないときは、直ちに被疑者を釈放しなければならない。

〔現行犯逮捕〕

第二一三条　現行犯人は、何人でも、逮捕状なくしてこれを逮捕することができる。

〔電気通信の傍受〕

第二二二条の二　通信の当事者のいずれの同意も得ないで電気通信の傍受を行う強制の処分については、別に法律で定めるところによる。

用語〔別に法律で〕犯罪捜査のための通信傍受に関する法律

◆民法

（懲戒）

第八二二条　親権を行う者は、第八百二十条の規定による監護及び教育に必要な範囲内でその子を懲戒することができる。

◆警察官職務執行法

（保護）

第三条　警察官は、異常な挙動その他周囲の事情から合理的に判断して次の各号のいずれかに該当することが明らかであり、かつ、応急の救護を要すると信ずるに足りる相当な理由のある者を発見したときは、取りあえず警察署、病院、救護施設等の適当な場所において、これを保護しなければならない。

一　精神錯乱又は泥酔のため、自己又は他人の生命、身体又は財産に危害を及ぼすおそれのある者

二　迷い子、病人、負傷者等で適当な保護者を伴わず、応急の救護を要すると認められる者（本人がこれを拒んだ場合を除く。）

２　前項の措置をとつた場合においては、警察官は、できるだけすみやかに、その者の家族、知人その他の関係者にこれを通知し、その者の引取方について必要な手配をしなければならない。責任ある家族、知人等が見つからないときは、すみやかにその事件を適当な公衆保健若しくは公共福祉のための機関又はこの種の者の処置について法令により責任を負う他の公の機関に、その事件を引き継がなければならない。

３　第一項の規定による警察の保護は、二十四時間をこえてはならない。但し、引き続き保護することを承認する簡易裁判所

特別法

◆盗犯等ノ防止及処分ニ関スル法律

〔盗犯に対する正当防衛〕

第一条　左ノ各号ノ場合ニ於テ自己又ハ他人ノ生命、身体又ハ貞操ニ対スル現在ノ危険ヲ排除スル為犯人ヲ殺傷シタルトキハ刑法第三十六条第一項ノ防衛行為アリタルモノトス

一　盗犯ヲ防止シ又ハ盗贓ヲ取還セントスルトキ

二　兇器ヲ携帯シテ又ハ門戸牆壁等ヲ踰越損壊シ若ハ鎖鑰ヲ開キテ人ノ住居又ハ人ノ看守スル邸宅、建造物若ハ船舶ニ侵入スル者ヲ防止セントスルトキ

三　故ナク人ノ住居又ハ人ノ看守スル邸宅、建造物若ハ船舶ニ侵入シタル者又ハ要求ヲ受ケテ此等ノ場所ヨリ退去セザル者ヲ排斥セントスルトキ

②　前項各号ノ場合ニ於テ自己又ハ他人ノ生命、身体又ハ貞操ニ対スル現在ノ危険アルニ非ズト雖モ行為者恐怖、驚愕、興奮又ハ狼狽ニ因リ現場ニ於テ犯人ヲ殺傷スルニ至リタルトキハ之ヲ罰セズ

◆刑事収容施設及び被収容者等の処遇に関する法律

（武器の携帯及び使用）

第八〇条

４　前二項の規定による武器の使用に際しては、刑法（明治四十

刑法（三六条）

（正当防衛）
第三六条　急迫不正の侵害に対して、自己又は他人の権利を防衛するため、やむを得ずにした行為は、罰しない。
２　防衛の程度を超えた行為は、情状により、その刑を減軽し、又は免除することができる。

刑法２〔減軽〕六八―七〇・七二２

手続法

（当該保護をした警察官の属する警察署所在地を管轄する簡易裁判所をいう。以下同じ。）の裁判官の許可状のある場合は、この限りでない。
４　前項但書の許可状は、警察官の請求に基き、裁判官において已むを得ない事情があると認めた場合に限り、これを発するものとし、その延長に係る期間は、通じて五日をこえてはならない。この許可状には已むを得ないと認められる事情を明記しなければならない。
５　警察官は、第一項の規定により警察で保護をした者の氏名、住所、保護の理由、保護及び引渡の時日並びに引渡先を毎週簡易裁判所に通知しなければならない。

（避難等の措置）
第四条　警察官は、人の生命若しくは身体に危険を及ぼし、又は財産に重大な損害を及ぼす虞のある天災、事変、工作物の損壊、交通事故、危険物の爆発、狂犬、奔馬の類等の出現、極端な雑踏等危険な事態がある場合においては、その場に居合わせた者、その事物の管理者その他関係者に必要な警告を発し、及び特に急を要する場合においては、危害を受ける虞のある者に対し、その場の危害を避けしめるために必要な限度でこれを引き留め、若しくは避難させ、又はその場に居合わせた者、その事物の管理者その他関係者に対し、危害防止のため通常必要と認められる措置をとることを命じ、又は自らその措置をとることができる。
２　前項の規定により警察官がとつた処置については、順序を経て所属の公安委員会にこれを報告しなければならない。この場合において、公安委員会は他の公の機関に対し、その後の処置について必要と認める協力を求めるため適当な措置をとらなければならない。

（犯罪の予防及び制止）
第五条　警察官は、犯罪がまさに行われようとするのを認めたときは、その予防のため関係者に必要な警告を発し、又、もしその行為により人の生命若しくは身体に危険が及び、又は財産に重大な損害を受ける虞があつて、急を要する場合においては、その行為を制止することができる。

（立入）
第六条　警察官は、前二条に規定する危険な事態が発生し、人の生命、身体又は財産に対し危害が切迫した場合において、その

特別法

年法律第四十五号）第三十六条若しくは第三十七条に該当する場合又は次の各号のいずれかに該当する場合を除いては、人に危害を加えてはならない。
一　刑務官において他に被収容者の第二項各号に規定する行為を抑止する手段がないと信ずるに足りる相当の理由があるとき。
二　刑務官において他に被収容者以外の者の前項各号に規定する行為を抑止する手段がないと信ずるに足りる相当の理由があるとき。ただし、同項第二号に掲げる場合以外の場合にあっては、その者が刑務官の制止に従わないで当該行為を行うときに限る。

危害を予防し、損害の拡大を防ぎ、又は被害者を救助するため、已むを得ないと認めるときは、合理的に必要と判断される限度において他人の土地、建物又は船車の中に立ち入ることができる。

2　興行場、旅館、料理屋、駅その他多数の客の来集する場所の管理者又はこれに準ずる者は、その公開時間中において、警察官が犯罪の予防又は人の生命、身体若しくは財産に対する危害予防のため、その場所に立ち入ることを要求した場合においては、正当の理由なくして、これを拒むことができない。

3　警察官は、前二項の規定による立入に際しては、みだりに関係者の正当な業務を妨害してはならない。

4　警察官は、第一項又は第二項の規定による立入に際して、その場所の管理者又はこれに準ずる者から要求された場合には、その理由を告げ、且つ、その身分を示す証票を呈示しなければならない。

（武器の使用）

第七条　警察官は、犯人の逮捕若しくは逃走の防止、自己若しくは他人に対する防護又は公務執行に対する抵抗の抑止のため必要であると認める相当な理由のある場合においては、その事態に応じ合理的に必要と判断される限度において、武器を使用することができる。但し、刑法（明治四十年法律第四十五号）第三十六条（正当防衛）若しくは同法第三十七条（緊急避難）に該当する場合又は左の各号の一に該当する場合を除いては、人に危害を与えてはならない。

一　死刑又は無期若しくは長期三年以上の懲役若しくは禁こにあたる兇悪な罪を現に犯し、若しくは既に犯したと疑うに足りる充分な理由のある者がその者に対する警察官の職務の執行に対して抵抗し、若しくは逃亡しようとするとき又は第三者がその者を逃がそうとして警察官に抵抗するとき、これを防ぎ、又は逮捕するために他に手段がないと警察官において信ずるに足りる相当な理由のある場合。

二　逮捕状により逮捕する際又は勾引状若しくは勾留状を執行する際その本人がその者に対する警察官の職務の執行に対して抵抗し、若しくは逃亡しようとするとき又は第三者がその者を逃がそうとして警察官に抵抗するとき、これを防ぎ、又は逮捕するために他に手段がないと警察官において信ずるに足りる相当な理由のある場合。

（緊急避難）

第三七条　自己又は他人の生命、身体、自由又は財産に対する現在の危難を避けるため、やむを得ずにした行為は、これによって生じた害が避けようとした害の程度を超えなかった場合に限り、罰しない。ただし、その程度を超えた行為は、情状により、その刑を減軽し、又は免除することができる。

2　前項の規定は、業務上特別の義務がある者には、適用しない。

刑法① 〔減軽〕六八―七〇・七二2

◆　刑事訴訟法

〔刑の免除の判決〕

第三三四条　被告事件について刑を免除するときは、判決でその旨の言渡をしなければならない。

◆　民法

（正当防衛及び緊急避難）

第七二〇条　他人の不法行為に対し、自己又は第三者の権利又は法律上保護される利益を防衛するため、やむを得ず加害行為をした者は、損害賠償の責任を負わない。ただし、被害者から不法行為をした者に対する損害賠償の請求を妨げない。

◆　警察官職務執行法

（保護）

第三条　警察官は、異常な挙動その他周囲の事情から合理的に判断して次の各号のいずれかに該当することが明らかであり、かつ、応急の救護を要すると信ずるに足りる相当な理由のある者を発見したときは、取りあえず警察署、病院、救護施設等の適当な場所において、これを保護しなければならない。

一　精神錯乱又は泥酔のため、自己又は他人の生命、身体又は財産に危害を及ぼすおそれのある者

二　迷い子、病人、負傷者等で適当な保護者を伴わず、応急の救護を要すると認められる者（本人がこれを拒んだ場合を除く。）

2　前項の措置をとつた場合においては、警察官は、できるだけすみやかに、その者の家族、知人その他の関係者にこれを通知し、その者の引取方について必要な手配をしなければならない。責任ある家族、知人等が見つからないときは、すみやかにその事件を適当な公衆保健若しくは公共福祉のための機関又はこの種の者の処置について法令により責任を負う他の公の機関に、その事件を引き継がなければならない。

3　第一項の規定による警察の保護は、二十四時間をこえてはならない。但し、引き続き保護することを承認する簡易裁判所（当該保護をした警察官の属する警察署所在地を管轄する簡易裁判所をいう。以下同じ。）の裁判官の許可状のある場合は、この限りでない。

4　前項但書の許可状は、警察官の請求に基き、裁判官において已むを得ない事情があると認めた場合に限り、これを発するも

◆　刑事収容施設及び被収容者等の処遇に関する法律

（武器の携帯及び使用）

第八〇条

4　前二項の規定による武器の使用に際しては、刑法（明治四十年法律第四十五号）第三十六条若しくは第三十七条に該当する場合又は次の各号のいずれかに該当する場合を除いては、人に危害を加えてはならない。

一　刑務官において他に被収容者の第二項各号に規定する行為を抑止する手段がないと信ずるに足りる相当の理由があるとき。

二　刑務官において他に被収容者以外の者の前項各号に規定する行為を抑止する手段がないと信ずるに足りる相当の理由があるとき。ただし、同項第二号に掲げる場合以外の場合にあっては、その者が刑務官の制止に従わないで当該行為を行うときに限る。

◆　船員法

（船舶に危険がある場合における処置）

第一二条　船長は、自己の指揮する船舶に急迫した危険があるときは、人命の救助並びに船舶及び積荷の救助に必要な手段を尽くさなければならない。

のとし、その延長に係る期間は、通じて五日をこえてはならない。この許可状には已むを得ないと認められる事情を明記しなければならない。

5　警察官は、第一項の規定により警察で保護をした者の氏名、住所、保護の理由、保護及び引渡の時日並びに引渡先を毎週簡易裁判所に通知しなければならない。

（避難等の措置）

第四条　警察官は、人の生命若しくは身体に危険を及ぼし、又は財産に重大な損害を及ぼす虞のある天災、事変、工作物の損壊、交通事故、危険物の爆発、狂犬、奔馬の類等の出現、極端な雑踏等危険な事態がある場合においては、その場に居合わせた者、その事物の管理者その他関係者に必要な警告を発し、及び特に急を要する場合においては、危害を受ける虞のある者に対し、その場の危害を避けしめるために必要な限度でこれを引き留め、若しくは避難させ、又はその場に居合わせた者、その事物の管理者その他関係者に対し、危害防止のため通常必要と認められる措置をとることを命じ、又は自らその措置をとることができる。

2　前項の規定により警察官がとつた処置については、順序を経て所属の公安委員会にこれを報告しなければならない。この場合において、公安委員会は他の公の機関に対し、その後の処置について必要と認める協力を求めるため適当な措置をとらなければならない。

（犯罪の予防及び制止）

第五条　警察官は、犯罪がまさに行われようとするのを認めたときは、その予防のため関係者に必要な警告を発し、又、もしその行為により人の生命若しくは身体に危険が及び、又は財産に重大な損害を受ける虞があつて、急を要する場合においては、その行為を制止することができる。

（立入）

第六条　警察官は、前二条に規定する危険な事態が発生し、人の生命、身体又は財産に対し危害が切迫した場合において、その危害を予防し、損害の拡大を防ぎ、又は被害者を救助するため、已むを得ないと認めるときは、合理的に必要と判断される限度において他人の土地、建物又は船車の中に立ち入ることができる。

2　興行場、旅館、料理屋、駅その他多数の客の来集する場所の

（緊急避難）

第三七条　自己又は他人の生命、身体、自由又は財産に対する現在の危難を避けるため、やむを得ずにした行為は、これによって生じた害が避けようとした害の程度を超えなかった場合に限り、罰しない。ただし、その程度を超えた行為は、情状により、その刑を減軽し、又は免除することができる。

2　前項の規定は、業務上特別の義務がある者には、適用しない。

刑法1〔減軽〕六八―七〇・七二2

管理者又はこれに準ずる者は、その公開時間中において、警察官が犯罪の予防又は人の生命、身体若しくは財産に対する危害予防のため、その場所に立ち入ることを要求した場合においては、正当の理由なくして、これを拒むことができない。

3　警察官は、前二項の規定による立入に際しては、みだりに関係者の正当な業務を妨害してはならない。

4　警察官は、第一項又は第二項の規定による立入に際して、その場所の管理者又はこれに準ずる者から要求された場合には、その理由を告げ、且つ、その身分を示す証票を呈示しなければならない。

（武器の使用）

第七条　警察官は、犯人の逮捕若しくは逃走の防止、自己若しくは他人に対する防護又は公務執行に対する抵抗の抑止のため必要であると認める相当な理由のある場合においては、その事態に応じ合理的に必要と判断される限度において、武器を使用することができる。但し、刑法（明治四十年法律第四十五号）第三十六条（正当防衛）若しくは同法第三十七条（緊急避難）に該当する場合又は左の各号の一に該当する場合を除いては、人に危害を与えてはならない。

一　死刑又は無期若しくは長期三年以上の懲役若しくは禁こにあたる兇悪な罪を現に犯し、若しくは既に犯したと疑うに足りる充分な理由のある者がその者に対する警察官の職務の執行に対して抵抗し、若しくは逃亡しようとするとき又は第三者がその者を逃がそうとして警察官に抵抗するとき、これを防ぎ、又は逮捕するために他に手段がないと警察官において信ずるに足りる相当な理由のある場合。

二　逮捕状により逮捕する際又は勾引状若しくは勾留状を執行する際その本人がその者に対する警察官の職務の執行に対して抵抗し、若しくは逃亡しようとするとき又は第三者がその者を逃がそうとして警察官に抵抗するとき、これを防ぎ、又は逮捕するために他に手段がないと警察官において信ずるに足りる相当な理由のある場合。

◆刑事訴訟法

〔刑の免除の判決〕

第三三四条　被告事件について刑を免除するときは、判決でその旨の言渡をしなければならない。

◆民法

刑法（三八条—四〇条）

（故意）

第三八条　罪を犯す意思がない行為は、罰しない。ただし、法律に特別の規定がある場合は、この限りでない。

2　重い罪に当たるべき行為をしたのに、行為の時にその重い罪に当たることとなる事実を知らなかった者は、その重い罪によって処断することはできない。

3　法律を知らなかったとしても、そのことによって、罪を犯す意思がなかったとすることはできない。ただし、情状により、その刑を減軽することができる。

刑法 1〔特別の規定の例〕失火＝一一六・一一七②・一一七の二、過失建造物等浸害＝一二二、過失往来危険＝一二九、過失致死傷＝二〇九—二一一　3〔減軽〕六八—七〇・七二2

（心神喪失及び心神耗弱）

第三九条　心神喪失者の行為は、罰しない。

2　心神耗弱者の行為は、その刑を減軽する。

刑法 2〔減軽〕六八—七〇・七二2

（瘖唖者）

第四〇条　削除

手続法

（正当防衛及び緊急避難）

第七二〇条　他人の不法行為に対し、自己又は第三者の権利又は法律上保護される利益を防衛するため、やむを得ず加害行為をした者は、損害賠償の責任を負わない。ただし、被害者から不法行為をした者に対する損害賠償の請求を妨げない。

2　前項の規定は、他人の物から生じた急迫の危難を避けるためその物を損傷した場合について準用する。

◆刑事訴訟法

〔意思無能力者と訴訟行為の代理〕

第二八条　刑法（明治四十年法律第四十五号）第三十九条又は第四十一条の規定を適用しない罪に当たる事件について、被告人又は被疑者が意思能力を有しないときは、その法定代理人（二人以上あるときは、各自。以下同じ。）が、訴訟行為についてこれを代理する。

特別法

◆心神喪失等の状態で重大な他害行為を行った者の医療及び観察等に関する法律

（定義）

第二条

2　この法律において「対象者」とは、次の各号のいずれかに該当する者をいう。

一　公訴を提起しない処分において、対象行為を行ったこと及び刑法第三十九条第一項に規定する者（以下「心神喪失者」という。）又は同条第二項に規定する者（以下「心神耗弱者」という。）であることが認められた者

二　対象行為について、刑法第三十九条第一項の規定により無

（責任年齢）
第四一条　十四歳に満たない者の行為は、罰しない。

◆年齢計算ニ関スル法律

① 年齢ハ出生ノ日ヨリ之ヲ起算ス
② 民法第百四十三条ノ規定ハ年齢ノ計算ニ之ヲ準用ス
③ 明治六年第三十六号布告［年齢計算方ヲ定ム］ハ之ヲ廃止ス

◆少年法

（少年、成人、保護者）
第二条　この法律で「少年」とは、二十歳に満たない者をいい、「成人」とは、満二十歳以上の者をいう。

（審判に付すべき少年）
第三条　次に掲げる少年は、これを家庭裁判所の審判に付する。
一　罪を犯した少年
二　十四歳に満たないで刑罰法令に触れる行為をした少年
三　次に掲げる事由があつて、その性格又は環境に照して、将来、罪を犯し、又は刑罰法令に触れる行為をする虞のある少年
イ　保護者の正当な監督に服しない性癖のあること。
ロ　正当の理由がなく家庭に寄り附かないこと。
ハ　犯罪性のある人若しくは不道徳な人と交際し、又はいかがわしい場所に出入すること。
ニ　自己又は他人の徳性を害する行為をする性癖のあること。

（検察官への送致）
第二〇条　家庭裁判所は、死刑、懲役又は禁錮に当たる罪の事件について、調査の結果、その罪質及び情状に照らして刑事処分

罪の確定裁判を受けた者又は同条第二項の規定により刑を減軽する旨の確定裁判（懲役又は禁錮《こ》の刑を言い渡し執行猶予の言渡しをしない裁判であって、執行すべき刑期があるものを除く。）を受けた者

◆精神保健及び精神障害者福祉に関する法律

（刑事事件に関する手続等との関係）
第四三条　この章の規定は、精神障害者又はその疑いのある者について、刑事事件若しくは少年の保護事件の処理に関する法令の規定による手続を行ない、又は刑若しくは補導処分若しくは保護処分の執行のためこれらの者を矯正施設に収容することを妨げるものではない。

➡第五章　雑則

〔自首等〕
第四二条　罪を犯した者が捜査機関に発覚する前に自首したときは、その刑を減軽することができる。
２　告訴がなければ公訴を提起することができない罪について、告訴をすることができる者に対して自己の犯罪事実を告げ、その措置にゆだねたときも、前項と同様とする。

刑法 ①〔自首による刑の免除〕内乱予備陰謀幇助＝八〇、私戦予備陰謀＝九三〔自首による刑の必要的減免〕身の代金目的略取等予備＝二二八の三〔自白による刑の任意的減免〕偽証＝一七〇、虚偽鑑定等＝一七一、虚偽告訴等＝一七三 ②〔告訴がなければ公訴を提起することができない罪〕秘密漏示＝一三五、過失傷害＝二〇九②、略取誘拐＝二二九、名誉毀損＝二三二①、親族間の窃盗・不動産侵奪＝二四四②、親族間の詐欺恐喝＝二五一、親族間の横領＝二五五、毀棄＝二六四

用語 ①〔自首〕贈賄者の自首＝経罰四②、土地改良一四一②、刑特八、日米秘密保護六 ②〔告訴がなければ公訴を提起することができない罪〕著作権法違反＝著作一二三、守秘義務違反＝会計士五二②

を相当と認めるときは、決定をもつて、これを管轄地方裁判所に対応する検察庁の検察官に送致しなければならない。
２　前項の規定にかかわらず、家庭裁判所は、故意の犯罪行為により被害者を死亡させた罪の事件であつて、その罪を犯すとき十六歳以上の少年に係るものについては、同項の決定をしなければならない。ただし、調査の結果、犯行の動機及び態様、犯行後の情況、少年の性格、年齢、行状及び環境その他の事情を考慮し、刑事処分以外の措置を相当と認めるときは、この限りでない。

◆刑事訴訟法

〔意思無能力者と訴訟行為の代理〕
第二八条　刑法（明治四十年法律第四十五号）第三十九条又は第四十一条の規定を適用しない罪に当たる事件について、被告人又は被疑者が意思能力を有しないときは、その法定代理人（二人以上あるときは、各自。以下同じ。）が、訴訟行為についてこれを代理する。

◆刑事訴訟法

〔告訴権者〕
第二三〇条　犯罪により害を被つた者は、告訴をすることができる。
〔同前〕
第二三一条　被害者の法定代理人は、独立して告訴をすることができる。
②　被害者が死亡したときは、その配偶者、直系の親族又は兄弟姉妹は、告訴をすることができる。但し、被害者の明示した意思に反することはできない。
〔同前〕
第二三二条　被害者の法定代理人が被疑者であるとき、被疑者の配偶者であるとき、又は被疑者の四親等内の血族若しくは三親等内の姻族であるときは、被害者の親族は、独立して告訴をすることができる。
〔同前〕
第二三三条　死者の名誉を毀損した罪については、死者の親族又は子孫は、告訴をすることができる。
②　名誉を毀損した罪について被害者が告訴をしないで死亡したときも、前項と同様である。但し、被害者の明示した意思に反

（自首等）

第四二条　罪を犯した者が捜査機関に発覚する前に自首したときは、その刑を減軽することができる。

２　告訴がなければ公訴を提起することができない罪について、告訴をすることができる者に対して自己の犯罪事実を告げ、その措置にゆだねたときも、前項と同様とする。

刑法①〔自首による刑の免除〕内乱予備陰謀幇助＝八〇、私戦予備陰謀＝九三〔自首による刑の必要的減免〕身の代金目的略取等予備＝二二八の三〔自白による刑の任意的減免〕偽証＝一七〇、虚偽鑑定等＝一七一、虚偽告訴等＝一七三　②〔告訴がなければ公訴を提起することができない罪〕秘密漏示＝一三五、過失傷害＝二〇九②、略取誘拐＝二二九、名誉毀損＝二三二①、親族間の窃盗・不動産侵奪＝二四四②、親族間の詐欺恐喝＝二五一、親族間の横領＝二五五、毀棄＝二六四

用語①〔自首〕贈賄者の自首＝経罰四②、土地改良一四一②、刑特八、日米秘密保護六　②〔告訴がなければ公訴を提起することができない罪〕著作権法違反＝著作一二三、守秘義務違反＝会計士五二②

することはできない。

〔告訴権者の指定〕

第二三四条　親告罪について告訴をすることができる者がない場合には、検察官は、利害関係人の申立により告訴をすることができる者を指定することができる。

〔自首〕

第二四五条　第二百四十一条及び第二百四十二条の規定は、自首についてこれを準用する。

➡第二四一条〔告訴・告発の方式〕
第二四二条〔告訴・告発を受けた司法警察員の手続〕

◆特定秘密の保護に関する法律

第二六条　**第二十三条第三項**若しくは**第二十四条第二項**の罪を犯した者又は**前条**の罪を犯した者のうち**第二十三条第一項**若しくは**第二十四条第一項**に規定する行為の遂行を共謀したものが自首したときは、その刑を減軽し、又は免除する。

➡第二三条〔漏えい罪〕
第二四条〔不正取得罪〕
第二五条〔共謀罪、教唆罪及び煽動罪〕

◆組織的な犯罪の処罰及び犯罪収益の規制等に関する法律

（テロリズム集団その他の組織的犯罪集団による実行準備行為を伴う重大犯罪遂行の計画）

第六条の二　次の各号に掲げる罪に当たる行為で、テロリズム集団その他の組織的犯罪集団（団体のうち、その結合関係の基礎としての共同の目的が別表第三に掲げる罪を実行することにあるものをいう。次項において同じ。）の団体の活動として、当該行為を実行するための組織により行われるものの遂行を二人以上で計画した者は、その計画をした者のいずれかによりその計画に基づき資金又は物品の手配、関係場所の下見その他の計画をした犯罪を実行するための準備行為が行われたときは、当該各号に定める刑に処する。ただし、実行に着手する前に自首した者は、その刑を減軽し、又は免除する。

一　別表第四に掲げる罪のうち、死刑又は無期若しくは長期十年を超える懲役若しくは禁錮の刑が定められているもの　五

第八章　未遂罪

（未遂減免）
第四三条　犯罪の実行に着手してこれを遂げなかった者は、その刑を減軽することができる。ただし、自己の意思により犯罪を中止したときは、その刑を減軽し、又は免除する。

刑法 〔減軽〕六八―七〇・七二2

年以下の懲役又は禁錮
二　別表第四に掲げる罪のうち、長期四年以上十年以下の懲役又は禁錮の刑が定められているもの　二年以下の懲役又は禁錮

2　前項各号に掲げる罪に当たる行為で、テロリズム集団その他の組織的犯罪集団に不正権益を得させ、又はテロリズム集団その他の組織的犯罪集団の不正権益を維持し、若しくは拡大する目的で行われるものの遂行を二人以上で計画した者も、その計画をした者のいずれかによりその計画に基づき資金又は物品の手配、関係場所の下見その他の計画をした犯罪を実行するための準備行為が行われたときは、同項と同様とする。

◆日本国憲法
〔法定手続の保障〕
第三一条　何人も、法律の定める手続によらなければ、その生命若しくは自由を奪はれ、又はその他の刑罰を科せられない。

◆刑事訴訟法
〔刑の免除の判決〕
第三三四条　被告事件について刑を免除するときは、判決でその旨の言渡をしなければならない。

◆盗犯等ノ防止及処分ニ関スル法律
〔常習特殊窃盗罪・同強盗罪〕
第二条　常習トシテ左ノ各号ノ方法ニ依リ刑法第二百三十五条、第二百三十六条、第二百三十八条若ハ第二百三十九条ノ罪又ハ其ノ未遂罪ヲ犯シタル者ニ対シ窃盗ヲ以テ論ズベキトキハ三年以上、強盗ヲ以テ論ズベキトキハ七年以上ノ有期懲役ニ処ス
一　兇器ヲ携帯シテ犯シタルトキ
二　二人以上現場ニ於テ共同シテ犯シタルトキ
三　門戸牆壁等ヲ踰越損壊シ又ハ鎖鑰ヲ開キ人ノ住居又ハ人ノ看守スル邸宅、建造物若ハ艦船ニ侵入シテ犯シタルトキ
四　夜間人ノ住居又ハ人ノ看守スル邸宅、建造物若ハ艦船ニ侵入シテ犯シタルトキ

〔常習累犯窃盗罪・同強盗罪〕
第三条　常習トシテ前条ニ掲ゲタル刑法各条ノ罪又ハ其ノ未遂罪ヲ犯シタル者ニシテ其ノ行為前十年内ニ此等ノ罪又ハ此等ノ罪ト他ノ罪トノ併合罪ニ付三回以上六月ノ懲役以上ノ刑ノ執行ヲ受ケ又ハ其ノ執行ノ免除ヲ得タルモノニ対シ刑ヲ科スベキトキハ前条ノ例ニ依ル

〔常習強盗致傷罪・常習強盗強姦罪〕
第四条　常習トシテ刑法第二百四十条ノ罪（人ヲ傷シタルトキニ限ル）又ハ第二百四十一条第一項ノ罪ヲ犯シタル者ハ無期又ハ十年以上ノ懲役ニ処ス

（未遂罪）

第四四条　未遂を罰する場合は、各本条で定める。

刑法〔未遂を罰する場合〕内乱＝七七②、外患＝八七、逃走＝一〇二、放火＝一一二、往来妨害等＝一二八、住居侵入等＝一三二、あへん煙＝一四一、通貨偽造等＝一五一、公正証書原本不実記載等＝一五七③、偽造公文書行使等＝一五八②、偽造私文書等行使＝一六一②、電磁的記録不正供用＝一六一の二④、偽造有価証券行使等＝一六三②、支払用カード電磁的記録不正作出等＝一六三の五、偽造印章使用＝一六八、不正指令電磁的記録供用＝一六八の二③、強制性交等＝一八〇、殺人＝二〇三、不同意堕胎＝二一五②、強要＝二二三③、略取誘拐等＝二二八、電子計算機損壊等業務妨害＝二三四の二②、強窃盗＝二四三、詐欺恐喝＝二五〇

第九章　併合罪

（併合罪）

第四五条　確定裁判を経ていない二個以上の罪を併合罪とする。ある罪について禁錮以上の刑に処する確定裁判があったときは、その罪とその裁判が確定する前に犯した罪とに限り、併合罪とする。

刑法〔処分〕四六―五三

用語〔確定裁判〕即決裁判の確定＝交通裁判一四

（併科の制限）

第四六条　併合罪のうちの一個の罪について死刑に処するときは、他の刑を科さない。ただし、没収は、この限りでない。

2　併合罪のうちの一個の罪について無期の懲役又は禁錮に処するときも、他の刑を科さない。ただし、罰金、科料及び没収は、この限りでない。

刑法〔併科〕罰金＝四八①、拘留科料＝五三①〔併合罪と累犯〕軽い罪に懲役あれば累犯＝五六③

◆ 日本国憲法

〔法定手続の保障〕

第三一条　何人も、法律の定める手続によらなければ、その生命若しくは自由を奪はれ、又はその他の刑罰を科せられない。

◆ 刑事訴訟法

〔上訴提起期間〕

第三五八条　上訴の提起期間は、裁判が告知された日から進行する。

〔控訴提起期間〕

第三七三条　控訴の提起期間は、十四日とする。

〔準用規定〕

第四一四条　前章の規定は、この法律に特別の定のある場合を除いては、上告の審判についてこれを準用する。

➡第二章　控訴

〔上告判決の確定〕

第四一八条　上告裁判所の判決は、宣告があつた日から第四百十五条の期間を経過したとき、又はその期間内に同条第一項の申立があつた場合には訂正の判決若しくは申立を棄却する決定があつたときに、確定する。

➡第四一五条〔訂正の判決〕

◆ 刑法施行法

〔未遂罪〕

第三二条　他ノ法律ニ定メタル罪ニシテ死刑、無期又ハ短期六年以上ノ懲役若クハ禁錮ニ該ルモノノ未遂罪ハ之ヲ罰ス

（有期の懲役及び禁錮の加重）
第四七条　併合罪のうちの二個以上の罪について有期の懲役又は禁錮に処するときは、その最も重い罪について定めた刑の長期にその二分の一を加えたものを長期とする。ただし、それぞれの罪について定めた刑の長期の合計を超えることはできない。

刑法〔併合罪〕四五〔最も重い罪〕刑の軽重＝一〇〔加重〕限度＝一四、順序＝七二3

（罰金の併科等）
第四八条　罰金と他の刑とは、併科する。ただし、第四十六条第一項の場合は、この限りでない。
2　併合罪のうちの二個以上の罪について罰金に処するときは、それぞれの罪について定めた罰金の多額の合計以下で処断する。

（没収の付加）
第四九条　併合罪のうちの重い罪について没収を科さない場合であっても、他の罪について没収の事由があるときは、これを付加することができる。
2　二個以上の没収は、併科する。

刑法〔没収〕九・一九

（余罪の処理）
第五〇条　併合罪のうちに既に確定裁判を経た罪とまだ確定裁判を経ていない罪とがあるときは、確定裁判を経ていない罪について更に処断する。

刑法〔二個以上の刑の執行〕五一

（併合罪に係る二個以上の刑の執行）
第五一条　併合罪について二個以上の裁判があったときは、その刑を併せて執行する。ただし、死刑を執

〔正式裁判の請求〕
第四六五条　略式命令を受けた者又は検察官は、その告知を受けた日から十四日以内に正式裁判の請求をすることができる。
②　正式裁判の請求は、略式命令をした裁判所に、書面でこれをしなければならない。正式裁判の請求があつたときは、裁判所は、速やかにその旨を検察官又は略式命令を受けた者に通知しなければならない。

〔略式命令の効力〕
第四七〇条　略式命令は、正式裁判の請求期間の経過又はその請求の取下により、確定判決と同一の効力を生ずる。正式裁判の請求を棄却する裁判が確定したときも、同様である。

◆刑事訴訟法

〔財産刑等の執行〕
第四九〇条　罰金、科料、没収、追徴、過料、没取、訴訟費用、費用賠償又は仮納付の裁判は、検察官の命令によつてこれを執行する。この命令は、執行力のある債務名義と同一の効力を有する。
②　前項の裁判の執行は、民事執行法（昭和五十四年法律第四号）その他強制執行の手続に関する法令の規定に従つてする。ただし、執行前に裁判の送達をすることを要しない。

用語〔その他強制執行の手続に関する法令〕行執二・三

◆刑事訴訟法

〔主刑の執行の順序〕
第四七四条　二以上の主刑の執行は、罰金及び科料を除いては、

行すべきときは、没収を除き、他の刑を執行せず、無期の懲役又は禁錮を執行すべきときは、罰金、科料及び没収を除き、他の刑を執行しない。

2　前項の場合における有期の懲役又は禁錮の執行は、その最も重い罪について定めた刑の長期にその二分の一を加えたものを超えることができない。

（一部に大赦があった場合の措置）

第五二条　併合罪について処断された者がその一部の罪につき大赦を受けたときは、他の罪について改めて刑を定める。

（拘留及び科料の併科）

第五三条　拘留又は科料と他の刑とは、併科する。ただし、第四十六条の場合は、この限りでない。

2　二個以上の拘留又は科料は、併科する。

（一個の行為が二個以上の罪名に触れる場合等の処理）

第五四条　一個の行為が二個以上の罪名に触れ、又は犯罪の手段若しくは結果である行為が他の罪名に触れるときは、その最も重い刑により処断する。

2　第四十九条第二項の規定は、前項の場合にも、適

その重いものを先にする。但し、検察官は、重い刑の執行を停止して、他の刑の執行をさせることができる。

◆恩赦法

〔大赦〕

第二条　大赦は、政令で罪の種類を定めてこれを行う。

〔大赦の効力〕

第三条　大赦は、前条の政令に特別の定のある場合を除いては、大赦のあつた罪について、左の効力を有する。

一　有罪の言渡を受けた者については、その言渡は、効力を失う。

二　まだ有罪の言渡を受けない者については、公訴権は、消滅する。

◆刑事訴訟法

〔併合罪中一部大赦による刑の変更手続〕

第三五〇条　刑法第五十二条の規定により刑を定むべき場合には、検察官は、その犯罪事実について最終の判決をした裁判所にその請求をしなければならない。この場合には、前条第一項及び第五項の規定を準用する。

➡第三四九条の二〔刑の執行猶予取消しの手続〕

◆刑事訴訟法

〔免訴の判決〕

第三三七条　左の場合には、判決で免訴の言渡をしなければならない。

一　確定判決を経たとき。

用する。
刑法〔最も重い刑〕一〇

第五五条　削除
〔連続犯〕

第十章　累犯

〔再犯〕
第五六条　懲役に処せられた者がその執行を終わった日又はその執行の免除を得た日から五年以内に更に罪を犯した場合において、その者を有期懲役に処するときは、再犯とする。
2　懲役に当たる罪と同質の罪により死刑に処せられた者がその執行の免除を得た日又は減刑により懲役に減軽されてその執行を終わった日若しくはその執行の免除を得た日から五年以内に更に罪を犯した場合において、その者を有期懲役に処するときも、前項と同様とする。
3　併合罪について処断された者が、その併合罪のうちに懲役に処すべき罪があったのに、その罪が最も重い罪でなかったため懲役に処せられなかったものであるときは、再犯に関する規定の適用については、懲役に処せられたものとみなす。
刑法〔執行の免除〕外国判決の効力＝五、刑の時効＝三一〔期間の計算〕二二

◆日本国憲法
〔法定手続の保障〕
第三一条　何人も、法律の定める手続によらなければ、その生命若しくは自由を奪はれ、又はその他の刑罰を科せられない。

◆恩赦法
〔減刑〕
第六条　減刑は、刑の言渡を受けた者に対して政令で罪若しくは刑の種類を定めてこれを行い、又は刑の言渡を受けた特定の者に対してこれを行う。
第七条　政令による減刑は、その政令に特別の定めのある場合を除いては、刑を減軽する。
②　特定の者に対する減刑は、刑を減軽し、又は刑の執行を減軽する。
③　刑の全部の執行猶予の言渡しを受けてまだ猶予の期間を経過しない者に対しては、前項の規定にかかわらず、刑を減軽する減刑のみを行うものとし、また、これとともに猶予の期間を短縮することができる。
④　刑の一部の執行猶予の言渡しを受けてまだ猶予の期間を経過しない者に対しては、第二項の規定にかかわらず、刑を減軽する減刑又はその刑のうち執行が猶予されなかつた部分の期間の執行を減軽する減刑のみを行うものとし、また、刑を減軽するとともに猶予の期間を短縮することができる。
〔刑の執行の免除〕
第八条　刑の執行の免除は、刑の言渡しを受けた特定の者に対してこれを行う。ただし、刑の全部の執行猶予の言渡しを受けた者又は刑の一部の執行猶予の言渡しを受けてその刑のうち執行が猶予されなかつた部分の期間の執行を終わつた者であつて、まだ猶予の期間を経過しないものに対しては、その刑の執行の免除は、これを行わない。

◆盗犯等ノ防止及処分ニ関スル法律
〔常習累犯窃盗罪・同強盗罪〕
第三条　常習トシテ前条ニ掲ゲタル刑法各条ノ罪又ハ其ノ未遂罪ヲ犯シタル者ニシテ其ノ行為前十年内ニ此等ノ罪又ハ此等ノ罪ト他ノ罪トノ併合罪ニ付三回以上六月ノ懲役以上ノ刑ノ執行ヲ受ケ又ハ其ノ執行ノ免除ヲ得タルモノニ対シ刑ヲ科スベキトキハ前条ノ例ニ依ル

➡第二条〔常習特殊窃盗罪・同強盗罪〕

（再犯加重）

第五七条　再犯の刑は、その罪について定めた懲役の長期の二倍以下とする。

刑法〔長期の二倍〕加重の限度＝一四、加重の順序＝七二

（裁判確定後再犯の発見）

第五八条　削除

（三犯以上の累犯）

第五九条　三犯以上の者についても、再犯の例による。

第十一章　共犯

（共同正犯）

第六〇条　二人以上共同して犯罪を実行した者は、すべて正犯とする。

刑法〔特別規定〕同時傷害＝二〇七

◆日本国憲法

〔法定手続の保障〕

第三一条　何人も、法律の定める手続によらなければ、その生命若しくは自由を奪はれ、又はその他の刑罰を科せられない。

◆刑事訴訟法

〔関連事件〕

第九条　数個の事件は、左の場合に関連するものとする。

一　一人が数罪を犯したとき。
二　数人が共に同一又は別個の罪を犯したとき。
三　数人が通謀して各別に罪を犯したとき。

〔近親者の刑事責任と証言の拒絶権〕

第一四七条　何人も、左に掲げる者が刑事訴追を受け、又は有罪判決を受ける虞のある証言を拒むことができる。

一　自己の配偶者、三親等内の血族若しくは二親等内の姻族又は自己とこれらの親族関係があつた者
二　自己の後見人、後見監督人又は保佐人
三　自己を後見人、後見監督人又は保佐人とする者

〔近親者の刑事責任と証言の拒絶権の例外〕

第一四八条　共犯又は共同被告人の一人又は数人に対し前条の関係がある者でも、他の共犯又は共同被告人のみに関する事項については、証言を拒むことはできない。

〔共犯の訴訟費用〕

◆盗犯等ノ防止及処分ニ関スル法律

〔常習累犯窃盗罪・同強盗罪〕

第三条　常習トシテ前条ニ掲ゲタル刑法各条ノ罪又ハ其ノ未遂罪ヲ犯シタル者ニシテ其ノ行為前十年内ニ此等ノ罪又ハ此等ノ罪ト他ノ罪トノ併合罪ニ付三回以上六月ノ懲役以上ノ刑ノ執行ヲ受ケ又ハ其ノ執行ノ免除ヲ得タルモノニ対シ刑ヲ科スベキトキハ前条ノ例ニ依ル

⬇第二条〔常習特殊窃盗罪・同強盗罪〕

◆軽犯罪法

〔軽犯罪〕

第一条　左の各号の一に該当する者は、これを拘留又は科料に処する。

二十九　他人の身体に対して害を加えることを共謀した者の誰かがその共謀に係る行為の予備行為をした場合における共謀者

刑法（六一条）

（教唆）
第六一条　人を教唆して犯罪を実行させた者には、正犯の刑を科する。
2　教唆者を教唆した者についても、前項と同様とする。

刑法〔処罰の制限〕六四〔共犯の訴訟関係〕六〇

手続法

第一八二条　共犯の訴訟費用は、共犯人に、連帯して、これを負担させることができる。
〔告訴の不可分〕
第二三八条　親告罪について共犯の一人又は数人に対してした告訴又はその取消は、他の共犯に対しても、その効力を生ずる。
②　前項の規定は、告発又は請求を待つて受理すべき事件についての告発若しくは請求又はその取消についてこれを準用する。
〔時効の起算点〕
第二五三条　時効は、犯罪行為が終つた時から進行する。
②　共犯の場合には、最終の行為が終つた時から、すべての共犯に対して時効の期間を起算する。

◆刑事訴訟法
〔共犯の訴訟費用〕
第一八二条　共犯の訴訟費用は、共犯人に、連帯して、これを負担させることができる。
〔告訴の不可分〕
第二三八条　親告罪について共犯の一人又は数人に対してした告訴又はその取消は、他の共犯に対しても、その効力を生ずる。
②　前項の規定は、告発又は請求を待つて受理すべき事件についての告発若しくは請求又はその取消についてこれを準用する。

特別法

◆軽犯罪法
〔教唆犯・幇助犯〕
第三条　第一条の罪を教唆し、又は幇助した者は、正犯に準ずる。

◆破壊活動防止法
（内乱、外患の罪の教唆等）
第三八条　刑法第七十七条、第八十一条若しくは第八十二条の罪の教唆をなし、又はこれらの罪を実行させる目的をもつてその罪のせん動をなした者は、七年以下の懲役又は禁こに処する。
2　左の各号の一に該当する者は、五年以下の懲役又は禁こに処する。
一　刑法第七十八条、第七十九条又は第八十八条の罪の教唆をなした者
二　刑法第七十七条、第八十一条又は第八十二条の罪を実行させる目的をもつて、その実行の正当性又は必要性を主張した文書又は図画を印刷し、頒布し、又は公然掲示した者
三　刑法第七十七条、第八十一条又は第八十二条の罪を実行させる目的をもつて、無線通信又は有線放送により、その実行の正当性又は必要性を主張する通信をなした者
3　刑法第七十七条、第七十八条又は第七十九条の罪に係る前二項の罪を犯し、未だ暴動にならない前に自首した者は、その刑を減軽し、又は免除する。
（政治目的のための放火の罪の予備等）
第三九条　政治上の主義若しくは施策を推進し、支持し、又はこれに反対する目的をもつて、刑法第百八条、第百九条第一項、

（幇《ほう》助）

第六二条　正犯を幇《ほう》助した者は、従犯とする。

２　従犯を教唆した者には、従犯の刑を科する。

刑法　〔刑〕六三〔処罰の制限〕六四〔共犯の訴訟関係〕六〇

（従犯減軽）

第六三条　従犯の刑は、正犯の刑を減軽する。

刑法　〔従犯〕六二〔減軽〕六八―七〇・七二2

◆刑事訴訟法

〔共犯の訴訟費用〕

第一八二条　共犯の訴訟費用は、共犯人に、連帯して、これを負担させることができる。

〔告訴の不可分〕

第二三八条　親告罪について共犯の一人又は数人に対してした告訴又はその取消は、他の共犯に対しても、その効力を生ずる。

②　前項の規定は、告発又は請求を待つて受理すべき事件についての告発若しくは請求又はその取消についてこれを準用する。

第百十七条第一項前段、第百二十六条第一項若しくは第二項、第百九十九条若しくは第二百三十六条第一項の罪の予備、陰謀若しくは教唆をなし、又はこれらの罪を実行させる目的をもつてするその罪のせん動をなした者は、五年以下の懲役又は禁こに処する。

（政治目的のための騒乱の罪の予備等）

第四〇条　政治上の主義若しくは施策を推進し、支持し、又はこれに反対する目的をもつて、左の各号の罪の予備、陰謀若しくは教唆をなし、又はこれらの罪を実行させる目的をもつてするその罪のせん動をなした者は、三年以下の懲役又は禁こに処する。

一　刑法第百六条の罪

二　刑法第百二十五条の罪

三　検察若しくは警察の職務を行い、若しくはこれを補助する者、法令により拘禁された者を看守し、若しくは護送する者又はこの法律の規定により調査に従事する者に対し、凶器又は毒劇物を携え、多衆共同してなす刑法第九十五条の罪

（教唆）

第四一条　この法律に定める教唆の規定は、教唆された者が教唆に係る犯罪を実行したときは、刑法総則に定める教唆の規定の適用を排除するものではない。この場合においては、その刑を比較し、重い刑をもつて処断する。

刑法（六四条）

（教唆及び幇助の処罰の制限）

第六四条　拘留又は科料のみに処すべき罪の教唆者及び従犯は、特別の規定がなければ、罰しない。

刑法〔拘留又は科料のみに処すべき罪〕侮辱＝二三一

手続法

特別法

◆軽犯罪法

〔軽犯罪〕

第一条　左の各号の一に該当する者は、これを拘留又は科料に処する。

一　人が住んでおらず、且つ、看守していない邸宅、建物又は船舶の内に正当な理由がなくてひそんでいた者

二　正当な理由がなくて刃物、鉄棒その他人の生命を害し、又は人の身体に重大な害を加えるのに使用されるような器具を隠して携帯していた者

三　正当な理由がなくて合かぎ、のみ、ガラス切りその他他人の邸宅又は建物に侵入するのに使用されるような器具を隠して携帯していた者

四　生計の途がないのに、働く能力がありながら職業に就く意思を有せず、且つ、一定の住居を持たない者で諸方をうろついたもの

五　公共の会堂、劇場、飲食店、ダンスホールその他公共の娯楽場において、入場者に対して、又は汽車、電車、乗合自動車、船舶、飛行機その他公共の乗物の中で乗客に対して著しく粗野又は乱暴な言動で迷惑をかけた者

六　正当な理由がなくて他人の標燈又は街路その他公衆の通行し、若しくは集合する場所に設けられた燈火を消した者

七　みだりに船又はいかだを水路に放置し、その他水路の交通を妨げるような行為をした者

八　風水害、地震、火事、交通事故、犯罪の発生その他の変事に際し、正当な理由がなく、現場に出入するについて公務員若しくはこれを援助する者の指示に従うことを拒み、又は公務員から援助を求められたのにかかわらずこれに応じなかつた者

九　相当の注意をしないで、建物、森林その他燃えるような物の附近で火をたき、又はガソリンその他引火し易い物の附近で火気を用いた者

十　相当の注意をしないで、銃砲又は火薬類、ボイラーその他の爆発する物を使用し、又はもてあそんだ者

十一　相当の注意をしないで、他人の身体又は物件に害を及ぼす虞のある場所に物を投げ、注ぎ、又は発射した者

十二　人畜に害を加える性癖のあることの明らかな犬その他の鳥獣類を正当な理由がなくて解放し、又はその監守を怠つて

（教唆及び幇助の処罰の制限）

第六四条　拘留又は科料のみに処すべき罪の教唆者及び従犯は、特別の規定がなければ、罰しない。

刑法〔拘留又は科料のみに処すべき罪〕侮辱＝二三一

これを逃がした者

十三　公共の場所において多数の人に対して著しく粗野若しくは乱暴な言動で迷惑をかけ、又は威勢を示して汽車、電車、乗合自動車、船舶その他の公共の乗物、演劇その他の催し若しくは割当物資の配給を待ち、若しくはこれらの乗物若しくは催しの切符を買い、若しくは割当物資の配給に関する証票を得るため待つている公衆の列に割り込み、若しくはその列を乱した者

十四　公務員の制止をきかずに、人声、楽器、ラジオなどの音を異常に大きく出して静穏を害し近隣に迷惑をかけた者

十五　官公職、位階勲等、学位その他法令により定められた称号若しくは外国におけるこれらに準ずるものを詐称し、又は資格がないのにかかわらず、法令により定められた制服若しくは勲章、記章その他の標章若しくはこれらに似せて作つた物を用いた者

十六　虚構の犯罪又は災害の事実を公務員に申し出た者

十七　質入又は古物の売買若しくは交換に関する帳簿に、法令により記載すべき氏名、住居、職業その他の事項につき虚偽の申立をして不実の記載をさせた者

十八　自己の占有する場所内に、老幼、不具若しくは傷病のため扶助を必要とする者又は人の死体若しくは死胎のあることを知りながら、速やかにこれを公務員に申し出なかつた者

十九　正当な理由がなくて変死体又は死胎の現場を変えた者

二十　公衆の目に触れるような場所で公衆にけん悪の情を催させるような仕方でしり、ももその他身体の一部をみだりに露出した者

二十一　削除

二十二　こじきをし、又はこじきをさせた者

二十三　正当な理由がなくて人の住居、浴場、更衣場、便所その他人が通常衣服をつけないでいるような場所をひそかにのぞき見た者

二十四　公私の儀式に対して悪戯などでこれを妨害した者

二十五　川、みぞその他の水路の流通を妨げるような行為をした者

二十六　街路又は公園その他公衆の集合する場所で、たんつばを吐き、又は大小便をし、若しくはこれをさせた者

二十七　公共の利益に反してみだりにごみ、鳥獣の死体その他

刑法（六五条）

（身分犯の共犯）

第六五条　犯人の身分によって構成すべき犯罪行為に加功したときは、身分のない者であっても、共犯とする。

2　身分によって特に刑の軽重があるときは、身分のない者には通常の刑を科する。

刑法〔身分によって犯罪を構成すべき罪〕医師等の秘密漏示＝一三四、虚偽公文書作成等＝一五六、医師の虚偽診断書等作成＝一六〇、偽証＝一六九、虚偽鑑定等＝一七一、重婚＝一八四、収賄＝一九七―一九七の四〔身分によって刑の軽重ある罪〕看守者の逃走援助＝一〇〇・一〇一、税関職員のあへん煙輸入＝一三六・一三八、常習賭博＝一八五・一八六、公務員の強要＝二二三・一九三、特別公務員の逮捕監禁＝二二〇・一九四、特別公務員の暴行＝二〇八・一九五、堕胎＝二一二―二一四、保

手続法

特別法

の汚物又は廃物を棄てた者

二十八　他人の進路に立ちふさがつて、若しくはその身辺に群がつて立ち退こうとせず、又は不安若しくは迷惑を覚えさせるような仕方で他人につきまとつた者

二十九　他人の身体に対して害を加えることを共謀した者の誰かがその共謀に係る行為の予備行為をした場合における共謀者

三十　人畜に対して犬その他の動物をけしかけ、又は馬若しくは牛を驚かせて逃げ走らせた者

三十一　他人の業務に対して悪戯などでこれを妨害した者

三十二　入ることを禁じた場所又は他人の田畑に正当な理由がなくて入つた者

三十三　みだりに他人の家屋その他の工作物にはり札をし、若しくは他人の看板、禁札その他の標示物を取り除き、又はこれらの工作物若しくは標示物を汚した者

三十四　公衆に対して物を販売し、若しくは頒布し、又は役務を提供するにあたり、人を欺き、又は誤解させるような事実を挙げて広告をした者

〔教唆犯・幇助犯〕

第三条　第一条の罪を教唆し、又は幇助した者は、正犯に準ずる。

◆盗犯等ノ防止及処分ニ関スル法律

〔常習特殊窃盗罪・同強盗罪〕

第二条　常習トシテ左ノ各号ノ方法ニ依リ刑法第二百三十五条、第二百三十六条、第二百三十八条若ハ第二百三十九条ノ罪又ハ其ノ未遂罪ヲ犯シタル者ニ対シ窃盗ヲ以テ論ズベキトキハ三年以上、強盗ヲ以テ論ズベキトキハ七年以上ノ有期懲役ニ処ス

一　兇器ヲ携帯シテ犯シタルトキ

二　二人以上現場ニ於テ共同シテ犯シタルトキ

三　門戸牆壁等ヲ踰越損壊シ又ハ鎖鑰ヲ開キ人ノ住居又ハ人ノ看守スル邸宅、建造物若ハ艦船ニ侵入シテ犯シタルトキ

四　夜間人ノ住居又ハ人ノ看守スル邸宅、建造物若ハ艦船ニ侵入シテ犯シタルトキ

〔常習累犯窃盗罪・同強盗罪〕

第三条　常習トシテ前条ニ掲ゲタル刑法各条ノ罪又ハ其ノ未遂罪ヲ犯シタル者ニシテ其ノ行為前十年内ニ此等ノ罪又ハ此等ノ罪

護責任者遺棄＝二一七・二一八、業務上横領＝二五二・二五三

第十二章　酌量減軽

（酌量減軽）

第六六条　犯罪の情状に酌量すべきものがあるときは、その刑を減軽することができる。

刑法〔減軽の方法〕七一〔減軽の順序〕七二4

（法律上の加減と酌量減軽）

第六七条　法律上刑を加重し、又は減軽する場合であっても、酌量減軽をすることができる。

刑法〔法律上の加重〕併合罪＝四七、再犯加重＝五七〔法律上の減軽〕過剰防衛＝三六②、過剰避難＝三七①ただし書、法律の不知＝三八③、心神耗弱＝三九②、自首等＝四二、未遂＝四三、従犯＝六三、偽証の自白＝一七〇、虚偽鑑定等の自白＝一七一、虚偽告訴等の自白＝一七三、略取又は誘拐された者の解放＝二二八の二、身の代金目的略取等の自首＝二二八の三

第十三章　加重減軽の方法

（法律上の減軽の方法）

第六八条　法律上刑を減軽すべき一個又は二個以上の事由があるときは、次の例による。

一　死刑を減軽するときは、無期の懲役若しくは禁

◆日本国憲法

〔法定手続の保障〕

第三一条　何人も、法律の定める手続によらなければ、その生命若しくは自由を奪はれ、又はその他の刑罰を科せられない。

ト他ノ罪トノ併合罪ニ付三回以上六月ノ懲役以上ノ刑ノ執行ヲ受ケ又ハ其ノ執行ノ免除ヲ得タルモノニ対シ刑ヲ科スベキトキハ前条ノ例ニ依ル

◆暴力行為等処罰ニ関スル法律

〔常習的傷害罪、暴行罪、脅迫罪、器物損壊罪〕

第一条ノ三　常習トシテ刑法第二百四条、第二百八条、第二百二十二条又ハ第二百六十一条ノ罪ヲ犯シタル者人ヲ傷害シタルモノナルトキハ一年以上十五年以下ノ懲役ニ処シ其ノ他ノ場合ニ在リテハ三月以上五年以下ノ懲役ニ処ス

〔集団的・常習的面会強請罪・強談威迫罪〕

第二条

②　常習トシテ故ナク面会ヲ強請シ又ハ強談威迫ノ行為ヲ為シタル者ノ罰亦前項ニ同シ

錮又は十年以上の懲役若しくは禁錮とする。

二　無期の懲役又は禁錮を減軽するときは、七年以上の有期の懲役又は禁錮とする。

三　有期の懲役又は禁錮を減軽するときは、その長期及び短期の二分の一を減ずる。

四　罰金を減軽するときは、その多額及び寡額の二分の一を減ずる。

五　拘留を減軽するときは、その長期の二分の一を減ずる。

六　科料を減軽するときは、その多額の二分の一を減ずる。

[刑法]〔法律上の減軽の事由〕六七〔減軽の順序〕七二2〔減軽の限度〕一四—一七〔端数の切捨て〕七〇

（法律上の減軽と刑の選択）

第六九条　法律上刑を減軽すべき場合において、各本条に二個以上の刑名があるときは、まず適用する刑を定めて、その刑を減軽する。

[刑法]〔法律上の減軽〕六七〔刑名〕九

（端数の切捨て）

第七〇条　懲役、禁錮又は拘留を減軽することにより一日に満たない端数が生じたときは、これを切り捨てる。

（酌量減軽の方法）

第七一条　酌量減軽をするときも、第六十八条及び前条の例による。

[刑法]〔酌量減軽〕六六

（加重減軽の順序）

第七二条　同時に刑を加重し、又は減軽するときは、次の順序による。

一　再犯加重

二　法律上の減軽

三　併合罪の加重

四　酌量減軽

刑法〔加重減軽〕加減の限度＝一四、減軽の方法＝六八―七一〔再犯加重〕五七・五九〔法律上の減軽〕六七〔併合罪の加重〕四七〔酌量減軽〕六六

刑法（七三条―七七条）

第二編　罪

第一章　削除〔皇室に対する罪に関する規定〕

第七三条から第七六条まで　削除

第二章　内乱に関する罪

（内乱）

第七七条　国の統治機構を破壊し、又はその領土において国権を排除して権力を行使し、その他憲法の定める統治の基本秩序を壊乱することを目的として暴動をした者は、内乱の罪とし、次の区別に従って処断する。

一　首謀者は、死刑又は無期禁錮に処する。

二　謀議に参与し、又は群衆を指揮した者は無期又は三年以上の禁錮に処し、その他諸般の職務に従事した者は一年以上十年以下の禁錮に処する。

三　付和随行し、その他単に暴動に参加した者は、三年以下の禁錮に処する。

2　前項の罪の未遂は、罰する。ただし、同項第三号に規定する者については、この限りでない。

刑法2〔未遂〕四三・四四

手続法

緊逮	即決	裁員	被参	医療	テロ等	公訴時効
○	① 1× 2× 3○	×	×	△	×	① 1＝25(15) 2 前＝15(10) 後＝7 3＝3

勾再延　①1・2＝未遂

◆裁判所法

（裁判権）

第一六条　高等裁判所は、左の事項について裁判権を有する。

四　刑法第七十七条乃至第七十九条の罪に係る訴訟の第一審

◆少年法

（死刑と無期刑の緩和）

第五一条　罪を犯すとき十八歳に満たない者に対しては、死刑をもつて処断すべきときは、無期刑を科する。

2　罪を犯すとき十八歳に満たない者に対しては、無期刑をもつて処断すべきときであつても、有期の懲役又は禁錮を科することができる。この場合において、その刑は、十年以上二十年以下において言い渡す。

特別法

◆破壊活動防止法

（内乱、外患の罪の教唆等）

第三八条　刑法第七十七条、第八十一条若しくは第八十二条の罪の教唆をなし、又はこれらの罪を実行させる目的をもつてその罪のせん動をなした者は、七年以下の懲役又は禁こに処する。

2　左の各号の一に該当する者は、五年以下の懲役又は禁こに処する。

二　刑法第七十七条、第八十一条又は第八十二条の罪を実行させる目的をもつて、その実行の正当性又は必要性を主張した文書又は図画を印刷し、頒布し、又は公然掲示した者

三　刑法第七十七条、第八十一条又は第八十二条の罪を実行させる目的をもつて、無線通信又は有線放送により、その実行の正当性又は必要性を主張する通信をなした者

3　刑法第七十七条、第七十八条又は第七十九条の罪に係る前二項の罪を犯し、未だ暴動にならない前に自首した者は、その刑を減軽し、又は免除する。

刑法

（予備及び陰謀）

第七八条　内乱の予備又は陰謀をした者は、一年以上十年以下の禁錮に処する。

刑法 〔自首免刑〕八〇

（内乱等幇助）

第七九条　兵器、資金若しくは食糧を供給し、又はその他の行為により、前二条の罪を幇助した者は、七年以下の禁錮に処する。

刑法 〔自首免刑〕八〇

（自首による刑の免除）

第八〇条　前二条の罪を犯した者であっても、暴動に至る前に自首したときは、その刑を免除する。

手続法

緊速	即決	裁員	被参	医療	テロ等	公訴時効
○	×	×	×	×	×	7

勾再延　自首免刑

◆**裁判所法**

（裁判権）

第一六条　高等裁判所は、左の事項について裁判権を有する。

四　刑法第七十七条乃至第七十九条の罪に係る訴訟の第一審

緊速	即決	裁員	被参	医療	テロ等	公訴時効
○	○	×	×	×	Ⅱ	5

勾再延　自首免刑

◆**裁判所法**

（裁判権）

第一六条　高等裁判所は、左の事項について裁判権を有する。

四　刑法第七十七条乃至第七十九条の罪に係る訴訟の第一審

◆**刑事訴訟法**

（自首）

第二四五条　第二百四十一条及び第二百四十二条の規定は、自首についてこれを準用する。

（刑の免除の判決）

第三三四条　被告事件について刑を免除するときは、判決でその旨の言渡をしなければならない。

➡第二四一条〔告訴・告発の方式〕
第二四二条〔告訴・告発を受けた司法警察員の手続〕

特別法

◆**破壊活動防止法**

（内乱、外患の罪の教唆等）

第三八条

2　左の各号の一に該当する者は、五年以下の懲役又は禁こに処する。

一　刑法第七十八条、第七十九条又は第八十八条の罪の教唆をなした者

3　刑法第七十七条、第七十八条又は第七十九条の罪に係る前二項の罪を犯し、未だ暴動にならない前に自首した者は、その刑を減軽し、又は免除する。

◆**破壊活動防止法**

（内乱、外患の罪の教唆等）

第三八条

2　左の各号の一に該当する者は、五年以下の懲役又は禁こに処する。

一　刑法第七十八条、第七十九条又は第八十八条の罪の教唆をなした者

3　刑法第七十七条、第七十八条又は第七十九条の罪に係る前二項の罪を犯し、未だ暴動にならない前に自首した者は、その刑を減軽し、又は免除する。

刑法（八一条―八六条）

第三章　外患に関する罪

（外患誘致）

第八一条　外国と通謀して日本国に対し武力を行使させた者は、死刑に処する。

[刑法]〔未遂〕八七〔予備・陰謀〕八八

（外患援助）

第八二条　日本国に対して外国から武力の行使があつたときに、これに加担して、その軍務に服し、その他これに軍事上の利益を与えた者は、死刑又は無期若しくは二年以上の懲役に処する。

[刑法]〔未遂〕八七〔予備・陰謀〕八八

〔通謀利敵罪〕

第八三条から第八六条まで　削除

手続法

緊逮	即決	裁員	被参	医療	テロ等	公訴時効
○	×	○	×	×	×	25（15）

[勾再延] [未遂] [予備]

◆少年法

（死刑と無期刑の緩和）

第五一条　罪を犯すとき十八歳に満たない者に対しては、死刑をもつて処断すべきときは、無期刑を科する。

2　罪を犯すとき十八歳に満たない者に対しては、無期刑をもつて処断すべきときであつても、有期の懲役又は禁錮を科することができる。この場合において、その刑は、十年以上二十年以下において言い渡す。

緊逮	即決	裁員	被参	医療	テロ等	公訴時効
○	×	○	×	×	×	25（15）

[勾再延] [未遂] [予備]

◆少年法

（死刑と無期刑の緩和）

第五一条　罪を犯すとき十八歳に満たない者に対しては、死刑をもつて処断すべきときは、無期刑を科する。

2　罪を犯すとき十八歳に満たない者に対しては、無期刑をもつて処断すべきときであつても、有期の懲役又は禁錮を科することができる。この場合において、その刑は、十年以上二十年以下において言い渡す。

特別法

◆破壊活動防止法

（内乱、外患の罪の教唆等）

第三八条　刑法第七十七条、第八十一条若しくは第八十二条の罪の教唆をなし、又はこれらの罪を実行させる目的をもつてその罪のせん動をなした者は、七年以下の懲役又は禁こに処する。

2　左の各号の一に該当する者は、五年以下の懲役又は禁こに処する。

一　〔略〕

二　刑法第七十七条、第八十一条又は第八十二条の罪を実行させる目的をもつて、その実行の正当性又は必要性を主張した文書又は図画を印刷し、頒布し、又は公然掲示した者

三　刑法第七十七条、第八十一条又は第八十二条の罪を実行させる目的をもつて、無線通信又は有線放送により、その実行の正当性又は必要性を主張する通信をなした者

◆破壊活動防止法

（内乱、外患の罪の教唆等）

第三八条　刑法第七十七条、第八十一条若しくは第八十二条の罪の教唆をなし、又はこれらの罪を実行させる目的をもつてその罪のせん動をなした者は、七年以下の懲役又は禁こに処する。

2　左の各号の一に該当する者は、五年以下の懲役又は禁こに処する。

二　刑法第七十七条、第八十一条又は第八十二条の罪を実行させる目的をもつて、その実行の正当性又は必要性を主張した文書又は図画を印刷し、頒布し、又は公然掲示した者

三　刑法第七十七条、第八十一条又は第八十二条の罪を実行させる目的をもつて、無線通信又は有線放送により、その実行の正当性又は必要性を主張する通信をなした者

（未遂罪）

第八七条　第八十一条及び第八十二条の罪の未遂は、罰する。

刑法 〔未遂〕四三・四四

（予備及び陰謀）

第八八条　第八十一条又は第八十二条の罪の予備又は陰謀をした者は、一年以上十年以下の懲役に処する。

（戦時同盟国に対する行為）

第八九条　削除

第四章　国交に関する罪

（外国元首・使節に対する暴行・脅迫・侮辱）

第九〇条及び第九一条　削除

（外国国章損壊等）

第九二条　外国に対して侮辱を加える目的で、その国の国旗その他の国章を損壊し、除去し、又は汚損した者は、二年以下の懲役又は二十万円以下の罰金に処する。

2　前項の罪は、外国政府の請求がなければ公訴を提起することができない。

（私戦予備及び陰謀）

第九三条　外国に対して私的に戦闘行為をする目的で、その予備又は陰謀をした者は、三月以上五年以下の禁錮に処する。ただし、自首した者は、その刑を免除する。

〔第八七条〕勾再延

〔第八八条〕

緊逮	即決	裁員	被参	医療	テロ等	公訴時効
○	×	×	×	×	×	7

勾再延

〔第九二条〕

緊逮	即決	裁員	被参	医療	テロ等	公訴時効
×	○	×	×	×	×	3

勾再延

〔第九三条〕

緊逮	即決	裁員	被参	医療	テロ等	公訴時効
○	○	×	×	×	×	5

勾再延　自首免刑

◆**破壊活動防止法**

（内乱、外患の罪の教唆等）

第三八条

2　左の各号の一に該当する者は、五年以下の懲役又は禁こに処する。

一　刑法第七十八条、第七十九条又は第八十八条の罪の教唆をなした者

（中立命令違反）

第九四条　外国が交戦している際に、局外中立に関する命令に違反した者は、三年以下の禁錮又は五十万円以下の罰金に処する。

[用語]〔局外中立に関する命令〕陸戦ノ場合ニ於ケル中立国及中立人ノ権利義務ニ関スル条約、海戦ノ場合ニ於ケル中立国ノ権利義務ニ関スル条約

第五章　公務の執行を妨害する罪

（公務執行妨害及び職務強要）

第九五条　公務員が職務を執行するに当たり、これに対して暴行又は脅迫を加えた者は、三年以下の懲役若しくは禁錮又は五十万円以下の罰金に処する。

2　公務員に、ある処分をさせ、若しくはさせないため、又はその職を辞させるために、暴行又は脅迫を加えた者も、前項と同様とする。

[刑法]〔公務員〕定義＝七①

[例示]〔特別規定の例〕徴収できないようにさせることを目的の暴行脅迫＝税通一二六②、検査を妨げる罪＝税通一二八2、塩事三九3、たばこ事五〇2、電通事一八九3〔公務員の例〕労働基準監督官の権限＝労基一〇一・一〇二、みなし公務員＝道交五一の一二⑦

◆刑事訴訟法

〔自首〕

第二四五条　第二百四十一条及び第二百四十二条の規定は、自首についてこれを準用する。

〔刑の免除の判決〕

第三三四条　被告事件について刑を免除するときは、判決でその旨の言渡しをしなければならない。

緊逮	即決	裁員	被参	医療	テロ等	公訴時効
○	○	×	×	×	×	3

[勾再延]

緊逮	即決	裁員	被参	医療	テロ等	公訴時効
○	○	×	×	×	×	3

◆破壊活動防止法

（政治目的のための騒乱の罪の予備等）

第四〇条　政治上の主義若しくは施策を推進し、支持し、又はこれに反対する目的をもつて、左の各号の罪の予備、陰謀若しくは教唆をなし、又はこれらの罪を実行させる目的をもつてするその罪のせん動をなした者は、三年以下の懲役又は禁こに処する。

三　検察若しくは警察の職務を行い、若しくはこれを補助する者、法令により拘禁された者を看守し、若しくは護送する者又はこの法律の規定により調査に従事する者に対し、凶器又は毒劇物を携え、多衆共同してなす刑法第九十五条の罪

◆暴力行為等処罰ニ関スル法律

〔集団的犯罪請託罪、同受託罪〕

第三条

②　第一条ノ方法ニ依リ刑法第九十五条ノ罪ヲ犯サシムル目的ヲ以テ前項ノ行為ヲ為シタル者ハ六月以下ノ懲役若ハ禁錮又ハ十万円以下ノ罰金ニ処ス

（封印等破棄）

第九六条　公務員が施した封印若しくは差押えの表示を損壊し、又はその他の方法によりその封印若しくは差押えの表示に係る命令若しくは処分を無効にした者は、三年以下の懲役若しくは二百五十万円以下の罰金に処し、又はこれを併科する。

刑法 〔公務員〕定義＝七① 〔加重規定〕九六の五

緊逮	即決	裁員	被参	医療	テロ等	公訴時効
○	○	×	×	×	×	3

◆ **民事執行法**

（売却の場所の秩序維持）

第六五条　執行官は、次に掲げる者に対し、売却の場所に入ることを制限し、若しくはその場所から退場させ、又は買受けの申出をさせないことができる。

三　民事執行の手続における売却に関し刑法（明治四十年法律第四十五号）第九十五条から第九十六条の五まで、第百九十七条から第百九十七条の四まで若しくは第百九十八条、組織的な犯罪の処罰及び犯罪収益の規制等に関する法律（平成十一年法律第百三十六号）第三条第一項第一号から第四号まで若しくは第二項（同条第一項第一号から第四号までに係る部分に限る。）又は公職にある者等のあっせん行為による利得等の処罰に関する法律（平成十二年法律第百三十号）第一条第一項、第二条第一項若しくは第四条の規定により刑に処せられ、その裁判の確定の日から二年を経過しない者

◆ 民事執行法

（売却の場所の秩序維持）

第六五条　執行官は、次に掲げる者に対し、売却の場所に入ることを制限し、若しくはその場所から退場させ、又は買受けの申出をさせないことができる。

三　民事執行の手続における売却に関し刑法（明治四十年法律第四十五号）第九十五条から第九十六条の五まで、第百九十七条から第百九十七条の四まで若しくは第百九十八条、組織的な犯罪の処罰及び犯罪収益の規制等に関する法律（平成十一年法律第百三十六号）第三条第一項第一号から第四号まで若しくは第二項（同条第一項第一号から第四号までに係る部分に限る。）又は公職にある者等のあっせん行為による利得等の処罰に関する法律（平成十二年法律第百三十号）第一条第一項、第二条第一項若しくは第四条の規定により刑に処せられ、その裁判の確定の日から二年を経過しない者

（債務者の占有する動産の差押え）

第一二三条

3　執行官は、相当であると認めるときは、債務者に差し押さえた動産（以下「差押物」という。）を保管させることができる。この場合においては、差押えは、差押物について封印その他の方法で差押えの表示をしたときに限り、その効力を有する。

刑法（九六条の二）

（強制執行妨害目的財産損壊等）

第九六条の二　強制執行を妨害する目的で、次の各号のいずれかに該当する行為をした者は、三年以下の懲役若しくは二百五十万円以下の罰金に処し、又はこれを併科する。情を知って、第三号に規定する譲渡又は権利の設定の相手方となった者も、同様とする。

一　強制執行を受け、若しくは受けるべき財産を隠匿し、損壊し、若しくはその譲渡を仮装し、又は債務の負担を仮装する行為

二　強制執行を受け、又は受けるべき財産について、その現状を改変して、価格を減損し、又は強制執行の費用を増大させる行為

三　金銭執行を受けるべき財産について、無償その他の不利益な条件で、譲渡をし、又は権利の設定

手続法

緊逮	即決	裁員	被参	医療	テロ等	公訴時効
○	○	×	×	×	×	3

◆刑事訴訟法

〔財産刑等の執行〕

第四九〇条　罰金、科料、没収、追徴、過料、没取、訴訟費用、費用賠償又は仮納付の裁判は、検察官の命令によつてこれを執行する。この命令は、執行力のある債務名義と同一の効力を有する。

②　前項の裁判の執行は、民事執行法（昭和五十四年法律第四号）その他強制執行の手続に関する法令の規定に従つてする。ただし、執行前に裁判の送達をすることを要しない。

〔相続財産に対する執行〕

第四九一条　没収又は租税その他の公課若しくは専売に関する法令の規定により言い渡した罰金若しくは追徴は、刑の言渡を受

特別法

◆組織的な犯罪の処罰及び犯罪収益の規制等に関する法律

（組織的な殺人等）

第三条　次の各号に掲げる罪に当たる行為が、団体の活動（団体の意思決定に基づく行為であって、その効果又はこれによる利益が当該団体に帰属するものをいう。以下同じ。）として、当該罪に当たる行為を実行するための組織により行われたときは、その罪を犯した者は、当該各号に定める刑に処する。

一　刑法（明治四十年法律第四十五号）第九十六条（封印等破棄）の罪　五年以下の懲役若しくは五百万円以下の罰金又はこれらの併科

2　団体に不正権益（団体の威力に基づく一定の地域又は分野における支配力であって、当該団体の構成員による犯罪その他の不正な行為により当該団体又はその構成員が継続的に利益を得ることを容易にすべきものをいう。以下この項及び第六条の二第二項において同じ。）を得させ、又は団体の不正権益を維持し、若しくは拡大する目的で、前項各号（第五号、第六号及び第十三号を除く。）に掲げる罪を犯した者も、同項と同様とする。

◆組織的な犯罪の処罰及び犯罪収益の規制等に関する法律

（組織的な殺人等）

第三条　次の各号に掲げる罪に当たる行為が、団体の活動（団体の意思決定に基づく行為であって、その効果又はこれによる利益が当該団体に帰属するものをいう。以下同じ。）として、当該罪に当たる行為を実行するための組織により行われたときは、その罪を犯した者は、当該各号に定める刑に処する。

二　刑法第九十六条の二（強制執行妨害目的財産損壊等）の罪　五年以下の懲役若しくは五百万円以下の罰金又はこれらの併科

2　団体に不正権益（団体の威力に基づく一定の地域又は分野における支配力であって、当該団体の構成員による犯罪その他の不正な行為により当該団体又はその構成員が継続的に利益を得ることを容易にすべきものをいう。以下この項及び第六条の二第二項において同じ。）を得させ、又は団体の不正権益を維持し、若しくは拡大する目的で、前項各号（第五号、第六号及び

をする行為

刑法〔加重規定〕九六の五

手続法

けた者が判決の確定した後死亡した場合には、相続財産についてこれを執行することができる。

〔合併後の法人に対する執行〕

第四九二条　法人に対して罰金、科料、没収又は追徴を言い渡した場合に、その法人が判決の確定した後合併によつて消滅したときは、合併の後存続する法人又は合併によつて設立された法人に対して執行することができる。

〔仮納付の執行の調整〕

第四九三条　第一審と第二審とにおいて、仮納付の裁判があつた場合に、第一審の仮納付の裁判について既に執行があつたときは、その執行は、これを第二審の仮納付の裁判で納付を命ぜられた金額の限度において、第二審の仮納付の裁判についての執行とみなす。

②　前項の場合において、第一審の仮納付の裁判の執行によつて得た金額が第二審の仮納付の裁判で納付を命ぜられた金額を超えるときは、その超過額は、これを還付しなければならない。

〔仮納付の執行と本刑の執行〕

第四九四条　仮納付の裁判の執行があつた後に、罰金、科料又は追徴の裁判が確定したときは、その金額の限度において刑の執行があつたものとみなす。

②　前項の場合において、仮納付の裁判の執行によつて得た金額が罰金、科料又は追徴の金額を超えるときは、その超過額は、これを還付しなければならない。

特別法

第十三号を除く。）に掲げる罪を犯した者も、同項と同様とする。

◆破産法

〔詐欺破産罪〕

第二六五条　破産手続開始の前後を問わず、債権者を害する目的で、次の各号のいずれかに該当する行為をした者は、債務者（相続財産の破産にあつては相続財産、信託財産の破産にあつては信託財産。次項において同じ。）について破産手続開始の決定が確定したときは、十年以下の懲役若しくは千万円以下の罰金に処し、又はこれを併科する。情を知つて、第四号に掲げる行為の相手方となつた者も、破産手続開始の決定が確定したときは、同様とする。

一　債務者の財産（相続財産の破産にあつては相続財産に属する財産、信託財産の破産にあつては信託財産に属する財産。以下この条において同じ。）を隠匿し、又は損壊する行為

二　債務者の財産の譲渡又は債務の負担を仮装する行為

三　債務者の財産の現状を改変して、その価格を減損する行為

四　債務者の財産を債権者の不利益に処分し、又は債権者に不利益な債務を債務者が負担する行為

2　前項に規定するもののほか、債務者について破産手続開始の決定がされ、又は保全管理命令が発せられたことを認識しながら、債権者を害する目的で、破産管財人の承諾その他の正当な理由がなく、その債務者の財産を取得し、又は第三者に取得させた者も、同項と同様とする。

◆民事執行法

〔売却の場所の秩序維持〕

第六五条　執行官は、次に掲げる者に対し、売却の場所に入ることを制限し、若しくはその場所から退場させ、又は買受けの申出をさせないことができる。

三　民事執行の手続における売却に関し刑法（明治四十年法律第四十五号）第九十五条から第九十六条の五まで、第百九十七条から第百九十七条の四まで若しくは第百九十八条、組織的な犯罪の処罰及び犯罪収益の規制等に関する法律（平成十一年法律第百三十六号）第三条第一項第一号から第四号まで若しくは第二項（同条第一項第一号から第四号までに係る部分に限る。）又は公職にある者等のあっせん行為による利得等の処罰に関する法律（平成十二年法律第百三十号）第一条

刑法（九六条の三）

（強制執行行為妨害等）
第九六条の三 偽計又は威力を用いて、立入り、占有者の確認その他の強制執行の行為を妨害した者は、三年以下の懲役若しくは二百五十万円以下の罰金に処し、又はこれを併科する。
2 強制執行の申立てをさせず又はその申立てを取り下げさせる目的で、申立権者又はその代理人に対して暴行又は脅迫を加えた者も、前項と同様とする。

【刑法】（加重規定）九六の五

手続法

緊逮	即決	裁員	被参	医療	テロ等	公訴時効
○	○	×	×	×	×	3

特別法

第一項、第二条第一項若しくは第四条の規定により刑に処せられ、その裁判の確定の日から二年を経過しない者

◆民事執行法

（売却のための保全処分等）
第五五条 執行裁判所は、債務者又は不動産の占有者が価格減少行為（不動産の価格を減少させ、又は減少させるおそれがある行為をいう。以下この項において同じ。）をするときは、差押債権者（配当要求の終期後に強制競売又は競売の申立てをした差押債権者を除く。）の申立てにより、買受人が代金を納付するまでの間、次に掲げる保全処分又は公示保全処分（執行官に、当該保全処分の内容を、不動産の所在する場所に公示書その他の標識を掲示する方法により公示させることを内容とする保全処分をいう。以下同じ。）を命ずることができる。ただし、当該価格減少行為による不動産の価格の減少又はそのおそれの程度が軽微であるときは、この限りでない。
一 当該価格減少行為をする者に対し、当該価格減少行為を禁止し、又は一定の行為をすることを命ずる保全処分（執行裁判所が必要があると認めるときは、公示保全処分を含む。）
二 次に掲げる事項を内容とする保全処分（執行裁判所が必要があると認めるときは、公示保全処分を含む。）
イ 当該価格減少行為をする者に対し、不動産に対する占有を解いて執行官に引き渡すことを命ずること。
ロ 執行官に不動産の保管をさせること。
三 次に掲げる事項を内容とする保全処分及び公示保全処分
イ 前号イ及びロに掲げる事項
ロ 前号イに規定する者に対し、不動産の占有の移転を禁止することを命じ、及び当該不動産の使用を許すこと。
2 前項第二号又は第三号に掲げる保全処分は、次に掲げる場合のいずれかに該当するときでなければ、命ずることができない。
一 前項の債務者が不動産を占有する場合
二 前項の不動産の占有者の占有の権原が差押債権者、仮差押債権者又は第五十九条第一項の規定により消滅する権利を有する者に対抗することができない場合
3 執行裁判所は、債務者以外の占有者に対し第一項の規定による決定をする場合において、必要があると認めるときは、その

刑法（九六条の三）

（強制執行行為妨害等）

第九六条の三　偽計又は威力を用いて、立入り、占有者の確認その他の強制執行の行為を妨害した者は、三年以下の懲役若しくは二百五十万円以下の罰金に処し、又はこれを併科する。

２　強制執行の申立てをさせず又はその申立てを取り下げさせる目的で、申立権者又はその代理人に対して暴行又は脅迫を加えた者も、前項と同様とする。

刑法〔加重規定〕九六の五

手続法

特別法

者を審尋しなければならない。

４　執行裁判所が第一項の規定による決定をするときは、申立人に担保を立てさせることができる。ただし、同項第二号に掲げる保全処分については、申立人に担保を立てさせなければ、同項の規定による決定をしてはならない。

５　事情の変更があつたときは、執行裁判所は、申立てにより、第一項の規定による決定を取り消し、又は変更することができる。

６　第一項又は前項の申立てについての裁判に対しては、執行抗告をすることができる。

７　第五項の規定による決定は、確定しなければその効力を生じない。

８　第一項第二号又は第三号に掲げる保全処分又は公示保全処分を命ずる決定は、申立人に告知された日から二週間を経過したときは、執行してはならない。

９　前項に規定する決定は、相手方に送達される前であつても、執行することができる。

10　第一項の申立て又は同項（第一号を除く。）の規定による決定の執行に要した費用（不動産の保管のために要した費用を含む。）は、その不動産に対する強制競売の手続においては、共益費用とする。

（相手方を特定しないで発する売却のための保全処分等）

第五五条の二　前条第一項第二号又は第三号に掲げる保全処分又は公示保全処分を命ずる決定については、当該決定の執行前に相手方を特定することを困難とする特別の事情があるときは、執行裁判所は、相手方を特定しないで、これを発することができる。

２　前項の規定による決定の執行は、不動産の占有を解く際にその占有者を特定することができない場合は、することができない。

３　第一項の規定による決定の執行がされたときは、当該執行によつて不動産の占有を解かれた者が、当該決定の相手方となる。

４　第一項の規定による決定は、前条第八項の期間内にその執行がされなかつたときは、相手方に対して送達することを要しない。この場合において、第十五条第二項において準用する民事訴訟法第七十九条第一項の規定による担保の取消しの決定で前

刑法（九六条の三）

手続法

特別法

条第四項の規定により立てさせた担保に係るものは、執行裁判所が相当と認める方法で申立人に告知することによつて、その効力を生ずる。

（現況調査）

第五七条　執行裁判所は、執行官に対し、不動産の形状、占有関係その他の現況について調査を命じなければならない。

2　執行官は、前項の調査をするに際し、不動産に立ち入り、又は債務者若しくはその不動産を占有する第三者に対し、質問をし、若しくは文書の提示を求めることができる。

3　執行官は、前項の規定により不動産に立ち入る場合において、必要があるときは、閉鎖した戸を開くため必要な処分をすることができる。

4　執行官は、第一項の調査のため必要がある場合には、市町村（特別区の存する区域にあつては、都）に対し、不動産（不動産が土地である場合にはその上にある建物を、不動産が建物である場合にはその敷地を含む。）に対して課される固定資産税に関して保有する図面その他の資料の写しの交付を請求することができる。

5　執行官は、前項に規定する場合には、電気、ガス又は水道水の供給その他これらに類する継続的給付を行う公益事業を営む法人に対し、必要な事項の報告を求めることができる。

（売却の場所の秩序維持）

第六五条　執行官は、次に掲げる者に対し、売却の場所に入ることを制限し、若しくはその場所から退場させ、又は買受けの申出をさせないことができる。

三　民事執行の手続における売却に関し刑法（明治四十年法律第四十五号）第九十五条から第九十六条の五まで、第百九十七条から第百九十七条の四まで若しくは第百九十八条、組織的な犯罪の処罰及び犯罪収益の規制等に関する法律（平成十一年法律第百三十六号）第三条第一項第一号から第四号まで若しくは第二項（同条第一項第一号から第四号までに係る部分に限る。）又は公職にある者等のあっせん行為による利得等の処罰に関する法律（平成十二年法律第百三十号）第一条第一項、第二条第一項若しくは第四条の規定により刑に処せられ、その裁判の確定の日から二年を経過しない者

刑法（九六条の四）

（強制執行関係売却妨害）

第九六条の四 偽計又は威力を用いて、強制執行において行われ、又は行われるべき売却の公正を害すべき行為をした者は、三年以下の懲役若しくは二百五十万円以下の罰金に処し、又はこれを併科する。

刑法〔加重規定〕九六の五

手続法

緊速	即決	裁員	被参	医療	テロ等	公訴時効
○	○	×	×	×	×	3

特別法

◆組織的な犯罪の処罰及び犯罪収益の規制等に関する法律

（組織的な殺人等）

第三条 次の各号に掲げる罪に当たる行為が、団体の活動（団体の意思決定に基づく行為であって、その効果又はこれによる利益が当該団体に帰属するものをいう。以下同じ。）として、当該罪に当たる行為を実行するための組織により行われたときは、その罪を犯した者は、当該各号に定める刑に処する。

三 刑法第九十六条の三（強制執行行為妨害等）の罪 五年以下の懲役若しくは五百万円以下の罰金又はこれらの併科

2 団体に不正権益（団体の威力に基づく一定の地域又は分野における支配力であって、当該団体の構成員による犯罪その他の不正な行為により当該団体又はその構成員が継続的に利益を得ることを容易にすべきものをいう。以下この項及び第六条の二第二項において同じ。）を得させ、又は団体の不正権益を維持し、若しくは拡大する目的で、前項各号（第五号、第六号及び第十三号を除く。）に掲げる罪を犯した者も、同項と同様とする。

◆民事執行法

（売却の方法及び公告）

第六四条 不動産の売却は、裁判所書記官の定める売却の方法により行う。

2 不動産の売却の方法は、入札又は競り売りのほか、最高裁判所規則で定める。

3 裁判所書記官は、入札又は競り売りの方法により売却をするときは、売却の日時及び場所を定め、執行官に売却を実施させなければならない。

4 前項の場合においては、第二十条において準用する民事訴訟法第九十三条第一項の規定にかかわらず、売却決定期日は、裁判所書記官が、売却を実施させる旨の処分と同時に指定する。

5 第三項の場合においては、裁判所書記官は、売却すべき不動産の表示、売却基準価額並びに売却の日時及び場所を公告しなければならない。

6 第一項、第三項又は第四項の規定による裁判所書記官の処分に対しては、執行裁判所に異議を申し立てることができる。

7 第十条第六項前段及び第九項の規定は、前項の規定による異

刑法（九六条の四）

手続法

特別法

議の申立てがあつた場合について準用する。

（売却の場所の秩序維持）

第六五条　執行官は、次に掲げる者に対し、売却の場所に入ることを制限し、若しくはその場所から退場させ、又は買受けの申出をさせないことができる。

三　民事執行の手続における売却に関し刑法（明治四十年法律第四十五号）第九十五条から第九十六条の五まで、第百九十七条から第百九十七条の四まで若しくは第百九十八条、組織的な犯罪の処罰及び犯罪収益の規制等に関する法律（平成十一年法律第百三十六号）第三条第一項第一号から第四号まで若しくは第二項（同条第一項第一号から第四号までに係る部分に限る。）又は公職にある者等のあっせん行為による利得等の処罰に関する法律（平成十二年法律第百三十号）第一条第一項、第二条第一項若しくは第四条の規定により刑に処せられ、その裁判の確定の日から二年を経過しない者

◆組織的な犯罪の処罰及び犯罪収益の規制等に関する法律

（組織的な殺人等）

第三条　次の各号に掲げる罪に当たる行為が、団体の活動（団体の意思決定に基づく行為であって、その効果又はこれによる利益が当該団体に帰属するものをいう。以下同じ。）として、当該罪に当たる行為を実行するための組織により行われたときは、その罪を犯した者は、当該各号に定める刑に処する。

四　刑法第九十六条の四（強制執行関係売却妨害）の罪　五年以下の懲役若しくは五百万円以下の罰金又はこれらの併科

2　団体に不正権益（団体の威力に基づく一定の地域又は分野における支配力であって、当該団体の構成員による犯罪その他の不正な行為により当該団体又はその構成員が継続的に利益を得ることを容易にすべきものをいう。以下この項及び第六条の二第二項において同じ。）を得させ、又は団体の不正権益を維持し、若しくは拡大する目的で、前項各号（第五号、第六号及び第十三号を除く。）に掲げる罪を犯した者も、同項と同様とする。

（加重封印等破棄等）

第九六条の五　報酬を得、又は得させる目的で、人の債務に関して、第九十六条から前条までの罪を犯した者は、五年以下の懲役若しくは五百万円以下の罰金に処し、又はこれを併科する。

（公契約関係競売等妨害）

第九六条の六　偽計又は威力を用いて、公の競売又は入札で契約を締結するためのものの公正を害すべき行為をした者は、三年以下の懲役若しくは二百五十万円以下の罰金に処し、又はこれを併科する。

2　公正な価格を害し又は不正な利益を得る目的で、談合した者も、前項と同様とする。

用語〔公の競売又は入札で契約を締結するためのもの〕予会令九三、自治二三四、税徴九四

手続法

緊逮	即決	裁員	被参	医療	テロ等	公訴時効
○	○	×	×	×	×	5

緊逮	即決	裁員	被参	医療	テロ等	公訴時効
○	○	×	×	×	×	3

◆**会計法**

〔競争、指名競争、随意契約〕

第二九条の三　契約担当官及び支出負担行為担当官（以下「契約担当官等」という。）は、売買、貸借、請負その他の契約を締結する場合においては、第三項及び第四項に規定する場合を除き、公告して申込みをさせることにより競争に付さなければならない。

②　前項の競争に加わろうとする者に必要な資格及び同項の公告の方法その他同項の競争について必要な事項は、政令でこれを定める。

③　契約の性質又は目的により競争に加わるべき者が少数で第一項の競争に付する必要がない場合及び同項の競争に付することが不利と認められる場合においては、政令の定めるところにより、指名競争に付するものとする。

④　契約の性質又は目的が競争を許さない場合、緊急の必要により競争に付することができない場合及び競争に付することが不利と認められる場合においては、政令の定めるところにより、

特別法

◆**民事執行法**

（売却の場所の秩序維持）

第六五条　執行官は、次に掲げる者に対し、売却の場所に入ることを制限し、若しくはその場所から退場させ、又は買受けの申出をさせないことができる。

三　民事執行の手続における売却に関し刑法（明治四十年法律第四十五号）第九十五条から第九十六条の五まで、第百九十七条から第百九十七条の四まで若しくは第百九十八条、組織的な犯罪の処罰及び犯罪収益の規制等に関する法律（平成十一年法律第百三十六号）第三条第一項第一号から第四号まで若しくは第二項（同条第一項第一号から第四号までに係る部分に限る。）又は公職にある者等のあっせん行為による利得等の処罰に関する法律（平成十二年法律第百三十号）第一条第一項、第二条第一項若しくは第四条の規定により刑に処せられ、その裁判の確定の日から二年を経過しない者

刑法（九七条）

第六章　逃走の罪

（逃走）

第九七条　裁判の執行により拘禁された既決又は未決の者が逃走したときは、一年以下の懲役に処する。

刑法　〔既決の者〕死刑執行までの拘置＝一一、懲役＝一二、禁錮＝一三、拘留＝一六、労役場留置＝一八〔未遂〕一〇二

用語　〔未決の者〕勾留＝刑訴六〇

手続法

随意契約によるものとする。

⑤　契約に係る予定価格が少額である場合その他政令で定める場合においては、第一項及び第三項の規定にかかわらず、政令の定めるところにより、指名競争に付し又は随意契約によることができる。

緊逮	即決	裁員	被参	医療	テロ等	公訴時効
×	○	×	×	×	×	3

未遂

◆刑事訴訟法

〔勾留の理由、期間・期間の更新〕

第六〇条　裁判所は、被告人が罪を犯したことを疑うに足りる相当な理由がある場合で、左の各号の一にあたるときは、これを勾留することができる。

一　被告人が定まつた住居を有しないとき。

二　被告人が罪証を隠滅すると疑うに足りる相当な理由があるとき。

三　被告人が逃亡し又は逃亡すると疑うに足りる相当な理由があるとき。

②　勾留の期間は、公訴の提起があつた日から二箇月とする。特に継続の必要がある場合においては、具体的にその理由を附した決定で、一箇月ごとにこれを更新することができる。但し、第八十九条第一号、第三号、第四号又は第六号にあたる場合を除いては、更新は、一回に限るものとする。

③　三十万円（刑法、暴力行為等処罰に関する法律（大正十五年法律第六十号）及び経済関係罰則の整備に関する法律（昭和十九年法律第四号）の罪以外の罪については、当分の間、二万円）以下の罰金、拘留又は科料に当たる事件については、被告人が定まつた住居を有しない場合に限り、第一項の規定を適用する。

特別法

◆刑事収容施設及び被収容者等の処遇に関する法律

（災害時の避難及び解放）

第八三条　刑事施設の長は、地震、火災その他の災害に際し、刑事施設内において避難の方法がないときは、被収容者を適当な場所に護送しなければならない。

2　前項の場合において、被収容者を護送することができないときは、刑事施設の長は、その者を刑事施設から解放することができる。地震、火災その他の災害に際し、刑事施設の外にある被収容者を避難させるため適当な場所に護送することができない場合も、同様とする。

3　前項の規定により解放された者は、避難を必要とする状況がなくなった後速やかに、刑事施設又は刑事施設の長が指定した場所に出頭しなければならない。

〔罰則〕

第二九三条　第八十三条第二項（第二百八十八条及び第二百八十九条第一項において準用する場合を含む。）の規定により解放された被収容者（刑法第九十七条に規定する者に該当するものに限る。）、労役場留置者又は監置場留置者が、第八十三条第三項（第二百八十八条及び第二百八十九条第一項において準用する場合を含む。）の規定に違反して刑事施設又は指定された場所に出頭しないときは、一年以下の懲役に処する。

2　刑事施設に収容されている受刑者が次の各号のいずれかに該当する場合も、前項と同様とする。

一　外部通勤作業の場合において、そのための通勤の日を過ぎて刑事施設に帰着しないとき。

二　第百六条第一項の規定による外出又は外泊の場合において、その外出の日又は外泊の期間の末日を過ぎて刑事施設に帰着しないとき。

（加重逃走）

第九八条　前条に規定する者又は勾引状の執行を受けた者が拘禁場若しくは拘束のための器具を損壊し、暴行若しくは脅迫をし、又は二人以上通謀して、逃走したときは、三月以上五年以下の懲役に処する。

[刑法]〔前条に規定する者〕九七〔未遂〕一〇二

緊逮	即決	裁員	被参	医療	テロ等	公訴時効
○	○	×	×	×	Ⅱ	5

[未遂]

◆ **刑事訴訟法**

〔勾引の効力〕

第五九条　勾引した被告人は、裁判所に引致した時から二十四時間以内にこれを釈放しなければならない。但し、その時間内に勾留状が発せられたときは、この限りでない。

〔勾引状・勾留状の執行手続〕

第七三条　勾引状を執行するには、これを被告人に示した上、できる限り速やかに且つ直接、指定された裁判所その他の場所に引致しなければならない。第六十六条第四項の勾引状については、これを発した裁判官に引致しなければならない。

②　勾留状を執行するには、これを被告人に示した上、できる限り速やかに、かつ、直接、指定された刑事施設に引致しなければならない。

③　勾引状又は勾留状を所持しないためこれを示すことができない場合において、急速を要するときは、前二項の規定にかかわらず、被告人に対し公訴事実の要旨及び令状が発せられている旨を告げて、その執行をすることができる。但し、令状は、できる限り速やかにこれを示さなければならない。

〔勾引された被告人の留置〕

第七五条　勾引状の執行を受けた被告人を引致した場合において必要があるときは、これを刑事施設に留置することができる。

〔召喚に応じない証人の勾引〕

第一五二条　裁判所は、証人が、正当な理由がなく、召喚に応じないとき、又は応じないおそれがあるときは、その証人を勾引することができる。

3　第二百十五条第二項の規定により解放された被留置者（刑法第九十七条に規定する者に該当するものに限る。）が、第二百十五条第三項の規定に違反して留置施設又は指定された場所に出頭しないときも、第一項と同様とする。

◆ **刑事収容施設及び被収容者等の処遇に関する法律**

（刑事施設）

第三条　刑事施設は、次に掲げる者を収容し、これらの者に対し必要な処遇を行う施設とする。

一　懲役、禁錮又は拘留の刑の執行のため拘置される者

二　刑事訴訟法の規定により、逮捕された者であって、留置されるもの

三　刑事訴訟法の規定により勾留される者

四　死刑の言渡しを受けて拘置される者

五　前各号に掲げる者のほか、法令の規定により刑事施設に収容すべきこととされる者及び収容することとされる者

（捕縄、手錠及び拘束衣の使用）

第七八条　刑務官は、被収容者を護送する場合又は被収容者が次の各号のいずれかの行為をするおそれがある場合には、法務省令で定めるところにより、捕縄又は手錠を使用することができる。

一　逃走すること。

二　自身を傷つけ、又は他人に危害を加えること。

三　刑事施設の設備、器具その他の物を損壊すること。

2　刑務官は、被収容者が自身を傷つけるおそれがある場合において、他にこれを防止する手段がないときは、刑事施設の長の命令により、拘束衣を使用することができる。ただし、捕縄又は手錠と同時に使用することはできない。

3　前項に規定する場合において、刑事施設の長の命令を待ついとまがないときは、刑務官は、その命令を待たないで、拘束衣を使用することができる。この場合には、速やかに、その旨を刑事施設の長に報告しなければならない。

4　拘束衣の使用の期間は、三時間とする。ただし、刑事施設の長は、特に継続の必要があると認めるときは、通じて十二時間を超えない範囲内で、三時間ごとにその期間を更新することができる。

（被拘禁者奪取）

第九九条　法令により拘禁された者を奪取した者は、三月以上五年以下の懲役に処する。

刑法〔未遂〕一〇二

用語〔法令により拘禁された者〕九八、留置＝更生七六、退去強制に伴う収容＝入管法三九①・四三①、監置＝法廷秩序二

◆民事訴訟法

（勾《こう》引）

第一九四条　裁判所は、正当な理由なく出頭しない証人の勾《こう》引を命ずることができる。

2　刑事訴訟法中勾引に関する規定は、前項の勾引について準用する。

緊逮	即決	裁員	被参	医療	テロ等	公訴時効
○	○	×	×	×	Ⅱ	5

未遂

◆刑事訴訟法

〔逮捕状による逮捕の手続〕

第一九九条　…

第二〇一条　逮捕状により被疑者を逮捕するには、逮捕状を被疑者に示さなければならない。

②　第七十三条第三項の規定は、逮捕状により被疑者を逮捕する場合にこれを準用する。

〔緊急逮捕〕

第二一〇条　検察官、検察事務官又は司法警察職員は、死刑又は無期若しくは長期三年以上の懲役若しくは禁錮にあたる罪を犯したことを疑うに足りる充分な理由がある場合で、急速を要し、裁判官の逮捕状を求めることができないときは、その理由を告げて被疑者を逮捕することができる。この場合には、直ちに裁判官の逮捕状を求める手続をしなければならない。逮捕状が発せられないときは、直ちに被疑者を釈放しなければならない。

②　第二百条の規定は、前項の逮捕状についてこれを準用する。

〔現行犯逮捕〕

第二一三条　現行犯人は、何人でも、逮捕状なくしてこれを逮捕することができる。

◆少年法

〔観護の措置〕

できる。

5　刑事施設の長は、前項の期間中であっても、拘束衣の使用の必要がなくなったときは、直ちにその使用を中止させなければならない。

6　被収容者に拘束衣を使用し、又はその使用の期間を更新した場合には、刑事施設の長は、速やかに、その被収容者の健康状態について、刑事施設の職員である医師の意見を聴かなければならない。

7　捕縄、手錠及び拘束衣の制式は、法務省令で定める。

（被拘禁者奪取）

第九九条　法令により拘禁された者を奪取した者は、三月以上五年以下の懲役に処する。

刑法　〔未遂〕一〇二

用語　〔法令により拘禁された者〕九八、留置＝更生七六、退去強制に伴う収容＝入管法三九①・四三①、監置＝法廷秩序二

第一七条　家庭裁判所は、審判を行うため必要があるときは、決定をもつて、次に掲げる観護の措置をとることができる。

一　家庭裁判所調査官の観護に付すること。

二　少年鑑別所に送致すること。

2　同行された少年については、観護の措置は、遅くとも、到着のときから二十四時間以内に、これを行わなければならない。検察官又は司法警察員から勾留又は逮捕された少年の送致を受けたときも、同様である。

3　第一項第二号の措置においては、少年鑑別所に収容する期間は、二週間を超えることができない。ただし、特に継続の必要があるときは、決定をもつて、これを更新することができる。

4　前項ただし書の規定による更新は、一回を超えて行うことができない。ただし、第三条第一項第一号に掲げる少年に係る死刑、懲役又は禁錮に当たる罪の事件でその非行事実（犯行の動機、態様及び結果その他の当該犯罪に密接に関連する重要な事実を含む。以下同じ。）の認定に関し証人尋問、鑑定若しくは検証を行うことを決定したもの又はこれを行つたものについて、少年を収容しなければ審判に著しい支障が生じるおそれがあると認めるに足りる相当の理由がある場合には、その更新は、更に二回を限度として、行うことができる。

5　第三項ただし書の規定にかかわらず、検察官から再び送致を受けた事件が先に第一項第二号の措置がとられ、又は勾留状が発せられた事件であるときは、収容の期間は、これを更新することができない。

6　裁判官が第四十三条第一項の請求により、第一項第一号の措置をとつた場合において、事件が家庭裁判所に送致されたときは、その措置は、これを第一項第一号の措置とみなす。

7　裁判官が第四十三条第一項の請求により第一項第二号の措置をとつた場合において、事件が家庭裁判所に送致されたときは、その措置は、これを第一項第二号の措置とみなす。この場合には、第三項の期間は、家庭裁判所が事件の送致を受けた日から、これを起算する。

8　観護の措置は、決定をもつて、これを取り消し、又は変更することができる。

9　第一項第二号の措置については、収容の期間は、通じて八週間を超えることができない。ただし、その収容の期間が通じて四週間を超えることとなる決定を行うときは、第四項ただし書

（逃走援助）

第一〇〇条　法令により拘禁された者を逃走させる目的で、器具を提供し、その他逃走を容易にすべき行為をした者は、三年以下の懲役に処する。

2　前項の目的で、暴行又は脅迫をした者は、三月以上五年以下の懲役に処する。

刑法〔未遂〕一〇二

用語〔法令により拘禁された者〕九八・九九

に規定する事由がなければならない。

10　裁判長は、急速を要する場合には、第一項及び第八項の処分をし、又は合議体の構成員にこれをさせることができる。

（保護処分の決定）

第二四条　家庭裁判所は、**前条**の場合を除いて、審判を開始した事件につき、決定をもつて、次に掲げる保護処分をしなければならない。ただし、決定の時に十四歳に満たない少年に係る事件については、特に必要と認める場合に限り、第三号の保護処分をすることができる。

一　保護観察所の保護観察に付すること。

二　児童自立支援施設又は児童養護施設に送致すること。

三　少年院に送致すること。

2　前項第一号及び第三号の保護処分においては、保護観察所の長をして、家庭その他の環境調整に関する措置を行わせることができる。

➡第二三条（審判開始後保護処分に付しない場合）

緊逮	即決	裁員	被参	医療	テロ等	公訴時効
○	○	×	×	×	①× ②Ⅱ	①＝3 ②＝5

未遂

◆刑事訴訟法

〔逮捕状による逮捕の手続〕

第二〇一条　逮捕状により被疑者を逮捕するには、逮捕状を被疑者に示さなければならない。

②　第七十三条第三項の規定は、逮捕状により被疑者を逮捕する場合にこれを準用する。

〔緊急逮捕〕

第二一〇条　検察官、検察事務官又は司法警察職員は、死刑又は無期若しくは長期三年以上の懲役若しくは禁錮にあたる罪を犯したことを疑うに足りる充分な理由がある場合で、急速を要し、裁判官の逮捕状を求めることができないときは、その理由を告げて被疑者を逮捕することができる。この場合には、直ち

（看守者等による逃走援助）

第一〇一条　法令により拘禁された者を看守し又は護送する者がその拘禁された者を逃走させたときは、一年以上十年以下の懲役に処する。

刑法　〔未遂〕一〇二〔本条の適用〕公務員の国外犯＝四1

用語　〔法令により拘禁された者〕九八・九九

（未遂罪）

第一〇二条　この章の罪の未遂は、罰する。

に裁判官の逮捕状を求める手続をしなければならない。逮捕状が発せられないときは、直ちに被疑者を釈放しなければならない。

②　第二百条の規定は、前項の逮捕状についてこれを準用する。

〔現行犯逮捕〕

第二一三条　現行犯人は、何人でも、逮捕状なくしてこれを逮捕することができる。

緊逮	即決	裁員	被参	医療	テロ等	公訴時効
○	×	×	×	×	×	7

未遂

◆刑事訴訟法

〔逮捕状による逮捕の手続〕

第二〇一条　逮捕状により被疑者を逮捕するには、逮捕状を被疑者に示さなければならない。

②　第七十三条第三項の規定は、逮捕状により被疑者を逮捕する場合にこれを準用する。

〔緊急逮捕〕

第二一〇条　検察官、検察事務官又は司法警察職員は、死刑又は無期若しくは長期三年以上の懲役若しくは禁錮にあたる罪を犯したことを疑うに足りる充分な理由がある場合で、急速を要し、裁判官の逮捕状を求めることができないときは、その理由を告げて被疑者を逮捕することができる。この場合には、直ちに裁判官の逮捕状を求める手続をしなければならない。逮捕状が発せられないときは、直ちに被疑者を釈放しなければならない。

②　第二百条の規定は、前項の逮捕状についてこれを準用する。

〔現行犯逮捕〕

第二一三条　現行犯人は、何人でも、逮捕状なくしてこれを逮捕することができる。

刑法（一〇三条・一〇四条）

刑法〔未遂〕四三・四四

第七章　犯人蔵匿及び証拠隠滅の罪

（犯人蔵匿等）

第一〇三条　罰金以上の刑に当たる罪を犯した者又は拘禁中に逃走した者を蔵匿し、又は隠避させた者は、三年以下の懲役又は三十万円以下の罰金に処する。

（証拠隠滅等）

第一〇四条　他人の刑事事件に関する証拠を隠滅し、偽造し、若しくは変造し、又は偽造若しくは変造の証拠を使用した者は、三年以下の懲役又は三十万円以下の罰金に処する。

手続法

第一〇三条

緊逮	即決	裁員	被参	医療	テロ等	公訴時効
○	○	×	×	×	×	3

第一〇四条

緊逮	即決	裁員	被参	医療	テロ等	公訴時効
○	○	×	×	×	×	3

特別法

◆**組織的な犯罪の処罰及び犯罪収益の規制等に関する法律**

（組織的な犯罪に係る犯人蔵匿等）

第七条　禁錮以上の刑が定められている罪に当たる行為が、団体の活動として、当該行為を実行するための組織により行われた場合において、次の各号に掲げる者は、当該各号に定める刑に処する。

一　その罪を犯した者を蔵匿し、又は隠避させた者　五年以下の懲役又は五十万円以下の罰金

2　禁錮以上の刑が定められている罪が**第三条第二項**に規定する目的で犯された場合において、前項各号のいずれかに該当する者も、同項と同様とする。

> ➡**第三条第二項**〔組織的な殺人等〕〔不正権益の供与、維持・拡大を目的とする〕

◆**爆発物取締罰則**

〔犯人蔵匿〕

第九条　**第一条乃至第五条**ノ犯罪者ヲ蔵匿シ若クハ隠避セシメ又ハ其罪証ヲ湮滅シタル者ハ十年以下ノ懲役又ハ禁錮ニ処ス

> ➡**第一条**〔爆発物使用〕
> **第二条**〔使用未遂〕
> **第三条**〔製造・輸入・所持等〕
> **第四条**〔脅迫・教唆・煽動・共謀〕
> **第五条**〔幇助のための製造・輸入等〕

◆**組織的な犯罪の処罰及び犯罪収益の規制等に関する法律**

（組織的な犯罪に係る犯人蔵匿等）

第七条　禁錮以上の刑が定められている罪に当たる行為が、団体の活動として、当該行為を実行するための組織により行われた場合において、次の各号に掲げる者は、当該各号に定める刑に処する。

二　その罪に係る他人の刑事事件に関する証拠を隠滅し、偽造

（親族による犯罪に関する特例）

第一〇五条　前二条の罪については、犯人又は逃走した者の親族がこれらの者の利益のために犯したときは、その刑を免除することができる。

刑法〔対照〕親族間の窃盗・不動産侵奪＝二四四

◆民法

（親族の範囲）

第七二五条　次に掲げる者は、親族とする。

一　六親等内の血族

二　配偶者

三　三親等内の姻族

◆刑事訴訟法

〔刑の免除の判決〕

第三三四条　被告事件について刑を免除するときは、判決でその

し、若しくは変造し、又は偽造若しくは変造の証拠を使用した者　五年以下の懲役又は五十万円以下の罰金

2　禁錮以上の刑が定められている罪が第三条第二項に規定する目的で犯された場合において、前項各号のいずれかに該当する者も、同項と同様とする。

➡第三条第二項（組織的な殺人等）〔不正権益の供与、維持・拡大を目的とする〕

◆爆発物取締罰則

〔犯人蔵匿〕

第九条　第一条乃至第五条ノ犯罪者ヲ蔵匿シ若クハ隠避セシメ又ハ其罪証ヲ湮滅シタル者ハ十年以下ノ懲役又ハ禁錮ニ処ス

➡第一条〔爆発物使用〕
第二条〔使用未遂〕
第三条〔製造・輸入・所持等〕
第四条〔脅迫・教唆・煽動・共謀〕
第五条〔幇助のための製造・輸入等〕

◆日本国とアメリカ合衆国との間の相互協力及び安全保障条約第六条に基づく施設及び区域並びに日本国における合衆国軍隊の地位に関する協定の実施に伴う刑事特別法

（証拠を隠滅する等の罪）

第三条　協定によりアメリカ合衆国の軍事裁判所（以下「合衆国軍事裁判所」という。）が裁判権を行使する他人の刑事被告事件に関する証拠を隠滅し、偽造し、若しくは変造し、又は偽造若しくは変造の証拠を使用した者は、二年以下の懲役又は一万円以下の罰金に処する。

◆日本国とアメリカ合衆国との間の相互協力及び安全保障条約第六条に基づく施設及び区域並びに日本国における合衆国軍隊の地位に関する協定の実施に伴う刑事特別法

（証拠を隠滅する等の罪）

第三条　協定によりアメリカ合衆国の軍事裁判所（以下「合衆国軍事裁判所」という。）が裁判権を行使する他人の刑事被告事件に関する証拠を隠滅し、偽造し、若しくは変造し、又は偽造若しくは変造の証拠を使用した者は、二年以下の懲役又は一万

刑法（一〇五条の二）

（証人等威迫）
第一〇五条の二　自己若しくは他人の刑事事件の捜査若しくは審判に必要な知識を有すると認められる者又はその親族に対し、当該事件に関して、正当な理由がないのに面会を強請し、又は強談威迫の行為をした者は、二年以下の懲役又は三十万円以下の罰金に処する。

手続法

旨の言渡をしなければならない。

緊逮	即決	裁員	被参	医療	テロ等	公訴時効
×	○	×	×	×	×	3

◆**民法**
（親族の範囲）
第七二五条　次に掲げる者は、親族とする。
一　六親等内の血族
二　配偶者
三　三親等内の姻族

特別法

円以下の罰金に処する。
2　犯人の親族が犯人の利益のために前項の罪を犯したときは、その刑を免除することができる。

◆**暴力行為等処罰ニ関スル法律**
〔集団的・常習的面会強請罪・強談威迫罪〕
第二条　財産上不正ノ利益ヲ得又ハ得シムル目的ヲ以テ第一条ノ方法ニ依リ面会ヲ強請シ又ハ強談威迫ノ行為ヲ為シタル者ハ一年以下ノ懲役又ハ十万円以下ノ罰金ニ処ス
②　常習トシテ故ナク面会ヲ強請シ又ハ強談威迫ノ行為ヲ為シタル者ノ罰亦前項ニ同シ

◆**議院における証人の宣誓及び証言等に関する法律**
〔証人等に対する威迫等の行為の処罰〕
第九条　証人又はその親族に対し、当該証人の出頭、証言又は書類の提出に関し、正当の理由がなくて、面会を強要し、又は威迫する言動をした者は、一年以下の懲役又は十万円以下の罰金に処する。

◆**組織的な犯罪の処罰及び犯罪収益の規制等に関する法律**
（組織的な犯罪に係る犯人蔵匿等）
第七条　禁錮以上の刑が定められている罪に当たる行為が、団体の活動として、当該行為を実行するための組織により行われた場合において、次の各号に掲げる者は、当該各号に定める刑に処する。
三　その罪に係る自己若しくは他人の刑事事件の捜査若しくは審判に必要な知識を有すると認められる者又はその親族に対し、当該事件に関して、正当な理由がないのに面会を強請し、又は強談威迫の行為をした者　五年以下の懲役又は五十万円以下の罰金
四　その罪に係る被告事件に関し、当該被告事件の審判に係る職務を行う裁判員若しくは補充裁判員若しくはこれらの職にあった者又はその親族に対し、面会、文書の送付、電話をかけることその他のいかなる方法をもってするかを問わず、威迫の行為をした者　三年以下の懲役又は二十万円以下の罰金
五　その罪に係る被告事件に関し、当該被告事件の審判に係る職務を行う裁判員若しくは補充裁判員の選任のために選定さ

第八章　騒乱の罪

（騒乱）

第一〇六条　多衆で集合して暴行又は脅迫をした者は、騒乱の罪とし、次の区別に従って処断する。

一　首謀者は、一年以上十年以下の懲役又は禁錮に処する。

二　他人を指揮し、又は他人に率先して勢いを助けた者は、六月以上七年以下の懲役又は禁錮に処する。

三　付和随行した者は、十万円以下の罰金に処する。

刑法（特別規定）内乱＝七七①

例示（無許可集会等の主催等）東京公安条例五、大阪公安条例五、京都公安条例九

緊逮	即決	裁員	被参	医療	テロ等	公訴時効
1 ○ 2 ○ 3 ×	1 × 2 ○ 3 ○	×	×	×	1 Ⅱ 2 Ⅱ 3 ×	1＝7 2＝5 3＝3
勾再延						

れた裁判員候補者若しくは当該裁判員若しくは補充裁判員の職務を行うべき選任予定裁判員又はその親族に対し、面会、文書の送付、電話をかけることその他のいかなる方法をもってするかを問わず、威迫の行為をした者　三年以下の懲役又は二十万円以下の罰金

2　禁錮以上の刑が定められている罪が第三条第二項に規定する目的で犯された場合において、前項各号のいずれかに該当する者も、同項と同様とする。

⬇第三条第二項（組織的な殺人等）〔不正権益の供与、維持・拡大を目的とする〕

◆破壊活動防止法

（政治目的のための騒乱の罪の予備等）

第四〇条　政治上の主義若しくは施策を推進し、支持し、又はこれに反対する目的をもつて、左の各号の罪の予備、陰謀若しくは教唆をなし、又はこれらの罪を実行させる目的をもつてするその罪のせん動をなした者は、三年以下の懲役又は禁こに処する。

一　刑法第百六条の罪

◆公職選挙法

（多衆の選挙妨害罪）

第二三〇条　多衆集合して第二百二十五条第一号又は前条の罪を犯した者は、次の区別に従つて処断する。選挙に関し、多衆集合して、交通若しくは集会の便を妨げ、又は演説を妨害した者も、同様とする。

一　首謀者は、一年以上七年以下の懲役又は禁錮《こ》に処する。

二　他人を指揮し又は他人に率先して勢を助けた者は、六月以上五年以下の懲役又は禁錮《こ》に処する。

三　付和随行した者は、二十万円以下の罰金又は科料に処する。

⬇第二二五条（選挙の自由妨害罪）
第二二九条（選挙事務関係者、施設等に対する暴行罪、騒擾《じょう》罪等）

刑法（一〇七条・一〇八条）

（多衆不解散）
第一〇七条　暴行又は脅迫をするため多衆が集合した場合において、権限のある公務員から解散の命令を三回以上受けたにもかかわらず、なお解散しなかったときは、首謀者は三年以下の懲役又は禁錮に処し、その他の者は十万円以下の罰金に処する。

第九章　放火及び失火の罪

（現住建造物等放火）
第一〇八条　放火して、現に人が住居に使用し又は現に人がいる建造物、汽車、電車、艦船又は鉱坑を焼損した者は、死刑又は無期若しくは五年以上の懲役に処する。

刑法 〔未遂〕一一二〔予備〕一一三

手続法

緊逮	即決	裁員	被参	医療	テロ等	公訴時効
前○ 後×	○	×	×	×	×	3

公再延

◆**警察官職務執行法**
（犯罪の予防及び制止）
第五条　警察官は、犯罪がまさに行われようとするのを認めたときは、その予防のため関係者に必要な警告を発し、又、もしその行為により人の生命若しくは身体に危険が及び、又は財産に重大な損害を受ける虞があつて、急を要する場合においては、その行為を制止することができる。

緊逮	即決	裁員	被参	医療	テロ等	公訴時効
○	×	○	×	○	I	25（15）

未遂　予備

◆**少年法**
（死刑と無期刑の緩和）
第五一条　罪を犯すとき十八歳に満たない者に対しては、死刑を

特別法

◆**軽犯罪法**
〔軽犯罪〕
第一条　左の各号の一に該当する者は、これを拘留又は科料に処する。
五　公共の会堂、劇場、飲食店、ダンスホールその他公共の娯楽場において、入場者に対して、又は汽車、電車、乗合自動車、船舶、飛行機その他公共の乗物の中で乗客に対して著しく粗野又は乱暴な言動で迷惑をかけた者

◆**公職選挙法**
（多衆の選挙妨害罪）
第二三〇条　多衆集合して第二百二十五条第一号又は前条の罪を犯した者は、次の区別に従つて処断する。選挙に関し、多衆集合して、交通若しくは集会の便を妨げ、又は演説を妨害した者も、同様とする。
一　首謀者は、一年以上七年以下の懲役又は禁錮《こ》に処する。
二　他人を指揮し又は他人に率先して勢を助けた者は、六月以上五年以下の懲役又は禁錮《こ》に処する。
三　付和随行した者は、二十万円以下の罰金又は科料に処する。
2　前項の罪を犯すため多衆集合し当該公務員から解散の命令を受けることが三回以上に及んでもなお解散しないときは、首謀者は、二年以下の禁錮に処し、その他の者は、二十万円以下の罰金又は科料に処する。

◆**破壊活動防止法**
（政治目的のための放火の罪の予備等）
第三九条　政治上の主義若しくは施策を推進し、支持し、又はこれに反対する目的をもつて、刑法第百八条、第百九条第一項、第百十七条第一項前段、第百二十六条第一項若しくは第二項、第百九十九条若しくは第二百三十六条第一項の罪の予備、陰謀若しくは教唆をなし、又はこれらの罪を実行させる目的をもつてするその罪のせん動をなした者は、五年以下の懲役又は禁こに処する。

（非現住建造物等放火）

第一〇九条　放火して、現に人が住居に使用せず、かつ、現に人がいない建造物、艦船又は鉱坑を焼損した者は、二年以上の有期懲役に処する。

2　前項の物が自己の所有に係るときは、六月以上七年以下の懲役に処する。ただし、公共の危険を生じなかったときは、罰しない。

刑法①〔未遂〕一一二〔予備〕一一三　②〔自己の所有に係る物〕差押え等の場合は例外＝一一五、延焼＝一一一

（建造物等以外放火）

第一一〇条　放火して、前二条に規定する物以外の物を焼損し、よって公共の危険を生じさせた者は、一年以上十年以下の懲役に処する。

2　前項の物が自己の所有に係るときは、一年以下の懲役又は十万円以下の罰金に処する。

刑法②〔自己の所有に係る物〕差押え等の場合は例外＝一一五

（延焼）

第一一一条　第百九条第二項又は前条第二項の罪を犯し、よって第百八条又は第百九条第一項に規定する物に延焼させたときは、三月以上十年以下の懲役に処する。

2　前条第二項の罪を犯し、よって同条第一項に規定する物に延焼させたときは、三年以下の懲役に処する。

手続法

もつて処断すべきときは、無期刑を科する。

2　罪を犯すとき十八歳に満たない者に対しては、無期刑をもつて処断すべきときであつても、有期の懲役又は禁錮を科することができる。この場合において、その刑は、十年以上二十年以下において言い渡す。

緊速	即決	裁員	被参	医療	テロ等	公訴時効
○	①× ②○	×	×	○	①Ⅰ ②×	①＝10（7） ②＝5

未遂①　予備①

緊速	即決	裁員	被参	医療	テロ等	公訴時効
①○ ②×	①× ②○	×	×	○	①Ⅱ ②×	①＝7 ②＝3

緊速	即決	裁員	被参	医療	テロ等	公訴時効
○	○	×	×	×	×	①＝7 ②＝3

特別法

◆破壊活動防止法

（政治目的のための放火の罪の予備等）

第三九条　政治上の主義若しくは施策を推進し、支持し、又はこれに反対する目的をもつて、刑法第百八条、第百九条第一項、第百十七条第一項前段、第百二十六条第一項若しくは第二項、第百九十九条若しくは第二百三十六条第一項の罪の予備、陰謀若しくは教唆をなし、又はこれらの罪を実行させる目的をもつてするその罪のせん動をなした者は、五年以下の懲役又は禁こに処する。

◆森林法

第二〇二条　他人の森林に放火した者は、二年以上の有期懲役に処する。

2　自己の森林に放火した者は、六月以上七年以下の懲役に処する。

◆森林法

第二〇三条

2　自己の森林に放火した者は、六月以上七年以下の懲役に処する。

3　前項の場合において、他人の森林に延焼したときは、六月以上十年以下の懲役に処する。

4　前二項の場合において、その森林が保安林であるときは、一年以上の有期懲役に処する。

第二〇五条

2　第二十一条第一項又は第二十二条の規定に違反し、これによ

（未遂罪）
第一一二条　第百八条及び第百九条第一項の罪の未遂は、罰する。

刑法 〔未遂〕四三・四四

（予備）
第一一三条　第百八条又は第百九条第一項の罪を犯す目的で、その予備をした者は、二年以下の懲役に処する。ただし、情状により、その刑を免除することができる。

（消火妨害）
第一一四条　火災の際に、消火用の物を隠匿し、若しくは損壊し、又はその他の方法により、消火を妨害した者は、一年以上十年以下の懲役に処する。

緊逮	即決	裁員	被参	医療	テロ等	公訴時効
×	○	×	×	×	×	3

情状免刑

◆ **刑事訴訟法**
第三三四条〔刑の免除の判決〕　被告事件について刑を免除するときは、判決でその旨の言渡をしなければならない。

緊逮	即決	裁員	被参	医療	テロ等	公訴時効
○	×	×	×	×	×	7

つて他人の森林を焼燬した者は、三十万円以下の罰金に処する。この場合において、その森林が保安林であるときは、五十万円以下の罰金に処する。

⬇第二一条（火入れ）
第二二条（防火の設備等）

◆ **軽犯罪法**
第一条〔軽犯罪〕　左の各号の一に該当する者は、これを拘留又は科料に処する。
八　風水害、地震、火事、交通事故、犯罪の発生その他の変事に際し、正当な理由がなく、現場に出入するについて公務員若しくはこれを援助する者の指示に従うことを拒み、又は公務員から援助を求められたのにかかわらずこれに応じなかつた者

◆ **消防法**
第三八条　第十八条第一項の規定に違反して、みだりに消防の用に供する望楼又は警鐘台を損壊し、又は撤去した者は、これを七年以下の懲役に処する。

（差押え等に係る自己の物に関する特例）

第一一五条　第百九条第一項及び第百十条第一項に規定する物が自己の所有に係るものであっても、差押えを受け、物権を負担し、賃貸し、又は保険に付したものである場合において、これを焼損したときは、他人の物を焼損した者の例による。

◆民法

（先取特権の内容）

第三〇三条　先取特権者は、この法律その他の法律の規定に従い、その債務者の財産について、他の債権者に先立って自己の債権の弁済を受ける権利を有する。

（質権の内容）

第三四二条　質権者は、その債権の担保として債務者又は第三者から受け取った物を占有し、かつ、その物について他の債権者に先立って自己の債権の弁済を受ける権利を有する。

（抵当権の内容）

第三六九条　抵当権者は、債務者又は第三者が占有を移転しないで債務の担保に供した不動産について、他の債権者に先立って自己の債権の弁済を受ける権利を有する。

2　地上権及び永小作権も、抵当権の目的とすることができる。この場合においては、この章の規定を準用する。

（賃貸借）

第六〇一条　賃貸借は、当事者の一方がある物の使用及び収益を相手方にさせることを約し、相手方がこれに対してその賃料を支払うことを約することによって、その効力を生ずる。

第三九条　第十八条第一項の規定に違反して、みだりに火災報知機、消火栓又は消防の用に供する貯水施設を損壊し、又は撤去した者は、これを五年以下の懲役に処する。

第四〇条　次のいずれかに該当する者は、二年以下の懲役又は百万円以下の罰金に処する。

一　第二十六条第一項の規定による消防車の通過を故意に妨害した者

二　消防団員が消火活動又は水災を除く他の災害の警戒防御及び救護に従事するに当たり、その行為を妨害した者

三　第二十五条（第三十六条第八項において準用する場合を含む。）又は第二十九条第五項（第三十条の二及び第三十六条第八項において準用する場合を含む。）の規定により消火若しくは延焼の防止又は人命の救助に従事する者に対し、その行為を妨害した者

◆民事執行法

（不動産執行の方法）

第四三条　不動産（登記することができない土地の定着物を除く。以下この節において同じ。）に対する強制執行（以下「不動産執行」という。）は、強制競売又は強制管理の方法により行う。これらの方法は、併用することができる。

2　金銭の支払を目的とする債権についての強制執行については、不動産の共有持分、登記された地上権及び永小作権並びにこれらの権利の共有持分は、不動産とみなす。

（動産執行の開始等）

第一二二条　動産（登記することができない土地の定着物、土地から分離する前の天然果実で一月以内に収穫することが確実であるもの及び裏書の禁止されている有価証券以外の有価証券を含む。以下この節、次章及び第四章において同じ。）に対する強制執行（以下「動産執行」という。）は、執行官の目的物に対する差押えにより開始する。

2　動産執行においては、執行官は、差押債権者のためにその債権及び執行費用の弁済を受領することができる。

（失火）
第一一六条　失火により、第百八条に規定する物又は他人の所有に係る第百九条に規定する物を焼損した者は、五十万円以下の罰金に処する。
2　失火により、第百九条に規定する物であって自己の所有に係るもの又は第百十条に規定する物を焼損し、よって公共の危険を生じさせた者も、前項と同様とする。

刑法　〔過失〕三八①・重過失以外民法七〇九条は適用せず＝失火

（激発物破裂）
第一一七条　火薬、ボイラーその他の激発すべき物を破裂させて、第百八条に規定する物又は他人の所有に係る第百九条に規定する物を損壊した者は、放火の例による。第百九条に規定する物であって自己の所有に係るもの又は第百十条に規定する物を損壊し、よって公共の危険を生じさせた者も、同様とする。
2　前項の行為が過失によるときは、失火の例による。

刑法②　〔失火〕一一六

緊逮	即決	裁員	被参	医療	テロ等	公訴時効
×	○	×	×	×	×	3

	緊逮	即決	裁員	被参	医療	テロ等	公訴時効
① 108条	○	×	○	×	①△ ②×	Ⅰ	25(15)
109条	①＝○ ②＝○	①＝× ②＝○	①＝× ②＝×			①＝Ⅰ ②＝×	①＝10(7) ②＝5
110条	①＝○ ②＝×	①＝× ②＝○	①＝× ②＝×			①＝Ⅱ ②＝×	①＝7 ②＝3
②	×	○	×			×	＝3
①108条・109条①＝未遂							

◆ **森林法**
第二〇三条　火を失して他人の森林を焼燬《き》した者は、五十万円以下の罰金に処する。
2　火を失して自己の森林を焼燬し、これによつて公共の危険を生じさせた者も前項と同様とする。

◆ **軽犯罪法**
〔軽犯罪〕
第一条　左の各号の一に該当する者は、これを拘留又は科料に処する。
九　相当の注意をしないで、建物、森林その他燃えるような物の附近で火をたき、又はガソリンその他引火し易い物の附近で火気を用いた者

◆ **爆発物取締罰則**
〔爆発物使用〕
第一条　治安ヲ妨ケ又ハ人ノ身体財産ヲ害セントスルノ目的ヲ以テ爆発物ヲ使用シタル者及ヒ人ヲシテ之ヲ使用セシメタル者ハ死刑又ハ無期若クハ七年以上ノ懲役又ハ禁錮ニ処ス
〔刑法との比照〕
第一二条　本則ニ記載シタル犯罪刑法ニ照シ仍ホ重キ者ハ重キニ従テ処断ス

◆ **軽犯罪法**
〔軽犯罪〕
第一条　左の各号の一に該当する者は、これを拘留又は科料に処する。
十　相当の注意をしないで、銃砲又は火薬類、ボイラーその他の爆発する物を使用し、又はもてあそんだ者

◆ **破壊活動防止法**
〔政治目的のための放火の罪の予備等〕
第三九条　政治上の主義若しくは施策を推進し、支持し、又はこれに反対する目的をもつて、刑法第百八条、第百九条第一項、第百十七条第一項前段、第百二十六条第一項若しくは第二項、第百九十九条若しくは第二百三十六条第一項の罪の予備、陰謀若しくは教唆をなし、又はこれらの罪を実行させる目的をもつてするその罪のせん動をなした者は、五年以下の懲役又は禁こに処する。

（業務上失火等）

第一一七条の二　第百十六条又は前条第一項の行為が業務上必要な注意を怠ったことによるとき、又は重大な過失によるときは、三年以下の禁錮又は百五十万円以下の罰金に処する。

刑法〔過失〕三八①〔重大な過失の他の例〕重過失致死傷＝二一一

（ガス漏出等及び同致死傷）

第一一八条　ガス、電気又は蒸気を漏出させ、流出させ、又は遮断し、よって人の生命、身体又は財産に危険を生じさせた者は、三年以下の懲役又は十万円以下の罰金に処する。

2　ガス、電気又は蒸気を漏出させ、流出させ、又は遮断し、よって人を死傷させた者は、傷害の罪と比較して、重い刑により処断する。

刑法②〔傷害の罪〕二〇四・二〇五〔刑の軽重〕一〇

手続法

緊速	即決	裁員	被参	医療	テロ等	公訴時効
○	○	×	×	×	×	3

緊速	即決	裁員	被参	医療	テロ等	公訴時効
○	○	×	①× ②○	①× ②△	×	①＝3 ②10（7）

※致死の場合

緊速	即決	裁員	被参	医療	テロ等	公訴時効
○	×	○	○	△	×	20（10）

特別法

◆ガス事業法

第一九二条　ガス工作物を損壊し、その他ガス工作物の機能に障害を与えてガスの供給を妨害した者は、五年以下の懲役又は百万円以下の罰金に処する。

2　みだりにガス工作物を操作してガスの供給を妨害した者は、二年以下の懲役又は五十万円以下の罰金に処する。

3　ガス事業に従事する者が正当な事由がないのにガス工作物の維持又は運行の業務を取り扱わず、ガスの供給に障害を生ぜしめたときも、前項と同様とする。

4　第一項及び第二項の未遂罪は、罰する。

◆電気事業法

第一一五条　電気事業の用に供する電気工作物を損壊し、その他電気事業の用に供する電気工作物の機能に障害を与えて発電、変電、送電又は配電を妨害した者は、五年以下の懲役又は百万円以下の罰金に処する。

2　みだりに電気事業の用に供する電気工作物を操作して発電、変電、送電又は配電を妨害した者は、二年以下の懲役又は五十万円以下の罰金に処する。

3　電気事業に従事する者が正当な理由がないのに電気事業の用に供する電気工作物の維持又は運行の業務を取り扱わず、発電、変電、送電又は配電に障害を生ぜしめたときも、前項と同様とする。

4　第一項及び第二項の未遂罪は、罰する。

◆消防法

第三九条の二　製造所、貯蔵所又は取扱所から危険物を漏出させ、流出させ、放出させ、又は飛散させて火災の危険を生じさせた者は、三年以下の懲役又は三百万円以下の罰金に処する。ただし、公共の危険が生じなかつたときは、これを罰しない。

第十章　出水及び水利に関する罪

（現住建造物等浸害）

第一一九条　出水させて、現に人が住居に使用し又は現に人がいる建造物、汽車、電車又は鉱坑を浸害した者は、死刑又は無期若しくは三年以上の懲役に処する。

（非現住建造物等浸害）

第一二〇条　出水させて、前条に規定する物以外の物を浸害し、よって公共の危険を生じさせた者は、一年以上十年以下の懲役に処する。

2　浸害した物が自己の所有に係るときは、その物が差押えを受け、物権を負担し、賃貸し、又は保険に付したものである場合に限り、前項の例による。

刑法［差押え・物権負担・賃貸・保険］一一五参照

緊逮	即決	裁員	被参	医療	テロ等	公訴時効
○	×	○	×	△	Ⅰ	25(15)

◆少年法

（死刑と無期刑の緩和）

第五一条　罪を犯すとき十八歳に満たない者に対しては、死刑をもつて処断すべきときは、無期刑を科する。

2　罪を犯すとき十八歳に満たない者に対しては、無期刑をもつて処断すべきときであつても、有期の懲役又は禁錮を科することができる。この場合において、その刑は、十年以上二十年以下において言い渡す。

緊逮	即決	裁員	被参	医療	テロ等	公訴時効
○	×	×	×	△	①Ⅱ	7

②　前項の罪を犯し、よつて人を死傷させた者は、七年以下の懲役又は五百万円以下の罰金に処する。

第三九条の三　業務上必要な注意を怠り、製造所、貯蔵所又は取扱所から危険物を漏出させ、流出させ、放出させ、又は飛散させて火災の危険を生じさせた者は、二年以下の懲役若しくは禁錮《こ》又は二百万円以下の罰金に処する。ただし、公共の危険が生じなかつたときは、これを罰しない。

②　前項の罪を犯し、よつて人を死傷させた者は、五年以下の懲役若しくは禁錮《こ》又は三百万円以下の罰金に処する。

（水防妨害）
第一二一条　水害の際に、水防用の物を隠匿し、若しくは損壊し、又はその他の方法により、水防を妨害した者は、一年以上十年以下の懲役に処する。

（過失建造物等浸害）
第一二二条　過失により出水させて、第百十九条に規定する物を浸害した者又は第百二十条に規定する物を浸害し、よって公共の危険を生じさせた者は、二十万円以下の罰金に処する。

刑法　〔過失〕三八①

緊逮	即決	裁員	被参	医療	テロ等	公訴時効
○	×	×	×	×	×	7

緊逮	即決	裁員	被参	医療	テロ等	公訴時効
×	○	×	×	×	×	3

◆警察官職務執行法

（避難等の措置）
第四条　警察官は、人の生命若しくは身体に危険を及ぼし、又は財産に重大な損害を及ぼす虞のある天災、事変、工作物の損壊、交通事故、危険物の爆発、狂犬、奔馬の類等の出現、極端な雑踏等危険な事態がある場合においては、その場に居合わせた者、その事物の管理者その他関係者に必要な警告を発し、及び特に急を要する場合においては、危害を受ける虞のある者に対し、その場の危害を避けしめるために必要な限度でこれを引き留め、若しくは避難させ、又はその場に居合わせた者、その事物の管理者その他関係者に対し、危害防止のため通常必要と認められる措置をとることを命じ、又は自らその措置をとることができる。

◆軽犯罪法

〔軽犯罪〕
第一条　左の各号の一に該当する者は、これを拘留又は科料に処する。

八　風水害、地震、火事、交通事故、犯罪の発生その他の変事に際し、正当な理由がなく、現場に出入するについて公務員若しくはこれを援助する者の指示に従うことを拒み、又は公務員から援助を求められたのにかかわらずこれに応じなかつた者

◆水防法

第五二条　みだりに水防管理団体の管理する水防の用に供する器具、資材又は設備を損壊し、又は撤去した者は、三年以下の懲役又は五十万円以下の罰金に処する。

2　前項の者には、情状により懲役及び罰金を併科することができる。

第五三条　刑法（明治四十年法律第四十五号）第百二十一条の規定の適用がある場合を除き、第二十一条の規定による立入りの禁止若しくは制限又は退去の命令に従わなかつた者は、六月以下の懲役又は三十万円以下の罰金に処する。

刑法（一二三条・一二四条）

（水利妨害及び出水危険）
第一二三条　堤防を決壊させ、水門を破壊し、その他水利の妨害となるべき行為又は出水させるべき行為をした者は、二年以下の懲役若しくは禁錮又は二十万円以下の罰金に処する。

第十一章　往来を妨害する罪

（往来妨害及び同致死傷）
第一二四条　陸路、水路又は橋を損壊し、又は閉塞《そく》して往来の妨害を生じさせた者は、二年以下の懲役又は二十万円以下の罰金に処する。
2　前項の罪を犯し、よって人を死傷させた者は、傷害の罪と比較して、重い刑により処断する。

刑法〔未遂〕一二八　②〔傷害の罪〕二〇四・二〇五〔刑の軽重〕一〇

手続法

緊逮	即決	裁員	被参	医療	テロ等	公訴時効
×	○	×	×	×	×	3

◆警察官職務執行法
（避難等の措置）
第四条　警察官は、人の生命若しくは身体に危険を及ぼし、又は財産に重大な損害を及ぼす虞のある天災、事変、工作物の損壊、交通事故、危険物の爆発、狂犬、奔馬の類等の出現、極端な雑踏等危険な事態がある場合においては、その場に居合わせた者、その事物の管理者その他関係者に必要な警告を発し、及び特に急を要する場合においては、危害を受ける虞のある者に対し、その場の危害を避けしめるために必要な限度でこれを引き留め、若しくは避難させ、又はその場に居合わせた者、その事物の管理者その他関係者に対し、危害防止のため通常必要と認められる措置をとることを命じ、又は自らその措置をとることができる。

緊逮	即決	裁員	被参	医療	テロ等	公訴時効
①×　②○	○	×	①×　②○	①×　②△	×	①3　②10(7)

①＝未遂

※致死の場合

緊逮	即決	裁員	被参	医療	テロ等	公訴時効
○	×	○	○	△	×	20(10)

特別法

◆道路交通法
第一一五条　みだりに信号機を操作し、若しくは公安委員会が設置した道路標識若しくは道路標示を移転し、又は信号機若しくは公安委員会が設置した道路標識若しくは道路標示を損壊して道路における交通の危険を生じさせた者は、五年以下の懲役又は二十万円以下の罰金に処する。

◆軽犯罪法
〔軽犯罪〕
第一条　左の各号の一に該当する者は、これを拘留又は科料に処する。
六　正当な理由がなくて他人の標燈又は街路その他公衆の通行し、若しくは集合する場所に設けられた燈火を消した者
七　みだりに船又はいかだを水路に放置し、その他水路の交通を妨げるような行為をした者

◆航空機の強取等の処罰に関する法律
（航空機の運航阻害）
第四条　偽計又は威力を用いて、航行中の航空機の針路を変更さ

（往来危険）

第一二五条　鉄道若しくはその標識を損壊し、又はその他の方法により、汽車又は電車の往来の危険を生じさせた者は、二年以上の有期懲役に処する。

２　灯台若しくは浮標を損壊し、又はその他の方法により、艦船の往来の危険を生じさせた者も、前項と同様とする。

[刑法]〔未遂〕一二八

緊速	即決	裁員	被参	医療	テロ等	公訴時効
○	×	×	×	×	I	10(7)

[未遂]

せ、その他その正常な運航を阻害した者は、一年以上十年以下の懲役に処する。

◆新幹線鉄道における列車運行の安全を妨げる行為の処罰に関する特例法

（運行保安設備の損壊等の罪）

第二条　新幹線鉄道の用に供する自動列車制御設備、列車集中制御設備その他の国土交通省令で定める列車の運行の安全を確保するための設備を損壊し、その他これらの設備の機能を損なう行為をした者は、五年以下の懲役又は五万円以下の罰金に処する。

２　前項の設備をみだりに操作した者は、一年以下の懲役又は五万円以下の罰金に処する。

３　第一項の設備を損傷し、その他同項の設備の機能をそこなうおそれのある行為をした者は、五万円以下の罰金に処する。

（線路上に物件を置く等の罪）

第三条　次の各号の一に該当する者は、一年以下の懲役又は五万円以下の罰金に処する。

一　列車の運行の妨害となるような方法で、みだりに、物件を新幹線鉄道の線路（軌道及びこれに附属する保線用通路その他の施設であつて、軌道の中心線の両側について幅三メートル以内の場所にあるものをいう。次号において同じ。）上に置き、又はこれに類する行為をした者

二　新幹線鉄道の線路内にみだりに立ち入つた者

◆鉄道営業法

〔標識等の改竄等の罰則〕

第三六条　車輛、停車場其ノ他鉄道地内ノ標識掲示ヲ改竄、毀棄、撤去シ又ハ灯火ヲ滅シ又ハ其ノ用ヲ失ハシメタル者ハ五十円以下ノ罰金又ハ科料ニ処ス

②　信号機ヲ改竄、毀棄、撤去シタル者ハ三年以下ノ懲役ニ処ス

◆破壊活動防止法

（政治目的のための騒乱の罪の予備等）

第四〇条　政治上の主義若しくは施策を推進し、支持し、又はこれに反対する目的をもつて、左の各号の罪の予備、陰謀若しくは教唆をなし、又はこれらの罪を実行させる目的をもつてするその罪のせん動をなした者は、三年以下の懲役又は禁こに処する。

刑法（一二六条）

（汽車転覆等及び同致死）
第一二六条　現に人がいる汽車又は電車を転覆させ、又は破壊した者は、無期又は三年以上の懲役に処する。
２　現に人がいる艦船を転覆させ、沈没させ、又は破壊した者も、前項と同様とする。
３　前二項の罪を犯し、よって人を死亡させた者は、死刑又は無期懲役に処する。
刑法〔未遂〕一二八

手続法

緊逮	即決	裁員	被参	医療	テロ等	公訴時効
○	×	○	①× ②× ③○	△	①Ⅰ ②Ⅰ ③×	①＝15(10) ②＝15(10) ③＝無(25)

①②＝未遂

◆ **少年法**

（死刑と無期刑の緩和）
第五一条　罪を犯すとき十八歳に満たない者に対しては、死刑をもつて処断すべきときは、無期刑を科する。
２　罪を犯すとき十八歳に満たない者に対しては、無期刑をもつて処断すべきときであつても、有期の懲役又は禁錮を科することができる。この場合において、その刑は、十年以上二十年以下において言い渡す。

特別法

二　刑法第百二十五条の罪

◆ **航空の危険を生じさせる行為等の処罰に関する法律**

（航空の危険を生じさせる罪）
第一条　飛行場の設備若しくは航空保安施設を損壊し、又はその他の方法で航空の危険を生じさせた者は、三年以上の有期懲役に処する。

◆ **道路運送法**

第一〇一条　人の現在する一般乗合旅客自動車運送事業者の事業用自動車を転覆させ、又は破壊した者は、十年以下の懲役に処する。
２　前項の罪を犯しよつて人を傷つけた者は、一年以上の有期懲役に処し、死亡させた者は、無期又は三年以上の懲役に処する。
３　第一項の未遂罪は、これを罰する。

◆ **破壊活動防止法**

（政治目的のための放火の罪の予備等）
第三九条　政治上の主義若しくは施策を推進し、支持し、又はこれに反対する目的をもつて、刑法第百八条、第百九条第一項、第百十七条第一項前段、第百二十六条第一項若しくは第二項、第百九十九条若しくは第二百三十六条第一項の罪の予備、陰謀若しくは教唆をなし、又はこれらの罪を実行させる目的をもつてするその罪のせん動をなした者は、五年以下の懲役又は禁こに処する。

◆ **航空の危険を生じさせる行為等の処罰に関する法律**

（航行中の航空機を墜落させる等の罪）
第二条　航行中の航空機（そのすべての乗降口が乗機の後に閉ざされた時からこれらの乗降口のうちいずれかが降機のため開かれる時までの間の航空機をいう。以下同じ。）を墜落させ、転覆させ、若しくは覆没させ、又は破壊した者は、無期又は三年以上の懲役に処する。
２　前条の罪を犯し、よつて航行中の航空機を墜落させ、転覆させ、若しくは覆没させ、又は破壊した者についても、前項と同様とする。
３　前二項の罪を犯し、よつて人を死亡させた者は、死刑又は無

（往来危険による汽車転覆等）

第一二七条　第百二十五条の罪を犯し、よって汽車若しくは電車を転覆させ、若しくは破壊し、又は艦船を転覆させ、沈没させ、若しくは破壊した者も、前条の例による。

緊速	即決	裁員	被参	医療	テロ等	公訴時効
○	×	○	○	△	×	15(10)

※致死の場合

緊速	即決	裁員	被参	医療	テロ等	公訴時効
○	×	○	○	△	×	無(25)

期若しくは七年以上の懲役に処する。

（業務中の航空機の破壊等の罪）

第三条　業務中の航空機（民間航空の安全に対する不法な行為の防止に関する条約第二条(b)に規定する業務中の航空機をいう。以下同じ。）の航行の機能を失わせ、又は業務中の航空機（航行中の航空機を除く。）を破壊した者は、一年以上十年以下の懲役に処する。

2　前項の罪を犯し、よつて人を死亡させた者は、無期又は三年以上の懲役に処する。

◆道路運送法

第一〇二条　第百条第一項の罪を犯しよつて自動車を転覆させ、又は破壊した者も前条の例による。

➡第一〇〇条〔自動車道若しくはその標識を損壊し、又はその他の方法で自動車道における自動車の往来の危険を生ぜしめた罪〕

◆航空の危険を生じさせる行為等の処罰に関する法律

（航行中の航空機を墜落させる等の罪）

第二条　航行中の航空機（そのすべての乗降口が乗機の後に閉ざされた時からこれらの乗降口のうちいずれかが降機のため開かれる時までの間の航空機をいう。以下同じ。）を墜落させ、転覆させ、若しくは覆没させ、又は破壊した者は、無期又は三年以上の懲役に処する。

2　前条の罪を犯し、よつて航行中の航空機を墜落させ、転覆させ、若しくは覆没させ、又は破壊した者についても、前項と同様とする。

3　前二項の罪を犯し、よつて人を死亡させた者は、死刑又は無期若しくは七年以上の懲役に処する。

（業務中の航空機の破壊等の罪）

第三条　業務中の航空機（民間航空の安全に対する不法な行為の防止に関する条約第二条(b)に規定する業務中の航空機をいう。以下同じ。）の航行の機能を失わせ、又は業務中の航空機（航行中の航空機を除く。）を破壊した者は、一年以上十年以下の懲役に処する。

2　前項の罪を犯し、よつて人を死亡させた者は、無期又は三年

刑法（一二八条・一二九条）

（未遂罪）
第一二八条　第百二十四条第一項、第百二十五条並びに第百二十六条第一項及び第二項の罪の未遂は、罰する。

刑法 〔未遂〕四三・四四

（過失往来危険）
第一二九条　過失により、汽車、電車若しくは艦船の往来の危険を生じさせ、又は汽車若しくは電車を転覆させ、若しくは破壊し、若しくは艦船を転覆させ、沈没させ、若しくは破壊した者は、三十万円以下の罰金に処する。

2　その業務に従事する者が前項の罪を犯したときは、三年以下の禁錮又は五十万円以下の罰金に処する。

刑法 〔過失〕三八①

手続法

緊逮	即決	裁員	被参	医療	テロ等	公訴時効
①× ②○	○	×	×	×	×	3

特別法

以上の懲役に処する。

◆**航空の危険を生じさせる行為等の処罰に関する法律**
（未遂罪）
第五条　第一条、第二条第一項、第三条第一項及び前条の未遂罪は、これを罰する。

> ➡第一条〔航空の危険を生じさせる罪〕
> 第二条〔航行中の航空機を墜落させる等の罪〕
> 第三条〔業務中の航空機の破壊等の罪〕
> 第四条〔業務中の航空機内に爆発物等を持ち込む罪〕

◆**航空の危険を生じさせる行為等の処罰に関する法律**
（過失犯）
第六条　過失により、航空の危険を生じさせ、又は航行中の航空機を墜落させ、転覆させ、若しくは覆没させ、若しくは破壊した者は、十万円以下の罰金に処する。

2　その業務に従事する者が前項の罪を犯したときは、三年以下の禁錮《こ》又は二十万円以下の罰金に処する。

◆**道路運送法**
第一〇三条　過失により第百条第一項又は第百一条第一項の罪を犯した者は、三十万円以下の罰金に処する。その業務に従事する者が犯したときは、一年以下の禁錮《こ》又は五十万円以下の罰金に処する。

> ➡第一〇〇条〔自動車道若しくはその標識を損壊し、又はその他の方法で自動車道における自動車の往来の危険を生ぜしめる罪〕
> 第一〇一条〔人の現在する一般乗合旅客自動車運送事業者の事業用自動車を転覆させ、又は破壊する罪〕

第十二章　住居を侵す罪

（住居侵入等）

第一三〇条　正当な理由がないのに、人の住居若しくは人の看守する邸宅、建造物若しくは艦船に侵入し、又は要求を受けたにもかかわらずこれらの場所から退去しなかった者は、三年以下の懲役又は十万円以下の罰金に処する。

刑法 〔未遂〕一三二

（皇居等侵入罪）

第一三一条　削除

（未遂罪）

第一三二条　第百三十条の罪の未遂は、罰する。

刑法 〔未遂〕四三・四四

第十三章　秘密を侵す罪

（信書開封）

第一三三条　正当な理由がないのに、封をしてある信書を開けた者は、一年以下の懲役又は二十万円以下の罰金に処する。

刑法 〔親告罪〕一三五 〔特別規定〕文書毀棄等＝二五八・二五

緊逮	即決	裁員	被参	医療	テロ等	公訴時効
○	○	×	×	×	×	3

未遂

緊逮	即決	裁員	被参	医療	テロ等	公訴時効
×	○	×	×	×	×	3

親告

◆盗犯等ノ防止及処分ニ関スル法律

〔盗犯に対する正当防衛〕

第一条　左ノ各号ノ場合ニ於テ自己又ハ他人ノ生命、身体又ハ貞操ニ対スル現在ノ危険ヲ排除スル為犯人ヲ殺傷シタルトキハ刑法第三十六条第一項ノ防衛行為アリタルモノトス

三　故ナク人ノ住居又ハ人ノ看守スル邸宅、建造物若ハ船舶ニ侵入シタル者又ハ要求ヲ受ケテ此等ノ場所ヨリ退去セザル者ヲ排斥セントスルトキ

◆軽犯罪法

〔軽犯罪〕

第一条　左の各号の一に該当する者は、これを拘留又は科料に処する。

一　人が住んでおらず、且つ、看守していない邸宅、建物又は船舶の内に正当な理由がなくてひそんでいた者

三十二　入ることを禁じた場所又は他人の田畑に正当な理由がなくて入つた者

◆日本国とアメリカ合衆国との間の相互協力及び安全保障条約第六条に基づく施設及び区域並びに日本国における合衆国軍隊の地位に関する協定の実施に伴う刑事特別法

（施設又は区域を侵す罪）

第二条　正当な理由がないのに、合衆国軍隊が使用する施設又は区域（協定第二条第一項の施設又は区域をいう。以下同じ。）であつて入ることを禁じた場所に入り、又は要求を受けてその場所から退去しない者は、一年以下の懲役又は二千円以下の罰金若しくは科料に処する。但し刑法（明治四十年法律第四十五号）に正条がある場合には、同法による。

◆刑事収容施設及び被収容者等の処遇に関する法律

（信書の検査）

第一二七条　刑事施設の長は、刑事施設の規律及び秩序の維持、受刑者の矯正処遇の適切な実施その他の理由により必要がある

刑法（一三三条）

九・二六三

手続法

◆日本国憲法

〔集会・結社・表現の自由、通信の秘密〕

第二一条

② 検閲は、これをしてはならない。通信の秘密は、これを侵してはならない。

◆刑事訴訟法

〔郵便物等の押収〕

第一〇〇条　裁判所は、被告人から発し、又は被告人に対して発した郵便物、信書便物又は電信に関する書類で法令の規定に基づき通信事務を取り扱う者が保管し、又は所持するものを差し押え、又は提出させることができる。

② 前項の規定に該当しない郵便物、信書便物又は電信に関する書類で法令の規定に基づき通信事務を取り扱う者が保管し、又は所持するものは、被告事件に関係があると認めるに足りる状況のあるものに限り、これを差し押え、又は提出させることができる。

③ 前二項の規定による処分をしたときは、その旨を発信人又は受信人に通知しなければならない。但し、通知によつて審理が妨げられる虞がある場合は、この限りでない。

特別法

と認める場合には、その指名する職員に、受刑者が発受する信書について、検査を行わせることができる。

2　次に掲げる信書については、前項の検査は、これらの信書に該当することを確認するために必要な限度において行うものとする。ただし、第三号に掲げる信書について、刑事施設の規律及び秩序を害する結果を生ずるおそれがあると認めるべき特別の事情がある場合は、この限りでない。

一　受刑者が国又は地方公共団体の機関から受ける信書

二　受刑者が自己に対する刑事施設の長の措置その他自己が受けた処遇に関し調査を行う国又は地方公共団体の機関に対して発する信書

三　受刑者が自己に対する刑事施設の長の措置その他自己が受けた処遇に関し弁護士法第三条第一項に規定する職務を遂行する弁護士（弁護士法人を含む。以下この款において同じ。）との間で発受する信書

◆郵便法

第七七条（郵便物を開く等の罪）　会社の取扱中に係る郵便物を正当の事由なく開き、き損し、隠匿し、放棄し、又は受取人でない者に交付した者は、これを三年以下の懲役又は五十万円以下の罰金に処する。ただし、刑法の罪に触れるときは、その行為者は、同法の罪と比較して、重きに従つて処断する。

第八〇条（信書の秘密を侵す罪）　会社の取扱中に係る信書の秘密を侵した者は、これを一年以下の懲役又は五十万円以下の罰金に処する。

② 郵便の業務に従事する者が前項の行為をしたときは、これを二年以下の懲役又は百万円以下の罰金に処する。

第八六条（未遂罪及び予備罪）　**第七十六条**から**第七十八条**まで、**第八十条及び前二条**の未遂罪は、これを罰する。

② 前条の罪を犯す目的でその予備をした者は、これを二年以下の懲役又は十万円以下の罰金に処し、その用に供した物は、これを没収する。

⬇第七六条（事業の独占を乱す罪）
第七八条（郵便用物件を損傷する等の罪）
第八四条（料金を免れる罪）
第八五条（切手類を偽造する等の罪）

◆電波法

第一〇九条　無線局の取扱中に係る無線通信の秘密を漏らし、又

（秘密漏示）

第一三四条　医師、薬剤師、医薬品販売業者、助産師、弁護士、弁護人、公証人又はこれらの職にあった者が、正当な理由がないのに、その業務上取り扱ったことについて知り得た人の秘密を漏らしたときは、六月以下の懲役又は十万円以下の罰金に処する。

2　宗教、祈禱《とう》若しくは祭祀《し》の職にある者又はこれらの職にあった者が、正当な理由がないのに、その業務上取り扱ったことについて知り得た人の秘密を漏らしたときも、前項と同様とする。

刑法〔親告罪〕一三五

緊逮	即決	裁員	被参	医療	テロ等	公訴時効
×	○	×	×	×	×	3

親告

◆刑事訴訟法

〔業務上秘密と証言拒絶権〕

第一四九条　医師、歯科医師、助産師、看護師、弁護士（外国法事務弁護士を含む。）、弁理士、公証人、宗教の職に在る者又はこれらの職に在つた者は、業務上委託を受けたため知り得た事実で他人の秘密に関するものについては、証言を拒むことができる。但し、本人が承諾した場合、証言の拒絶が被告人のためのみにする権利の濫用と認められる場合（被告人が本人である場合を除く。）その他裁判所の規則で定める事由がある場合は、この限りでない。

◆民事訴訟法

第一九七条　次に掲げる場合には、証人は、証言を拒むことができる。

二　医師、歯科医師、薬剤師、医薬品販売業者、助産師、弁護士（外国法事務弁護士を含む。）、弁理士、弁護人、公証人、宗教、祈祷《とう》若しくは祭祀《し》の職にある者又はこれらの職にあった者が職務上知り得た事実で黙秘すべきものについて尋問を受ける場合

は窃用した者は、一年以下の懲役又は五十万円以下の罰金に処する。

2　無線通信の業務に従事する者がその業務に関し知り得た前項の秘密を漏らし、又は窃用したときは、二年以下の懲役又は百万円以下の罰金に処する。

◆経済関係罰則ノ整備ニ関スル法律

〔秘密漏泄・窃用罪〕

第五条　公務員若ハ公務員タリシ者又ハ第一条ノ会社及組合並ニ此等ニ準ズルモノ（以下経済団体ト称ス）ノ役員其ノ他ノ職員若ハ役員其ノ他ノ職員タリシ者自己又ハ第三者ノ利益ヲ図リ重要物資ノ生産、配給又ハ消費ノ統制其ノ他経済ノ統制ニ関スル行政庁又ハ当該経済団体ノ重要ナル秘密ニシテ職務上知得シタルモノヲ漏泄シ又ハ窃用シタルトキハ五年以下ノ懲役ニ処ス

◆国家公務員法

〔罰則〕

第一〇九条　次の各号のいずれかに該当する者は、一年以下の懲役又は五十万円以下の罰金に処する。

十二　第百条第一項若しくは第二項又は第百六条の十二第一項の規定に違反して秘密を漏らした者

➡第一〇〇条（秘密を守る義務）
第一〇六条の一二（服務）

◆地方公務員法

〔罰則〕

第六〇条　次の各号のいずれかに該当する者は、一年以下の懲役又は五十万円以下の罰金に処する。

二　第三十四条第一項又は第二項の規定（第九条の二第十二項において準用する場合を含む。）に違反して秘密を漏らした者

➡第三四条（秘密を守る義務）

◆犯罪捜査のための通信傍受に関する法律

〔関係者による通信の秘密の尊重等〕

第二八条　検察官、検察事務官及び司法警察職員並びに弁護人その他通信の傍受に関与し、又はその状況若しくは傍受をした通信の内容を職務上知り得た者は、通信の秘密を不当に害しないように注意し、かつ、捜査の妨げとならないように注意しなけ

刑法（一三五条）

（親告罪）
第一三五条　この章の罪は、告訴がなければ公訴を提起することができない。

手続法

◆刑事訴訟法

〔告訴権者〕
第二三〇条　犯罪により害を被つた者は、告訴をすることができる。

〔同前〕
第二三一条　被害者の法定代理人は、独立して告訴をすることができる。
②　被害者が死亡したときは、その配偶者、直系の親族又は兄弟

特別法

ればならない。

（通信の秘密を侵す行為の処罰等）
第三〇条　捜査又は調査の権限を有する公務員が、その捜査又は調査の職務に関し、電気通信事業法（昭和五十九年法律第八十六号）第百七十九条第一項又は有線電気通信法（昭和二十八年法律第九十六号）第十四条第一項の罪を犯したときは、三年以下の懲役又は百万円以下の罰金に処する。
2　前項の罪の未遂は、罰する。
3　前二項の罪について告訴又は告発をした者は、検察官の公訴を提起しない処分に不服があるときは、刑事訴訟法第二百六十二条第一項の請求をすることができる。

◆特定秘密の保護に関する法律

第二三条　特定秘密の取扱いの業務に従事する者がその業務により知得した特定秘密を漏らしたときは、十年以下の懲役に処し、又は情状により十年以下の懲役及び千万円以下の罰金に処する。特定秘密の取扱いの業務に従事しなくなった後においても、同様とする。
2　第四条第五項、第九条、第十条又は第十八条第四項後段の規定により提供された特定秘密について、当該提供の目的である業務により当該特定秘密を知得した者がこれを漏らしたときは、五年以下の懲役に処し、又は情状により五年以下の懲役及び五百万円以下の罰金に処する。第十条第一項第一号ロに規定する場合において提示された特定秘密について、当該特定秘密の提示を受けた者がこれを漏らしたときも、同様とする。
3　前二項の罪の未遂は、罰する。
4　過失により第一項の罪を犯した者は、二年以下の禁錮又は五十万円以下の罰金に処する。
5　過失により第二項の罪を犯した者は、一年以下の禁錮又は三十万円以下の罰金に処する。

（親告罪）
第一三五条　この章の罪は、告訴がなければ公訴を提起することができない。

姉妹は、告訴をすることができる。但し、被害者の明示した意思に反することはできない。

〔同前〕
第二三二条　被害者の法定代理人が被疑者であるとき、被疑者の配偶者であるとき、又は被疑者の四親等内の血族若しくは三親等内の姻族であるときは、被害者の親族は、独立して告訴をすることができる。

〔告訴権者の指定〕
第二三四条　親告罪について告訴をすることができる者がない場合には、検察官は、利害関係人の申立により告訴をすることができる者を指定することができる。

〔告訴期間〕
第二三五条　親告罪の告訴は、犯人を知つた日から六箇月を経過したときは、これをすることができない。ただし、刑法第二百三十二条第二項の規定により外国の代表者が行う告訴及び日本国に派遣された外国の使節に対する同法第二百三十条又は第二百三十一条の罪につきその使節が行う告訴については、この限りでない。

〔告訴期間の独立〕
第二三六条　告訴をすることができる者が数人ある場合には、一人の期間の徒過は、他の者に対しその効力を及ぼさない。

〔告訴・告発の方式〕
第二四一条　告訴又は告発は、書面又は口頭で検察官又は司法警察員にこれをしなければならない。
②　検察官又は司法警察員は、口頭による告訴又は告発を受けたときは調書を作らなければならない。

〔公訴棄却の判決〕
第三三八条　左の場合には、判決で公訴を棄却しなければならない。
四　公訴提起の手続がその規定に違反したため無効であるとき。

刑法（一三六条—一三九条）

第十四章　あへん煙に関する罪

（あへん煙輸入等）
第一三六条　あへん煙を輸入し、製造し、販売し、又は販売の目的で所持した者は、六月以上七年以下の懲役に処する。

刑法〔未遂〕一四一

（あへん煙吸食器具輸入等）
第一三七条　あへん煙を吸食する器具を輸入し、製造し、販売し、又は販売の目的で所持した者は、三月以上五年以下の懲役に処する。

刑法〔未遂〕一四一

（税関職員によるあへん煙輸入等）
第一三八条　税関職員が、あへん煙又はあへん煙を吸食するための器具を輸入し、又はこれらの輸入を許したときは、一年以上十年以下の懲役に処する。

刑法〔未遂〕一四一

（あへん煙吸食及び場所提供）
第一三九条　あへん煙を吸食した者は、三年以下の懲役に処する。
2　あへん煙の吸食のため建物又は室を提供して利益を図った者は、六月以上七年以下の懲役に処する。

刑法〔未遂〕一四一

手続法

第一三六条

緊逮	即決	裁員	被参	医療	テロ等	公訴時効
○	○	×	×	×	Ⅱ	5

未遂

第一三七条

緊逮	即決	裁員	被参	医療	テロ等	公訴時効
○	○	×	×	×	Ⅱ	5

未遂

第一三八条

緊逮	即決	裁員	被参	医療	テロ等	公訴時効
○	×	×	×	×	×	7

未遂

第一三九条

緊逮	即決	裁員	被参	医療	テロ等	公訴時効
○	○	×	×	×	①× ②Ⅱ	①3 ②5

未遂

特別法

◆ **あへん法**
第五二条の二　**第九条**の規定に違反した者は、七年以下の懲役に処する。
2　前項の未遂罪は、罰する。

➡第九条（吸食の禁止）

◆ **麻薬及び向精神薬取締法**
第六六条の二　**第二十七条**第一項又は第三項から第五項までの規定に違反した者は、七年以下の懲役に処する。
2　営利の目的で前項の違反行為をした者は、一年以上十年以下の懲役に処し、又は情状により一年以上十年以下の懲役及び三百万円以下の罰金に処する。
3　前二項の未遂罪は、罰する。

（あへん煙等所持）
第一四〇条 あへん煙又はあへん煙を吸食するための器具を所持した者は、一年以下の懲役に処する。
刑法 〔未遂〕一四一

緊逮	即決	裁員	被参	医療	テロ等	公訴時効
×	○	×	×	×	×	3

未遂

（未遂罪）
第一四一条 この章の罪の未遂は、罰する。
刑法 〔未遂〕四三・四四

第十五章 飲料水に関する罪

（浄水汚染）
第一四二条 人の飲料に供する浄水を汚染し、よって使用することができないようにした者は、六月以下の懲役又は十万円以下の罰金に処する。

緊逮	即決	裁員	被参	医療	テロ等	公訴時効
×	○	×	×	×	×	3

（水道汚染）
第一四三条 水道により公衆に供給する飲料の浄水又はその水源を汚染し、よって使用することができないようにした者は、六月以上七年以下の懲役に処する。

緊逮	即決	裁員	被参	医療	テロ等	公訴時効
○	○	×	×	×	Ⅱ	5

（浄水毒物等混入）
第一四四条 人の飲料に供する浄水に毒物その他人の健康を害すべき物を混入した者は、三年以下の懲役に処する。

緊逮	即決	裁員	被参	医療	テロ等	公訴時効
○	○	×	×	×	×	3

（浄水汚染等致死傷）
第一四五条 前三条の罪を犯し、よって人を死傷させた者は、傷害の罪と比較して、重い刑により処断す

緊逮	即決	裁員	被参	医療	テロ等	公訴時効
○	○	×	○	△	×	10(7)

⬇第二七条（施用、施用のための交付及び麻薬処方せん）

◆水道法
第五一条 水道施設を損壊し、その他水道施設の機能に障害を与えて水の供給を妨害した者は、五年以下の懲役又は百万円以下の罰金に処する。
2 みだりに水道施設を操作して水の供給を妨害した者は、二年以下の懲役又は五十万円以下の罰金に処する。
3 前二項の規定にあたる行為が、刑法の罪に触れるときは、その行為者は、同法の罪と比較して、重きに従つて処断する。

刑法（一四六条・一四七条）

る。

刑法〔傷害の罪〕二〇四・二〇五〔刑の軽重〕一〇

（水道毒物等混入及び同致死）

第一四六条　水道により公衆に供給する飲料の浄水又はその水源に毒物その他人の健康を害すべき物を混入した者は、二年以上の有期懲役に処する。よって人を死亡させた者は、死刑又は無期若しくは五年以上の懲役に処する。

（水道損壊及び閉塞）

第一四七条　公衆の飲料に供する浄水の水道を損壊し、又は閉塞した者は、一年以上十年以下の懲役に処する。

手続法

※致死の場合

緊逮	即決	裁員	被参	医療	テロ等	公訴時効
○	×	○	○	△	×	20(10)

緊逮	即決	裁員	被参	医療	テロ等	公訴時効
○	×	前× 後○	前× 後○	前× 後△	前Ⅰ 後×	前＝10(7) 後＝無(25)

◆少年法

（死刑と無期刑の緩和）

第五一条　罪を犯すとき十八歳に満たない者に対しては、死刑をもつて処断すべきときは、無期刑を科する。

2　罪を犯すとき十八歳に満たない者に対しては、無期刑をもつて処断すべきときであつても、有期の懲役又は禁錮を科することができる。この場合において、その刑は、十年以上二十年以下において言い渡す。

緊逮	即決	裁員	被参	医療	テロ等	公訴時効
○	×	×	×	×	Ⅱ	7

特別法

◆水道法

第五一条　水道施設を損壊し、その他水道施設の機能に障害を与えて水の供給を妨害した者は、五年以下の懲役又は百万円以下の罰金に処する。

2　みだりに水道施設を操作して水の供給を妨害した者は、二年以下の懲役又は五十万円以下の罰金に処する。

3　前二項の規定にあたる行為が、刑法の罪に触れるときは、その行為者は、同法の罪と比較して、重きに従つて処断する。

◆水道法

第五一条　水道施設を損壊し、その他水道施設の機能に障害を与えて水の供給を妨害した者は、五年以下の懲役又は百万円以下の罰金に処する。

2　みだりに水道施設を操作して水の供給を妨害した者は、二年以下の懲役又は五十万円以下の罰金に処する。

3　前二項の規定にあたる行為が、刑法の罪に触れるときは、その行為者は、同法の罪と比較して、重きに従つて処断する。

第十六章　通貨偽造の罪

（通貨偽造及び行使等）

第一四八条　行使の目的で、通用する貨幣、紙幣又は銀行券を偽造し、又は変造した者は、無期又は三年以上の懲役に処する。

2　偽造又は変造の貨幣、紙幣又は銀行券を行使し、又は行使の目的で人に交付し、若しくは輸入した者も、前項と同様とする。

刑法　〔未遂〕一五一　〔偽造等準備〕一五三

緊逮	即決	裁員	被参	医療	テロ等	公訴時効
○	×	○	×	×	I	15(10)

未遂

（外国通貨偽造及び行使等）

第一四九条　行使の目的で、日本国内に流通している外国の貨幣、紙幣又は銀行券を偽造し、又は変造した者は、二年以上の有期懲役に処する。

2　偽造又は変造の外国の貨幣、紙幣又は銀行券を行使し、又は行使の目的で人に交付し、若しくは輸入した者も、前項と同様とする。

刑法　〔未遂〕一五一　〔偽造等準備〕一五三

緊逮	即決	裁員	被参	医療	テロ等	公訴時効
○	×	×	×	×	I	10(7)

未遂

（偽造通貨等収得）

第一五〇条　行使の目的で、偽造又は変造の貨幣、紙幣又は銀行券を収得した者は、三年以下の懲役に処する。

刑法　〔未遂〕一五一

緊逮	即決	裁員	被参	医療	テロ等	公訴時効
○	○	×	×	×	×	3

未遂

◆ 少年法

（死刑と無期刑の緩和）

第五一条　罪を犯すとき十八歳に満たない者に対しては、死刑をもつて処断すべきときは、無期刑を科する。

2　罪を犯すとき十八歳に満たない者に対しては、無期刑をもつて処断すべきときであつても、有期の懲役又は禁錮を科することができる。この場合において、その刑は、十年以上二十年以下において言い渡す。

◆ 日本銀行法

（日本銀行券の発行）

第四六条　日本銀行は、銀行券を発行する。

2　前項の規定により日本銀行が発行する銀行券（以下「日本銀行券」という。）は、法貨として無制限に通用する。

（未遂罪）
第一五一条　前三条の罪の未遂は、罰する。
刑法〔未遂〕四三・四四

（収得後知情行使等）
第一五二条　貨幣、紙幣又は銀行券を収得した後に、それが偽造又は変造のものであることを知って、これを行使し、又は行使の目的で人に交付した者は、その額面価格の三倍以下の罰金又は科料に処する。ただし、二千円以下にすることはできない。

緊逮	即決	裁員	被参	医療	テロ等	公訴時効
×	○	×	×	×	×	3

（通貨偽造等準備）
第一五三条　貨幣、紙幣又は銀行券の偽造又は変造の用に供する目的で、器械又は原料を準備した者は、三月以上五年以下の懲役に処する。

緊逮	即決	裁員	被参	医療	テロ等	公訴時効
○	○	×	×	×	×	5

第十七章　文書偽造の罪

（詔書偽造等）
第一五四条　行使の目的で、御璽、国璽若しくは御名を使用して詔書その他の文書を偽造し、又は偽造した御璽、国璽若しくは御名を使用して詔書その他の文書を偽造した者は、無期又は三年以上の懲役に処する。
2　御璽若しくは国璽を押し又は御名を署した詔書その他の文書を変造した者も、前項と同様とする。

緊逮	即決	裁員	被参	医療	テロ等	公訴時効
○	×	○	×	×	×	15(10)

◆少年法
（死刑と無期刑の緩和）
第五一条　罪を犯すとき十八歳に満たない者に対しては、死刑をもつて処断すべきときは、無期刑を科する。
2　罪を犯すとき十八歳に満たない者に対しては、無期刑をもつて処断すべきときであつても、有期の懲役又は禁錮を科することができる。この場合において、その刑は、十年以上二十年以下において言い渡す。

（公文書偽造等）

第一五五条　行使の目的で、公務所若しくは公務員の印章若しくは署名を使用して公務所若しくは公務員の作成すべき文書若しくは図画を偽造し、又は偽造した公務所若しくは公務員の印章若しくは署名を使用して公務所若しくは公務員の作成すべき文書若しくは図画を偽造した者は、一年以上十年以下の懲役に処する。

2　公務所又は公務員が押印し又は署名した文書又は図画を変造した者も、前項と同様とする。

3　前二項に規定するもののほか、公務所若しくは公務員の作成すべき文書若しくは図画を偽造し、又は公務所若しくは公務員が作成した文書若しくは図画を変造した者は、三年以下の懲役又は二十万円以下の罰金に処する。

刑法〔公務所・公務員〕定義＝七

緊速	即決	裁員	被参	医療	テロ等	公訴時効
○	①× ②× ③○	×	×	×	①Ⅱ ②Ⅱ ③×	①＝7 ②＝7 ③＝3

（虚偽公文書作成等）

第一五六条　公務員が、その職務に関し、行使の目的で、虚偽の文書若しくは図画を作成し、又は文書若しくは図画を変造したときは、印章又は署名の有無により区別して、前二条の例による。

刑法〔公務員〕定義＝七①〔本条の適用〕公務員の国外犯＝四2

緊速	即決	裁員	被参	医療	テロ等	公訴時効
○	詔書＝×	詔書＝○	×	×	詔書＝×	詔書＝15(10)
	有印＝×	有印＝×			有印＝Ⅱ	有印＝7
	無印＝○	無印＝×			無印＝×	無印＝3

（公正証書原本不実記載等）

第一五七条 公務員に対し虚偽の申立てをして、登記簿、戸籍簿その他の権利若しくは義務に関する公正証書の原本に不実の記載をさせ、又は権利若しくは義務に関する公正証書の原本として用いられる電磁的記録に不実の記録をさせた者は、五年以下の懲役又は五十万円以下の罰金に処する。

2 公務員に対し虚偽の申立てをして、免状、鑑札又は旅券に不実の記載をさせた者は、一年以下の懲役又は二十万円以下の罰金に処する。

3 前二項の罪の未遂は、罰する。

刑法 〔公務員〕定義＝七① 〔電磁的記録〕定義＝七の二 3〔未遂〕四三・四四

緊逮	即決	裁員	被参	医療	テロ等	公訴時効
①○ ②×	○	×	×	×	①公正Ⅱ電磁× ②×	①＝5 ②＝3

未遂

（偽造公文書行使等）

第一五八条 第百五十四条から前条までの文書若しくは図画を行使し、又は前条第一項の電磁的記録を公正証書の原本としての用に供した者は、その文書若しくは図画を偽造し、若しくは変造し、虚偽の文書若しくは図画を作成し、又は不実の記載若しくは記録をさせた者と同一の刑に処する。

2 前項の罪の未遂は、罰する。

[刑法]〔電磁的記録〕定義＝七の二 [2]〔未遂〕四三・四四

（私文書偽造等）

第一五九条 行使の目的で、他人の印章若しくは署名を使用して権利、義務若しくは事実証明に関する文書若しくは図画を偽造し、又は偽造した他人の印章若しくは署名を使用して権利、義務若しくは事実証明に関する文書若しくは図画を偽造した者は、三月以上五年以下の懲役に処する。

2 他人が押印し又は署名した権利、義務又は事実証明に関する文書又は図画を変造した者も、前項と同様とする。

3 前二項に規定するもののほか、権利、義務又は事

	154条	155条	156条	157条	
緊逮	①＝○	①＝○ ②＝○ ③＝○	詔書＝○ 有印＝○ 無印＝○	①＝○ ②＝×	[未遂]
即決	①＝×	①＝× ②＝× ③＝○	詔書＝× 有印＝× 無印＝○	①＝○ ②＝○	
裁員	①＝○	①＝× ②＝× ③＝×	詔書＝○ 有印＝× 無印＝×	①＝× ②＝×	
被参	①×				
医療	①×				
テロ等	①＝×	①＝Ⅱ ②＝Ⅱ ③＝×	詔書＝× 有印＝Ⅱ 無印＝×	①＝Ⅱ ②＝×	
公訴時効	①＝15（10）	①＝7 ②＝7 ③＝3	詔書＝15（10） 有印＝7 無印＝3	①＝5 ②＝3	

緊逮	①○ ②○ ③×
即決	○
裁員	×
被参	×
医療	×
テロ等	①Ⅱ ②Ⅱ ③×
公訴時効	①＝5 ②＝5 ③＝3

刑法（一六〇条）

実証明に関する文書又は図画を偽造し、又は変造した者は、一年以下の懲役又は十万円以下の罰金に処する。


（虚偽診断書等作成）

第一六〇条　医師が公務所に提出すべき診断書、検案書又は死亡証書に虚偽の記載をしたときは、三年以下の禁錮又は三十万円以下の罰金に処する。

刑法〔公務所〕定義＝七②

手続法

緊逮	即決	裁員	被参	医療	テロ等	公訴時効
○	○	×	×	×	×	3

特別法

◆医師法
〔免許〕
第二条　医師になろうとする者は、医師国家試験に合格し、厚生労働大臣の免許を受けなければならない。

◆戸籍法
〔死亡の届出〕
第八六条　死亡の届出は、届出義務者が、死亡の事実を知つた日から七日以内（国外で死亡があつたときは、その事実を知つた日から三箇月以内）に、これをしなければならない。
②　届書には、次の事項を記載し、診断書又は検案書を添付しなければならない。
一　死亡の年月日時分及び場所
二　その他法務省令で定める事項
③　やむを得ない事由によつて診断書又は検案書を得ることができないときは、死亡の事実を証すべき書面を以てこれに代えることができる。この場合には、届書に診断書又は検案書を得ることができない事由を記載しなければならない。

◆一般社団法人及び一般財団法人に関する法律
（虚偽記載等の罪）
第三四〇条　第三百三十三条において準用する会社法第九百五十五条第一項の規定に違反して、同項に規定する調査記録簿等に同項に規定する電子公告調査に関し法務省令で定めるものを記載せず、若しくは記録せず、若しくは虚偽の記載若しくは記録をし、又は調査記録簿等を保存しなかった者は、三十万円以下の罰金に処する。

（偽造私文書等行使）

第一六一条　前二条の文書又は図画を行使した者は、その文書若しくは図画を偽造し、若しくは変造し、又は虚偽の記載をした者と同一の刑に処する。

2　前項の罪の未遂は、罰する。

刑法〔未遂〕四三・四四

（電磁的記録不正作出及び供用）

第一六一条の二　人の事務処理を誤らせる目的で、その事務処理の用に供する権利、義務又は事実証明に関する電磁的記録を不正に作った者は、五年以下の懲役又は五十万円以下の罰金に処する。

2　前項の罪が公務所又は公務員により作られるべき電磁的記録に係るときは、十年以下の懲役又は百万円以下の罰金に処する。

3　不正に作られた権利、義務又は事実証明に関する電磁的記録を、第一項の目的で、人の事務処理の用

緊逮	即決	裁員	被参	医療	テロ等	公訴時効	未遂
① 159条 ①=○ ②=○ ③=× 160条=○	①○	①×	①×	①×	① 159条 ①=Ⅱ ②=Ⅱ ③=× 160条=×	① 159条 ①=5 ②=5 ③=3 160条=3	

緊逮	即決	裁員	被参	医療	テロ等	公訴時効	未遂
○	○	×	×	×	Ⅱ	①=5 ②=7 ③私=5 公=7	③=未遂

◆会社法

（虚偽文書行使等の罪）

第九六四条　次に掲げる者が、株式、新株予約権、社債又は新株予約権付社債を引き受ける者の募集をするに当たり、会社の事業その他の事項に関する説明を記載した資料若しくは当該募集の広告その他の当該募集に関する文書であって重要な事項について虚偽の記載のあるものを行使し、又はこれらの書類の作成に代えて電磁的記録の作成がされている場合における当該電磁的記録であって重要な事項について虚偽の記録のあるものをその募集の事務の用に供したときは、五年以下の懲役若しくは五百万円以下の罰金に処し、又はこれを併科する。

一　**第九百六十条**第一項第一号から第七号までに掲げる者

二　持分会社の業務を執行する社員

三　民事保全法第五十六条に規定する仮処分命令により選任された持分会社の業務を執行する社員の職務を代行する者

四　株式、新株予約権、社債又は新株予約権付社債を引き受ける者の募集の委託を受けた者

2　株式、新株予約権、社債又は新株予約権付社債の売出しを行う者が、その売出しに関する文書であって重要な事項について虚偽の記載のあるものを行使し、又は当該文書の作成に代えて電磁的記録の作成がされている場合における当該電磁的記録であって重要な事項について虚偽の記録のあるものをその売出しの事務の用に供したときも、前項と同様とする。

➡第九六〇条（取締役等の特別背任罪）

◆不正アクセス行為の禁止等に関する法律

（定義）

第二条

4　この法律において「不正アクセス行為」とは、次の各号のいずれかに該当する行為をいう。

一　アクセス制御機能を有する特定電子計算機に電気通信回線を通じて当該アクセス制御機能に係る他人の識別符号を入力して当該特定電子計算機を作動させ、当該アクセス制御機能により制限されている特定利用をし得る状態にさせる行為（当該アクセス制御機能を付加したアクセス管理者がするもの及び当該アクセス管理者又は当該識別符号に係る利用権者

に供した者は、その電磁的記録を不正に作った者と同一の刑に処する。

4　前項の罪の未遂は、罰する。

刑法〔電磁的記録〕定義＝七の二　②〔公務所・公務員〕定義＝七　④〔未遂〕四三・四四

の承諾を得てするものを除く。）

二　アクセス制御機能を有する特定電子計算機に電気通信回線を通じて当該アクセス制御機能による特定利用の制限を免れることができる情報（識別符号であるものを除く。）又は指令を入力して当該特定電子計算機を作動させ、その制限されている特定利用をし得る状態にさせる行為（当該アクセス制御機能を付加したアクセス管理者がするもの及び当該アクセス管理者の承諾を得てするものを除く。次号において同じ。）

三　電気通信回線を介して接続された他の特定電子計算機が有するアクセス制御機能によりその特定利用を制限されている特定電子計算機に電気通信回線を通じてその制限を免れることができる情報又は指令を入力して当該特定電子計算機を作動させ、その制限されている特定利用をし得る状態にさせる行為

（不正アクセス行為の禁止）

第三条　何人も、不正アクセス行為をしてはならない。

（他人の識別符号を不正に取得する行為の禁止）

第四条　何人も、不正アクセス行為（第二条第四項第一号に該当するものに限る。第六条及び第十二条第二号において同じ。）の用に供する目的で、アクセス制御機能に係る他人の識別符号を取得してはならない。

（不正アクセス行為を助長する行為の禁止）

第五条　何人も、業務その他正当な理由による場合を除いては、アクセス制御機能に係る他人の識別符号を、当該アクセス制御機能に係るアクセス管理者及び当該識別符号に係る利用権者以外の者に提供してはならない。

（他人の識別符号を不正に保管する行為の禁止）

第六条　何人も、不正アクセス行為の用に供する目的で、不正に取得されたアクセス制御機能に係る他人の識別符号を保管してはならない。

（識別符号の入力を不正に要求する行為の禁止）

第七条　何人も、アクセス制御機能を特定電子計算機に付加したアクセス管理者になりすまし、その他当該アクセス管理者であると誤認させて、次に掲げる行為をしてはならない。ただし、当該アクセス管理者の承諾を得てする場合は、この限りでない。

一　当該アクセス管理者が当該アクセス制御機能に係る識別符

第十八章　有価証券偽造の罪

（有価証券偽造等）

第一六二条　行使の目的で、公債証書、官庁の証券、会社の株券その他の有価証券を偽造し、又は変造した者は、三月以上十年以下の懲役に処する。

2　行使の目的で、有価証券に虚偽の記入をした者も、前項と同様とする。

緊速	即決	裁員	被参	医療	テロ等	公訴時効
○	○	×	×	×	Ⅱ	7

号を付された利用権者に対し当該識別符号を特定電子計算機に入力することを求める旨の情報を、電気通信回線に接続して行う自動公衆送信（公衆によって直接受信されることを目的として公衆からの求めに応じ自動的に送信を行うことをいい、放送又は有線放送に該当するものを除く。）を利用して公衆が閲覧することができる状態に置く行為

二　当該アクセス管理者が当該アクセス制御機能に係る識別符号を付された利用権者に対し当該識別符号を特定電子計算機に入力することを求める旨の情報を、電子メール（特定電子メールの送信の適正化等に関する法律（平成十四年法律第二十六号）第二条第一号に規定する電子メールをいう。）により当該利用権者に送信する行為

（罰則）

第十一条　第三条の規定に違反した者は、三年以下の懲役又は百万円以下の罰金に処する。

第十二条　次の各号のいずれかに該当する者は、一年以下の懲役又は五十万円以下の罰金に処する。

一　第四条の規定に違反した者

二　第五条の規定に違反して、相手方に不正アクセス行為の用に供する目的があることの情を知ってアクセス制御機能に係る他人の識別符号を提供した者

三　第六条の規定に違反した者

四　第七条の規定に違反した者

五　第九条第三項の規定に違反した者

第十三条　第五条の規定に違反した者（前条第二号に該当する者を除く。）は、三十万円以下の罰金に処する。

◆通貨及証券模造取締法

〔模造通貨・証券製造販売禁止〕

第一条　貨幣、政府発行紙幣、銀行紙幣、兌換銀行券、国債証券及地方債証券ニ紛ハシキ外観ヲ有スルモノヲ製造シ又ハ販売スルコトヲ得ス

〔罰則〕

第二条　前条ニ違犯シタル者ハ一月以上三年以下ノ重禁錮ニ処シ五円以上五十円以下ノ罰金ヲ附加ス

〔破毀〕

（偽造有価証券行使等）

第一六三条　偽造若しくは変造の有価証券又は虚偽の記入がある有価証券を行使し、又は行使の目的で人に交付し、若しくは輸入した者は、三月以上十年以下の懲役に処する。

2　前項の罪の未遂は、罰する。

刑法〔未遂〕四三・四四

第十八章の二　支払用カード電磁的記録に関する罪

（支払用カード電磁的記録不正作出等）

第一六三条の二　人の財産上の事務処理を誤らせる目的で、その事務処理の用に供する電磁的記録であって、クレジットカードその他の代金又は料金の支払用のカードを構成するものを不正に作った者は、十年以下の懲役又は百万円以下の罰金に処する。預貯金の引出用のカードを構成する電磁的記録を不正に作った者も、同様とする。

2　不正に作られた前項の電磁的記録を、同項の目的で、人の財産上の事務処理の用に供した者も、同項と同様とする。

3　不正に作られた第一項の電磁的記録をその構成部分とするカードを、同項の目的で、譲り渡し、貸し渡し、又は輸入した者も、同項と同様とする。

刑法〔電磁的記録〕定義＝七の二〔電磁的記録不正作出等〕一六一の二〔未遂〕一六三の五

手続法

緊逮	即決	裁員	被参	医療	テロ等	公訴時効
○	○	×	×	×	Ⅱ	7

①＝未遂

緊逮	即決	裁員	被参	医療	テロ等	公訴時効
○	○	×	×	×	Ⅱ	7

未遂

特別法

第三条　第一条ニ掲ケタル物件ハ刑法ニ依リ没収スル場合ノ外何人ノ所有ヲ問ハス警察官ニ於テ之ヲ破毀スヘシ

第四条　第一条ニ掲ケタル物件ニハ明治九年布告第五十七号〔贋造金銀銅貨紙幣等取扱規則＝大正九年勅令第一八四号〔明治二年行政官達五等官以上出京ノトキ届出ノ件等廃止ノ件〕により廃止〕ヲ適用ス

（不正電磁的記録カード所持）
第一六三条の三　前条第一項の目的で、同条第三項のカードを所持した者は、五年以下の懲役又は五十万円以下の罰金に処する。

緊速	即決	裁員	被参	医療	テロ等	公訴時効
○	○	×	×	×	Ⅱ	5

（支払用カード電磁的記録不正作出準備）
第一六三条の四　第百六十三条の二第一項の犯罪行為の用に供する目的で、同項の電磁的記録の情報を取得した者は、三年以下の懲役又は五十万円以下の罰金に処する。情を知って、その情報を提供した者も、同様とする。
2　不正に取得された第百六十三条の二第一項の電磁的記録の情報を、前項の目的で保管した者も、同項と同様とする。
3　第一項の目的で、器械又は原料を準備した者も、同項と同様とする。
刑法①〔未遂〕一六三の五

緊速	即決	裁員	被参	医療	テロ等	公訴時効
○	○	×	×	×	×	3

①＝未遂

（未遂罪）
第一六三条の五　第百六十三条の二及び前条第一項の罪の未遂は、罰する。
刑法〔未遂〕四三・四四

第十九章　印章偽造の罪

（御璽偽造及び不正使用等）
第一六四条　行使の目的で、御璽、国璽又は御名を偽造した者は、二年以上の有期懲役に処する。
2　御璽、国璽若しくは御名を不正に使用し、又は偽造した御璽、国璽若しくは御名を使用した者も、前項と同様とする。
刑法②〔未遂〕一六八

緊速	即決	裁員	被参	医療	テロ等	公訴時効
○	×	×	×	×	×	10(7)

②＝未遂

（公印偽造及び不正使用等）

第一六五条　行使の目的で、公務所又は公務員の印章又は署名を偽造した者は、三月以上五年以下の懲役に処する。

２　公務所若しくは公務員の印章若しくは署名を不正に使用し、又は偽造した公務所若しくは公務員の印章若しくは署名を使用した者も、前項と同様とする。

刑法　〔公務所・公務員〕定義＝七　②〔未遂〕一六八

緊逮	即決	裁員	被参	医療	テロ等	公訴時効
○	○	×	×	×	Ⅱ	5

②＝未遂

（公記号偽造及び不正使用等）

第一六六条　行使の目的で、公務所の記号を偽造した者は、三年以下の懲役に処する。

２　公務所の記号を不正に使用し、又は偽造した公務所の記号を使用した者も、前項と同様とする。

刑法　〔公務所〕定義＝七②　②〔未遂〕一六八

緊逮	即決	裁員	被参	医療	テロ等	公訴時効
○	○	×	×	×	×	3

②＝未遂

（私印偽造及び不正使用等）

第一六七条　行使の目的で、他人の印章又は署名を偽造した者は、三年以下の懲役に処する。

２　他人の印章若しくは署名を不正に使用し、又は偽造した印章若しくは署名を使用した者も、前項と同様とする。

刑法②〔未遂〕一六八

緊逮	即決	裁員	被参	医療	テロ等	公訴時効
○	○	×	×	×	×	3

②＝未遂

（未遂罪）

第一六八条　第百六十四条第二項、第百六十五条第二項、第百六十六条第二項及び前条第二項の罪の未遂は、罰する。

刑法　〔未遂〕四三・四四

第十九章の二　不正指令電磁的記録に関する罪

（不正指令電磁的記録作成等）

第一六八条の二　正当な理由がないのに、人の電子計算機における実行の用に供する目的で、次に掲げる電磁的記録その他の記録を作成し、又は提供した者は、三年以下の懲役又は五十万円以下の罰金に処する。

一　人が電子計算機を使用するに際してその意図に沿うべき動作をさせず、又はその意図に反する動作をさせるべき不正な指令を与える電磁的記録

二　前号に掲げるもののほか、同号の不正な指令を記述した電磁的記録その他の記録

２　正当な理由がないのに、前項第一号に掲げる電磁的記録を人の電子計算機における実行の用に供した者も、同項と同様とする。

３　前項の罪の未遂は、罰する。

刑法〔電磁的記録〕定義＝七の二〔不正指令〕二三四の二・二四六の二　③〔未遂〕四三・四四

緊逮	即決	裁員	被参	医療	テロ等	公訴時効
○	○	×	×	×	×	3

②＝未遂

（不正指令電磁的記録取得等）

第一六八条の三　正当な理由がないのに、前条第一項の目的で、同項各号に掲げる電磁的記録その他の記録を取得し、又は保管した者は、二年以下の懲役又は三十万円以下の罰金に処する。

刑法〔不正取得、保管の例〕一六三の四

緊逮	即決	裁員	被参	医療	テロ等	公訴時効
×	○	×	×	×	×	3

第二十章　偽証の罪

（偽証）
第一六九条　法律により宣誓した証人が虚偽の陳述をしたときは、三月以上十年以下の懲役に処する。

緊逮	即決	裁員	被参	医療	テロ等	公訴時効
○	○	×	×	×	Ⅱ	7

自白減免

◆ **刑事訴訟法**

〔宣誓〕
第一五四条　証人には、この法律に特別の定のある場合を除いて、宣誓をさせなければならない。

〔宣誓無能力〕
第一五五条　宣誓の趣旨を理解することができない者は、宣誓をさせないで、これを尋問しなければならない。
② 前項に掲げる者が宣誓をしたときでも、その供述は、証言としての効力を妨げられない。

◆ **民事訴訟法**

（宣誓）
第二〇一条　証人には、特別の定めがある場合を除き、宣誓をさせなければならない。
2　十六歳未満の者又は宣誓の趣旨を理解することができない者を証人として尋問する場合には、宣誓をさせることができない。
3　第百九十六条の規定に該当する証人で証言拒絶の権利を行使しないものを尋問する場合には、宣誓をさせないことができる。
4　証人は、自己又は自己と第百九十六条各号に掲げる関係を有する者に著しい利害関係のある事項について尋問を受けるときは、宣誓を拒むことができる。
5　第百九十八条及び第百九十九条の規定は証人が宣誓を拒む場合について、第百九十二条及び第百九十三条の規定は宣誓拒絶を理由がないとする裁判が確定した後に証人が正当な理由なく宣誓を拒む場合について準用する。

◆ **商標法**

（偽証等の罪）
第八一条　この法律の規定により宣誓した証人、鑑定人又は通訳人が特許庁又はその嘱託を受けた裁判所に対し虚偽の陳述、鑑定又は通訳をしたときは、三月以上十年以下の懲役に処する。

刑法（一七〇条・一七一条）

（自白による刑の減免）

第一七〇条　前条の罪を犯した者が、その証言をした事件について、その裁判が確定する前又は懲戒処分が行われる前に自白したときは、その刑を減軽し、又は免除することができる。

刑法〔刑の減軽〕減軽の方法＝六八—七〇

（虚偽鑑定等）

第一七一条　法律により宣誓した鑑定人、通訳人又は翻訳人が虚偽の鑑定、通訳又は翻訳をしたときは、前二条の例による。

手続法

◆刑事訴訟法

〔刑の免除の判決〕

第三三四条　被告事件について刑を免除するときは、判決でその旨の言渡をしなければならない。

〔控訴提起期間〕

第三七三条　控訴の提起期間は、十四日とする。

〔準用規定〕

第四一四条　前章の規定は、この法律に特別の定のある場合を除いては、上告の審判についてこれを準用する。

⬇第二章　控訴

〔上告判決の確定〕

第四一八条　上告裁判所の判決は、宣告があつた日から**第四百十五条**の期間を経過したとき、又はその期間内に同条第一項の申立があつた場合には訂正の判決若しくは申立を棄却する決定があつたときに、確定する。

⬇第四一五条〔訂正の判決〕

◆民事訴訟法

（控訴期間）

第二八五条　控訴は、判決書又は第二百五十四条第二項の調書の送達を受けた日から二週間の不変期間内に提起しなければならない。ただし、その期間前に提起した控訴の効力を妨げない。

（控訴の規定の準用）

第三一三条　前章の規定は、特別の定めがある場合を除き、上告及び上告審の訴訟手続について準用する。

自白減免

緊速	即決	裁員	被参	医療	テロ等	公訴時効
○	○	×	×	×	×	7

◆刑事訴訟法

〔宣誓〕

第一六六条　鑑定人には、宣誓をさせなければならない。

特別法

◆商標法

（偽証等の罪）

第八一条

2　前項の罪を犯した者が事件の判定の謄本が送達され、又は登録異議の申立てについての決定若しくは審決が確定する前に自白したときは、その刑を減軽し、又は免除することができる。

◆商標法

（偽証等の罪）

第八一条　この法律の規定により宣誓した証人、鑑定人又は通訳人が特許庁又はその嘱託を受けた裁判所に対し虚偽の陳述、鑑定又は通訳をしたときは、三月以上十年以下の懲役に処する。

刑法（一七二条）

第二十一章　虚偽告訴の罪

（虚偽告訴等）
第一七二条　人に刑事又は懲戒の処分を受けさせる目的で、虚偽の告訴、告発その他の申告をした者は、三月以上十年以下の懲役に処する。

刑法〔刑事の処分〕九

手続法

（準用規定）
第一七八条　前章の規定は、通訳及び翻訳についてこれを準用する。

➡第一二章　鑑定

◆**民事訴訟法**

（通訳人の立会い等）
第一五四条
２　鑑定人に関する規定は、通訳人について準用する。

（証人尋問の規定の準用）
第二一六条　第百九十一条の規定は公務員又は公務員であった者に鑑定人として職務上の秘密について意見を述べさせる場合について、第百九十七条から第百九十九条までの規定は鑑定人が鑑定を拒む場合について、第二百一条第一項の規定は鑑定人に宣誓をさせる場合について、第百九十二条及び第百九十三条の規定は鑑定人が正当な理由なく出頭しない場合、鑑定人が宣誓を拒む場合及び鑑定拒絶を理由がないとする裁判が確定した後に鑑定人が正当な理由なく鑑定を拒む場合について準用する。

緊速	即決	裁員	被参	医療	テロ等	公訴時効
○	○	×	×	×	×	7

自白減免

◆**刑事訴訟法**

（告訴権者）
第二三〇条　犯罪により害を被つた者は、告訴をすることができる。

（告発）
第二三九条　何人でも、犯罪があると思料するときは、告発をすることができる。
②　官吏又は公吏は、その職務を行うことにより犯罪があると思料するときは、告発をしなければならない。

特別法

◆**国家公務員法**

（懲戒の場合）
第八二条　職員が、次の各号のいずれかに該当する場合においては、これに対し懲戒処分として、免職、停職、減給又は戒告の処分をすることができる。
一　この法律若しくは国家公務員倫理法又はこれらの法律に基づく命令（国家公務員倫理法第五条第三項の規定に基づく訓令及び同条第四項の規定に基づく規則を含む。）に違反した場合
二　職務上の義務に違反し、又は職務を怠つた場合
三　国民全体の奉仕者たるにふさわしくない非行のあつた場合
②　職員が、任命権者の要請に応じ特別職に属する国家公務員、地方公務員又は沖縄振興開発金融公庫その他その業務が国の事務若しくは事業と密接な関連を有する法人のうち人事院規則で定めるものに使用される者（以下この項において「特別職国家公務員等」という。）となるため退職し、引き続き特別職国家公務員等として在職した後、引き続いて当該退職を前提として

（自白による刑の減免）

第一七三条　前条の罪を犯した者が、その申告をした事件について、その裁判が確定する前又は懲戒処分が行われる前に自白したときは、その刑を減軽し、又は免除することができる。

刑法〔裁判の確定〕一七〇〔刑の減軽〕減軽の方法＝六八—七〇

〔刑の言渡しの判決、刑の執行猶予の言渡し〕

第三三三条　被告事件について犯罪の証明があつたときは、第三百三十四条の場合を除いては、判決で刑の言渡をしなければならない。

② 刑の執行猶予は、刑の言渡しと同時に、判決でその言渡しをしなければならない。猶予の期間中保護観察に付する場合も、同様とする。

⬇第三三四条〔刑の免除の判決〕

◆刑事訴訟法

〔刑の免除の判決〕

第三三四条　被告事件について刑を免除するときは、判決でその旨の言渡をしなければならない。

職員として採用された場合（一の特別職国家公務員等として在職した後、引き続き一以上の特別職国家公務員等として在職し、引き続いて当該退職を前提として職員として採用された場合を含む。）において、当該退職までの引き続く職員としての在職期間（当該退職前に同様の退職（以下この項において「先の退職」という。）、特別職国家公務員等としての在職及び職員としての採用がある場合には、当該先の退職までの引き続く職員としての在職期間を含む。以下この項において「要請に応じた退職前の在職期間」という。）中に前項各号のいずれかに該当したときは、これに対し同項に規定する懲戒処分を行うことができる。職員が、第八十一条の四第一項又は第八十一条の五第一項の規定により採用された場合において、定年退職者等となつた日までの引き続く職員としての在職期間（要請に応じた退職前の在職期間を含む。）又は第八十一条の四第一項若しくは第八十一条の五第一項の規定によりかつて採用されて職員として在職していた期間中に前項各号のいずれかに該当したときも、同様とする。

◆軽犯罪法

〔軽犯罪〕

第一条　左の各号の一に該当する者は、これを拘留又は科料に処する。

十六　虚構の犯罪又は災害の事実を公務員に申し出た者

◆国家公務員法

〔懲戒の場合〕

第八二条　職員が、次の各号のいずれかに該当する場合においては、これに対し懲戒処分として、免職、停職、減給又は戒告の処分をすることができる。

一　この法律若しくは国家公務員倫理法又はこれらの法律に基づく命令（国家公務員倫理法第五条第三項の規定に基づく訓令及び同条第四項の規定に基づく規則を含む。）に違反した場合

二　職務上の義務に違反し、又は職務を怠つた場合

三　国民全体の奉仕者たるにふさわしくない非行のあつた場合

② 職員が、任命権者の要請に応じ特別職に属する国家公務員、地方公務員又は沖縄振興開発金融公庫その他その業務が国の事務若しくは事業と密接な関連を有する法人のうち人事院規則で

刑法（一七三条）
手続法
特別法

定めるものに使用される者（以下この項において「特別職国家公務員等」という。）となるため退職し、引き続き特別職国家公務員等として在職した後、引き続いて当該退職を前提として職員として採用された場合（一の特別職国家公務員等として在職した後、引き続き一以上の特別職国家公務員等として在職し、引き続いて当該退職を前提として職員として採用された場合を含む。）において、当該退職までの引き続く職員としての在職期間（当該退職前に同様の退職（以下この項において「先の退職」という。）、特別職国家公務員等としての在職及び職員としての採用がある場合には、当該先の退職までの引き続く職員としての在職期間を含む。以下この項において「要請に応じた退職前の在職期間」という。）中に前項各号のいずれかに該当したときは、これに対し同項に規定する懲戒処分を行うことができる。職員が、第八十一条の四第一項又は第八十一条の五第一項の規定により採用された場合において、定年退職者等となつた日までの引き続く職員としての在職期間（要請に応じた退職前の在職期間を含む。）又は第八十一条の四第一項若しくは第八十一条の五第一項の規定によりかつて採用されて職員として在職していた期間中に前項各号のいずれかに該当したときも、同様とする。

◆地方公務員法

（懲戒）

第二九条　職員が次の各号の一に該当する場合においては、これに対し懲戒処分として戒告、減給、停職又は免職の処分をすることができる。

一　この法律若しくは第五十七条に規定する特例を定めた法律又はこれに基く条例、地方公共団体の規則若しくは地方公共団体の機関の定める規程に違反した場合

二　職務上の義務に違反し、又は職務を怠つた場合

三　全体の奉仕者たるにふさわしくない非行のあつた場合

2　職員が、任命権者の要請に応じ当該地方公共団体の特別職に属する地方公務員、他の地方公共団体若しくは特定地方独立行政法人の地方公務員、国家公務員又は地方公社（地方住宅供給公社、地方道路公社及び土地開発公社をいう。）その他その業務が地方公共団体若しくは国の事務若しくは事業と密接な関連を有する法人のうち条例で定めるものに使用される者（以下この項において「特別職地方公務員等」という。）となるため退

第二十二章　わいせつ、強制性交等及び重婚の罪

（公然わいせつ）
第一七四条　公然とわいせつな行為をした者は、六月以下の懲役若しくは三十万円以下の罰金又は拘留若しくは科料に処する。

緊逮	即決	裁員	被参	医療	テロ等	公訴時効
×	○	×	×	×	×	3

職し、引き続き特別職地方公務員等として在職した後、引き続いて当該退職を前提として職員として採用された場合（一の特別職地方公務員等として在職した後、引き続き一以上の特別職地方公務員等として在職し、引き続いて当該退職を前提として職員として採用された場合を含む。）において、当該退職までの引き続く職員としての在職期間（当該退職前に同様の退職（以下この項において「先の退職」という。）、特別職地方公務員等としての在職及び職員としての採用がある場合には、当該先の退職までの引き続く職員としての在職期間を含む。次項において「要請に応じた退職前の在職期間」という。）中に前項各号のいずれかに該当したときは、これに対し同項に規定する懲戒処分を行うことができる。

3　職員が、第二十八条の四第一項又は第二十八条の五第一項の規定により採用された場合において、定年退職者等となつた日までの引き続く職員としての在職期間（要請に応じた退職前の在職期間を含む。）又はこれらの規定によりかつて採用されて職員として在職していた期間中に第一項各号の一に該当したときは、これに対し同項に規定する懲戒処分を行うことができる。

4　職員の懲戒の手続及び効果は、法律に特別の定がある場合を除く外、条例で定めなければならない。

◆軽犯罪法

〔軽犯罪〕
第一条　左の各号の一に該当する者は、これを拘留又は科料に処する。

二十　公衆の目に触れるような場所で公衆にけん悪の情を催させるような仕方でしり、ももその他身体の一部をみだりに露出した者

二十三　正当な理由がなくて人の住居、浴場、更衣場、便所その他人が通常衣服をつけないでいるような場所をひそかにのぞき見た者

刑法（一七五条）

（わいせつ物頒布等）

第一七五条　わいせつな文書、図画、電磁的記録に係る記録媒体その他の物を頒布し、又は公然と陳列した者は、二年以下の懲役若しくは二百五十万円以下の罰金若しくは科料に処し、又は懲役及び罰金を併科する。電気通信の送信によりわいせつな電磁的記録その他の記録を頒布した者も、同様とする。

2　有償で頒布する目的で、前項の物を所持し、又は同項の電磁的記録を保管した者も、同項と同様とする。

刑法〔電磁的記録〕定義＝七の二

手続法

緊速	即決	裁員	被参	医療	テロ等	公訴時効
×	○	×	×	×	×	3

◆ **日本国憲法**

〔集会・結社・表現の自由、通信の秘密〕

第二一条　集会、結社及び言論、出版その他一切の表現の自由は、これを保障する。

②　検閲は、これをしてはならない。通信の秘密は、これを侵してはならない。

特別法

◆ **電波法**

第一〇八条　無線設備又は第百条第一項第一号の通信設備によってわいせつな通信を発した者は、二年以下の懲役又は百万円以下の罰金に処する。

◆ **児童買春、児童ポルノに係る行為等の規制及び処罰並びに児童の保護等に関する法律**

（定義）

第二条

3　この法律において「児童ポルノ」とは、写真、電磁的記録（電子的方式、磁気的方式その他人の知覚によっては認識することができない方式で作られる記録であって、電子計算機による情報処理の用に供されるものをいう。以下同じ。）に係る記録媒体その他の物であって、次の各号のいずれかに掲げる児童の姿態を視覚により認識することができる方法により描写したものをいう。

一　児童を相手方とする又は児童による性交又は性交類似行為に係る児童の姿態

二　他人が児童の性器等を触る行為又は児童が他人の性器等を触る行為に係る児童の姿態であって性欲を興奮させ又は刺激するもの

三　衣服の全部又は一部を着けない児童の姿態であって、殊更に児童の性的な部位（性器等若しくはその周辺部、臀《でん》部又は胸部をいう。）が露出され又は強調されているものであり、かつ、性欲を興奮させ又は刺激するもの

（児童買春、児童ポルノの所持その他児童に対する性的搾取及び性的虐待に係る行為の禁止）

第三条の二　何人も、児童買春をし、又はみだりに児童ポルノを所持し、若しくは第二条第三項各号のいずれかに掲げる児童の姿態を視覚により認識することができる方法により描写した情報を記録した電磁的記録を保管することその他児童に対する性的搾取又は性的虐待に係る行為をしてはならない。

（児童ポルノ所持、提供等）

第七条　自己の性的好奇心を満たす目的で、児童ポルノを所持した者（自己の意思に基づいて所持するに至った者であり、かつ、当該者であることが明らかに認められる者に限る。）は、一年以下の懲役又は百万円以下の罰金に処する。自己の性的好奇心を満たす目的で、第二条第三項各号のいずれかに掲げる児

（わいせつ物頒布等）

第一七五条 わいせつな文書、図画、電磁的記録に係る記録媒体その他の物を頒布し、又は公然と陳列した者は、二年以下の懲役若しくは二百五十万円以下の罰金若しくは科料に処し、又は懲役及び罰金を併科する。電気通信の送信によりわいせつな電磁的記録その他の記録を頒布した者も、同様とする。

2 有償で頒布する目的で、前項の物を所持し、又は同項の電磁的記録を保管した者も、同項と同様とする。

刑法 〔電磁的記録〕定義＝七の二

童の姿態を視覚により認識することができる方法により描写した情報を記録した電磁的記録を保管した者（自己の意思に基づいて保管するに至った者であり、かつ、当該者であることが明らかに認められる者に限る。）も、同様とする。

〔なお、本項は、改正附則により平成二六・七・一五から一年間は、適用しないこととされている。〕

2 児童ポルノを提供した者は、三年以下の懲役又は三百万円以下の罰金に処する。電気通信回線を通じて第二条第三項各号のいずれかに掲げる児童の姿態を視覚により認識することができる方法により描写した情報を記録した電磁的記録その他の記録を提供した者も、同様とする。

3 前項に掲げる行為の目的で、児童ポルノを製造し、所持し、運搬し、本邦に輸入し、又は本邦から輸出した者も、同項と同様とする。同項に掲げる行為の目的で、同項の電磁的記録を保管した者も、同様とする。

4 前項に規定するもののほか、児童に第二条第三項各号のいずれかに掲げる姿態をとらせ、これを写真、電磁的記録に係る記録媒体その他の物に描写することにより、当該児童に係る児童ポルノを製造した者も、第二項と同様とする。

5 前二項に規定するもののほか、ひそかに第二条第三項各号のいずれかに掲げる児童の姿態を写真、電磁的記録に係る記録媒体その他の物に描写することにより、当該児童に係る児童ポルノを製造した者も、第二項と同様とする。

6 児童ポルノを不特定若しくは多数の者に提供し、又は公然と陳列した者は、五年以下の懲役若しくは五百万円以下の罰金に処し、又はこれを併科する。電気通信回線を通じて第二条第三項各号のいずれかに掲げる児童の姿態を視覚により認識することができる方法により描写した情報を記録した電磁的記録その他の記録を不特定又は多数の者に提供した者も、同様とする。

7 前項に掲げる行為の目的で、児童ポルノを製造し、所持し、運搬し、本邦に輸入し、又は本邦から輸出した者も、同項と同様とする。同項に掲げる行為の目的で、同項の電磁的記録を保管した者も、同様とする。

8 第六項に掲げる行為の目的で、児童ポルノを外国に輸入し、又は外国から輸出した日本国民も、同項と同様とする。

（強制わいせつ）
第一七六条　十三歳以上の者に対し、暴行又は脅迫を用いてわいせつな行為をした者は、六月以上十年以下の懲役に処する。十三歳未満の者に対し、わいせつな行為をした者も、同様とする。

刑法　〔未遂〕一八〇　〔致死傷〕一八一①

緊速	即決	裁員	被参	医療	テロ等	公訴時効
○	○	×	○	○	Ⅱ	7(5)
未遂						

◆年齢計算ニ関スル法律
①年齢ハ出生ノ日ヨリ之ヲ起算ス
②民法第百四十三条ノ規定ハ年齢ノ計算ニ之ヲ準用ス
③明治六年第三十六号布告〔年齢計算方ヲ定ム〕ハ之ヲ廃止ス

（強制性交等）
第一七七条　十三歳以上の者に対し、暴行又は脅迫を用いて性交、肛《こう》門性交又は口腔《くう》性交（以下「性交等」という。）をした者は、強制性交等の罪とし、五年以上の有期懲役に処する。十三歳未満の者に対し、性交等をした者も、同様とする。

緊速	即決	裁員	被参	医療	テロ等	公訴時効
○	×	×	○	○	Ⅰ	10(7)
未遂						

◆児童福祉法
（禁止行為）
第三四条　何人も、次に掲げる行為をしてはならない。
六　児童に淫《いん》行をさせる行為

◆児童買春、児童ポルノに係る行為等の規制及び処罰並びに児童の保護等に関する法律
（定義）
第二条
2　この法律において「児童買春」とは、次の各号に掲げる者に対し、対償を供与し、又はその供与の約束をして、当該児童に対し、性交等（性交若しくは性交類似行為をし、又は自己の性的好奇心を満たす目的で、児童の性器等（性器、肛門又は乳首をいう。以下同じ。）を触り、若しくは児童に自己の性器等を触らせることをいう。以下同じ。）をすることをいう。
一　児童
二　児童に対する性交等の周旋をした者
三　児童の保護者（親権を行う者、未成年後見人その他の者で、児童を現に監護するものをいう。以下同じ。）又は児童をその支配下に置いている者

（児童買春、児童ポルノの所持その他児童に対する性的搾取及び性的虐待に係る行為の禁止）
第三条の二　何人も、児童買春をし、又はみだりに児童ポルノを所持し、若しくは第二条第三項各号のいずれかに掲げる児童の姿態を視覚により認識することができる方法により描写した情報を記録した電磁的記録を保管することその他児童に対する性的搾取又は性的虐待に係る行為をしてはならない。

（児童買春）
第四条　児童買春をした者は、五年以下の懲役又は三百万円以下の罰金に処する。

刑法〔未遂〕一八〇〔致死傷〕一八一②〔強盗・強制性交等〕二四一

（準強制わいせつ及び準強制性交等）

第一七八条　人の心神喪失若しくは抗拒不能に乗じ、又は心神を喪失させ、若しくは抗拒不能にさせて、わいせつな行為をした者は、第百七十六条の例による。

2　人の心神喪失若しくは抗拒不能に乗じ、又は心神を喪失させ、若しくは抗拒不能にさせて、性交等をした者は、前条の例による。

刑法〔未遂〕一八〇〔致死傷〕一八一①②〔強盗・強制性交等〕二四一

◆年齢計算ニ関スル法律

①年齢ハ出生ノ日ヨリ之ヲ起算ス

②民法第百四十三条ノ規定ハ年齢ノ計算ニ之ヲ準用ス

③明治六年第三十六号布告〔年齢計算方ヲ定ム〕ハ之ヲ廃止ス

緊逮	即決	裁員	被参	医療	テロ等	公訴時効
○	①○ ②×	×	○	○	①Ⅱ ②Ⅰ	①＝7（5） ②＝10（7）

未遂

〔平二九・六・二三法七二改正により削除された旧第一七八条の二〕

（集団強姦等）

第一七八条の二　二人以上の者が現場において共同して第百七十七条又は前条第二項の罪を犯したときは、四年以上の有期懲役に処する。

（監護者わいせつ及び監護者性交等）

第一七九条　十八歳未満の者に対し、その者を現に監護する者であることによる影響力があることに乗じてわいせつな行為をした者は、第百七十六条の例による。

2　十八歳未満の者に対し、その者を現に監護する者であることによる影響力があることに乗じて性交等をした者は、第百七十七条の例による。

刑法〔未遂〕一八〇〔致死傷〕一八一①②

緊逮	即決	裁員	被参	医療	テロ等	公訴時効
○	①○ ②×	×	○	○	×	①＝7 ②＝10

未遂

刑法（一八〇条—一八三条）

（未遂罪）

第一八〇条　第百七十六条から前条までの罪の未遂は、罰する。

刑法〔未遂〕四三・四四

（強制わいせつ等致死傷）

第一八一条　第百七十六条、第百七十八条第一項若しくは第百七十九条第一項の罪又はこれらの罪の未遂罪を犯し、よって人を死傷させた者は、無期又は三年以上の懲役に処する。

2　第百七十七条、第百七十八条第二項若しくは第百七十九条第二項の罪又はこれらの罪の未遂罪を犯し、よって人を死傷させた者は、無期又は六年以上の懲役に処する。

手続法

緊逮	即決	裁員	被参	医療	テロ等	公訴時効
○	×	○	○	○	×	15(10) 致死=30(15)

◆少年法

（死刑と無期刑の緩和）

第五一条

2　罪を犯すとき十八歳に満たない者に対しては、無期刑をもつて処断すべきときであつても、有期の懲役又は禁錮を科することができる。この場合において、その刑は、十年以上二十年以下において言い渡す。

〔平二九・六・二三法七二改正により削除された旧第一八一条第三項〕

3　第百七十八条の二の罪又はその未遂罪を犯し、よって女子を死傷させた者は、無期又は六年以上の懲役に処する。

（淫行勧誘）

第一八二条　営利の目的で、淫行の常習のない女子を勧誘して姦《かん》淫させた者は、三年以下の懲役又は三十万円以下の罰金に処する。

緊逮	即決	裁員	被参	医療	テロ等	公訴時効
○	○	×	×	×	×	3

特別法

◆売春防止法

（周旋等）

第六条　売春の周旋をした者は、二年以下の懲役又は五万円以下の罰金に処する。

2　売春の周旋をする目的で、次の各号の一に該当する行為をした者の処罰も、前項と同様とする。

一　人を売春の相手方となるように勧誘すること。

二　売春の相手方となるように勧誘するため、道路その他公共の場所で、人の身辺に立ちふさがり、又はつきまとうこと。

〔姦通罪〕

第一八三条　削除

（重婚）

第一八四条 配偶者のある者が重ねて婚姻をしたときは、二年以下の懲役に処する。その相手方となって婚姻をした者も、同様とする。

緊速	即決	裁員	被参	医療	テロ等	公訴時効
×	○	×	×	×	×	3

◆ 民法

（重婚の禁止）

第七三二条 配偶者のある者は、重ねて婚姻をすることができない。

（婚姻の届出）

第七三九条 婚姻は、戸籍法（昭和二十二年法律第二百二十四号）の定めるところにより届け出ることによって、その効力を生ずる。

2 前項の届出は、当事者双方及び成年の証人二人以上が署名した書面で、又はこれらの者から口頭で、しなければならない。

（不適法な婚姻の取消し）

第七四四条 第七百三十一条から第七百三十六条までの規定に違反した婚姻は、各当事者、その親族又は検察官から、その取消しを家庭裁判所に請求することができる。ただし、検察官は、

三 広告その他これに類似する方法により人を売春の相手方となるように誘引すること。

（困惑等による売春）

第七条 人を欺き、若しくは困惑させてこれに売春をさせ、又は親族関係による影響力を利用して人に売春をさせた者は、三年以下の懲役又は十万円以下の罰金に処する。

2 人を脅迫し、又は人に暴行を加えてこれに売春をさせた者は、三年以下の懲役又は三年以下の懲役及び十万円以下の罰金に処する。

3 前二項の未遂罪は、罰する。

◆ 児童福祉法

（禁止行為）

第三四条 何人も、次に掲げる行為をしてはならない。

六 児童に淫《いん》行をさせる行為

（罰則）

第六〇条 第三十四条第一項第六号の規定に違反した者は、十年以下の懲役若しくは三百万円以下の罰金に処し、又はこれを併科する。

刑法（一八五条・一八六条）

第二十三章　賭博《と》及び富くじに関する罪

（賭博《と》）

第一八五条　賭博《と》をした者は、五十万円以下の罰金又は科料に処する。ただし、一時の娯楽に供する物を賭《か》けたにとどまるときは、この限りでない。

（常習賭博及び賭博場開張等図利）

第一八六条　常習として賭博をした者は、三年以下の懲役に処する。

2　賭博場を開張し、又は博徒を結合して利益を図った者は、三月以上五年以下の懲役に処する。

例示（特別規定）本条の適用を妨げず＝金商二〇二

手続法

当事者の一方が死亡した後は、これを請求することができない。

2　第七百三十二条又は第七百三十三条の規定に違反した婚姻については、当事者の配偶者又は前配偶者も、その取消しを請求することができる。

緊速	即決	裁員	被参	医療	テロ等	公訴時効
×	○	×	×	×	×	3

緊速	即決	裁員	被参	医療	テロ等	公訴時効
○	○	×	×	×	×	①3 ②5

特別法

◆金融商品取引法

第二〇二条　取引所金融商品市場によらないで、取引所金融商品市場における相場（取引所金融商品市場における金融商品の価格又は利率等に基づき算出される金融指標を含む。）により差金の授受を目的とする行為をした者は、一年以下の懲役若しくは百万円以下の罰金に処し、又はこれを併科する。ただし、刑法第百八十六条の規定の適用を妨げない。

2　前項の規定は、次に掲げる取引については、適用しない。

一　金融商品取引業者（第二十八条第一項に規定する第一種金融商品取引業を行う者に限る。以下この項において同じ。）又は第三十三条第一項に規定する銀行、協同組織金融機関その他政令で定める金融機関が一方の当事者となる店頭デリバティブ取引

二　金融商品取引業者又は第三十三条第一項に規定する銀行、協同組織金融機関その他政令で定める金融機関が媒介、取次ぎ若しくは代理を行う店頭デリバティブ取引

三　商品先物取引業者又は商品先物取引法第三百四十九条第一項の届出をした者が一方の当事者となる取引

◆組織的な犯罪の処罰及び犯罪収益の規制等に関する法律

（組織的な殺人等）

第三条　次の各号に掲げる罪に当たる行為が、団体の活動（団体の意思決定に基づく行為であって、その効果又はこれによる利益が当該団体に帰属するものをいう。以下同じ。）として、当該罪に当たる行為を実行するための組織により行われたときは、その罪を犯した者は、当該各号に定める刑に処する。

五　刑法第百八十六条第一項（常習賭博）の罪　五年以下の懲

（常習賭博及び賭博場開張等図利）

第一八六条 常習として賭博をした者は、三年以下の懲役に処する。

2 賭博場を開張し、又は博徒を結合して利益を図った者は、三月以上五年以下の懲役に処する。

例示〔特別規定〕本条の適用を妨げず＝金商二〇二

役

六 刑法第百八十六条第二項（賭博場開張等図利）の罪 三月以上七年以下の懲役

◆暴力行為等処罰ニ関スル法律

〔常習的傷害罪、暴行罪、脅迫罪、器物損壊罪〕

第一条ノ三 常習トシテ刑法第二百四条、第二百八条、第二百二十二条又ハ第二百六十一条ノ罪ヲ犯シタル者人ヲ傷害シタルモノナルトキハ一年以上十五年以下ノ懲役ニ処シ其ノ他ノ場合ニ在リテハ三月以上五年以下ノ懲役ニ処ス

〔集団的・常習的面会強請罪・強談威迫罪〕

第二条

② 常習トシテ故ナク面会ヲ強請シ又ハ強談威迫ノ行為ヲ為シタル者ノ罰亦前項ニ同シ

◆盗犯等ノ防止及処分ニ関スル法律

〔常習特殊窃盗罪・同強盗罪〕

第二条 常習トシテ左ノ各号ノ方法ニ依リ刑法第二百三十五条、第二百三十六条、第二百三十八条若ハ第二百三十九条ノ罪又ハ其ノ未遂罪ヲ犯シタル者ニ対シ窃盗ヲ以テ論ズベキトキハ三年以上、強盗ヲ以テ論ズベキトキハ七年以上ノ有期懲役ニ処ス

一 兇器ヲ携帯シテ犯シタルトキ

二 二人以上現場ニ於テ共同シテ犯シタルトキ

三 門戸牆壁等ヲ踰越損壊シ又ハ鎖鑰ヲ開キ人ノ住居又ハ人ノ看守スル邸宅、建造物若ハ艦船ニ侵入シテ犯シタルトキ

四 夜間人ノ住居又ハ人ノ看守スル邸宅、建造物若ハ艦船ニ侵入シテ犯シタルトキ

〔常習累犯窃盗罪・同強盗罪〕

第三条 常習トシテ前条ニ掲ゲタル刑法各条ノ罪又ハ其ノ未遂罪ヲ犯シタル者ニシテ其ノ行為前十年内ニ此等ノ罪又ハ此等ノ罪ト他ノ罪トノ併合罪ニ付三回以上六月ノ懲役以上ノ刑ノ執行ヲ受ケ又ハ其ノ執行ノ免除ヲ得タルモノニ対シ刑ヲ科スベキトキハ前条ノ例ニ依ル

〔常習強盗致傷罪・常習強盗・強制性交等罪〕

第四条 常習トシテ刑法第二百四十条ノ罪（人ヲ傷シタルトキニ限ル）又ハ第二百四十一条第一項ノ罪ヲ犯シタル者ハ無期又ハ十年以上ノ懲役ニ処ス

◆自転車競技法

第一章 競輪の実施

（競輪の施行）
第一条　都道府県及び人口、財政等を勘案して総務大臣が指定する市町村（以下「指定市町村」という。）は、自転車その他の機械の改良及び輸出の振興、機械工業の合理化並びに体育事業その他の公益の増進を目的とする事業の振興に寄与するとともに、地方財政の健全化を図るため、この法律により、自転車競走を行うことができる。

5　第一項に掲げる者（以下「競輪施行者」という。）以外の者は、勝者投票券（以下「車券」という。）その他これに類似するものを発売して、自転車競走を行つてはならない。

（車券を購入又は譲り受けてはならない者）
第一〇条　次の各号のいずれかに該当する者は、当該各号に掲げる競輪について、車券を購入し、又は譲り受けてはならない。
一　競輪に関係する政府職員及び競輪施行者の職員にあつては、すべての競輪
二　競輪振興法人及び競技実施法人の役職員並びに競輪の選手にあつては、すべての競輪
三　前二号に掲げる者を除き、車券の発売等、競輪場内の整理及び警備その他競輪の事務に従う者にあつては、当該競輪

〔罰則〕
第五六条　次の各号のいずれかに該当する者は、五年以下の懲役若しくは五百万円以下の罰金に処し、又はこれを併科する。
一　第一条第五項の規定に違反した者
二　競輪に関して、勝者投票類似の行為をさせて財産上の利益を図つた者

第五七条　次の各号のいずれかに該当する者は、三年以下の懲役若しくは三百万円以下の罰金に処し、又はこれを併科する。
一　第十条各号のいずれかに該当する者であつて当該各号に掲げる競輪に関し前条第二号の違反行為の相手方となつたもの
二　業として車券の購入の委託を受け、又は財産上の利益を図る目的をもつて不特定多数の者から車券の購入の委託を受けた者

第五八条　次の各号のいずれかに該当する者は、百万円以下の罰金に処する。
一　第十条の規定に違反した者
二　第五十六条第一号の違反行為の相手方となつた者
三　第十条第三号に該当する者であつて同号に掲げる競輪以外

（常習賭博及び賭博場開張等図利）

第一八六条　常習として賭博をした者は、三年以下の懲役に処する。

2　賭博場を開張し、又は博徒を結合して利益を図った者は、三月以上五年以下の懲役に処する。

例示〔特別規定〕本条の適用を妨げず＝金商二〇二

の競輪に関し第五十六条第二号の違反行為の相手方となつたもの又は第十条各号に掲げる者以外の者であつて第五十六条第二号の違反行為の相手方となつたもの

◆競馬法

（競馬の施行）

第一条の二　日本中央競馬会又は都道府県は、この法律により、競馬を行うことができる。

2　次の各号のいずれかに該当する市町村（特別区を含む。以下同じ。）で、その財政上の特別の必要を考慮して総務大臣が農林水産大臣と協議して指定するもの（以下「指定市町村」という。）は、その指定のあつた日から、その特別の必要がやむ時期としてその指定に付した期限が到来する日までの間に限り、この法律により、競馬を行うことができる。

一　著しく災害を受けた市町村

二　その区域内に地方競馬場が存在する市町村

3　総務大臣は、前項の規定により市町村を指定しようとするときは、地方財政審議会の意見を聴かなければならない。

4　第二項の規定による指定には、条件を付することができる。

5　日本中央競馬会が行う競馬は、中央競馬といい、都道府県又は指定市町村が行う競馬は、地方競馬という。

6　日本中央競馬会、都道府県又は指定市町村以外の者は、勝馬投票券その他これに類似するものを発売して、競馬を行つてはならない。

（脱法行為の禁止）

第二七条　何人も、いかなる名義をもつてするを問わず、第一条の二第六項の規定を免れる行為をすることができない。

〔罰則〕

第三〇条　次の各号のいずれかに該当する者は、五年以下の懲役又は五百万円以下の罰金に処する。

一　第一条の二第六項の規定に違反した者

二　第二十七条の規定に違反した者

三　中央競馬の競走若しくは地方競馬の競走又は日本中央競馬会、都道府県若しくは指定市町村が勝馬投票券を発売する海外競馬の競走に関し勝馬投票類似の行為をさせて財産上の利益を図つた者

第三一条　次の各号の一に該当する者は、三年以下の懲役又は三百万円以下の罰金に処する。

一　業として勝馬投票券の購入の委託を受け、又は財産上の利益を図る目的をもつて不特定多数の者から勝馬投票券の購入の委託を受けた者

二　出走すべき馬につき、その馬の競走能力を一時的にたかめ又は減ずる薬品又は薬剤を使用した者

三　競走について財産上の利益を得、又は他人に得させるため競走において馬の全能力を発揮させなかつた騎手

◆モーターボート競走法

（競走の施行）

第二条　都道府県及び人口、財政等を考慮して総務大臣が指定する市町村（以下「施行者」という。）は、その議会の議決を経て、この法律の規定により、モーターボート競走（以下「競走」という。）を行うことができる。

2　総務大臣は、必要があると認めるときは、前項の指定に期限又は条件を附することができる。

3　総務大臣は、第一項の規定により指定された市町村が一年以上引き続き競走を行わなかつたとき、又はこれらの市町村について指定の理由がなくなつたと認めるときは、その指定を取り消すことができる。

4　総務大臣は、第一項の規定による指定をし、又は前項の規定による指定の取消しをしようとするときは、国土交通大臣に協議するとともに、地方財政審議会の意見を聴かなければならない。

5　施行者以外の者は、勝舟投票券（以下「舟券」という。）その他これに類似するものを発売して、競走を行つてはならない。

（舟券の購入等の禁止）

第十一条　次の各号のいずれかに該当する者は、当該各号に掲げる競走について、舟券を購入し、又は譲り受けてはならない。

一　競走に関係する政府職員及び施行者の職員にあつては、すべての競走

二　競走実施機関の役職員及び競走の選手にあつては、すべての競走

三　前二号に掲げる者を除き、入場料の徴収、舟券の発売等、競走場内の整理及び警備その他競走の事務に従事する者にあつては、当該競走

〔罰則〕

（常習賭博及び賭博場開張等図利）

第一八六条　常習として賭博をした者は、三年以下の懲役に処する。

2　賭博場を開張し、又は博徒を結合して利益を図った者は、三月以上五年以下の懲役に処する。

例示〔特別規定〕本条の適用を妨げず＝金商二〇二

第六五条　次の各号のいずれかに該当する者は、五年以下の懲役若しくは五百万円以下の罰金に処し、又はこれを併科する。

一　第二条第五項の規定に違反した者

二　競走に関して、勝舟投票類似の行為をさせて財産上の利益を図つた者

第六八条　次の各号のいずれかに該当する者は、百万円以下の罰金に処する。

一　第十一条の規定に違反した者

二　第六十五条第一号の違反行為の相手方となつた者

三　第十一条第三号に該当する者であつて同号に掲げる競走以外の競走に関し第六十五条第二号の違反行為の相手方となつたもの又は第十一条各号に掲げる者以外の者であつて第六十五条第二号の違反行為の相手方となつたもの

◆小型自動車競走法

（小型自動車競走の施行）

第三条　都道府県並びに京都市、大阪市、横浜市、神戸市、名古屋市、都のすべての特別区の組織する組合及びその区域内に小型自動車競走場が存在する市町村（以下「小型自動車競走施行者」という。）は、その議会の議決を経て、この法律により、小型自動車競走を行うことができる。

2　小型自動車競走施行者以外の者は、勝車投票券その他これに類似するものを発売して、小型自動車競走を行つてはならない。

（勝車投票券）

第一二条　小型自動車競走施行者は、券面金額十円の勝車投票券を券面金額で発売することができる。

2　小型自動車競走施行者は、前項の勝車投票券十枚分以上を一枚で代表する勝車投票券を発売することができる。

3　第一項の勝車投票券については、これに記載すべき情報を記録した電磁的記録（電子的方式、磁気的方式その他人の知覚によつては認識することができない方式で作られる記録であつて、電子計算機による情報処理の用に供されるものとして経済産業省令で定めるものをいう。以下この項において同じ。）の作成をもつて、その作成に代えることができる。この場合においては、当該電磁的記録は第一項の勝車投票券と、当該電磁的記録に記録された情報の内容は同項の勝車投票券に表示された記載とみなす。

刑法（一八七条）

（富くじ発売等）

第一八七条　富くじを発売した者は、二年以下の懲役又は百五十万円以下の罰金に処する。

2　富くじ発売の取次ぎをした者は、一年以下の懲役又は百万円以下の罰金に処する。

3　前二項に規定するもののほか、富くじを授受した者は、二十万円以下の罰金又は科料に処する。

例示〔法律で認められた場合〕競馬法、自転車競技法、小型自動車競走法、モーターボート競走法

手続法

緊速	即決	裁員	被参	医療	テロ等	公訴時効
×	○	×	×	×	×	3

特別法

第一三条　未成年者は、勝車投票券を購入し、又は譲り受けてはならない。

第一四条　次の各号のいずれかに該当する者は、当該各号に掲げる小型自動車競走について、勝車投票券を購入し、又は譲り受けてはならない。

一　小型自動車競走に関係する政府職員及び小型自動車競走施行者の職員にあつては、すべての小型自動車競走

二　小型自動車競走振興法人及び競走実施法人の役職員並びに小型自動車競走の選手にあつては、すべての小型自動車競走

三　前二号に掲げる者を除き、勝車投票券の発売等、小型自動車競走場内の整理及び警備その他小型自動車競走の事務に従う者にあつては、当該小型自動車競走

〔罰則〕

第六一条　次の各号のいずれかに該当する者は、五年以下の懲役若しくは五百万円以下の罰金に処し、又はこれを併科する。

一　第三条第二項の規定に違反した者

二　小型自動車競走に関して、勝車投票類似の行為をさせて財産上の利益を図つた者

第六二条　次の各号のいずれかに該当する者は、三年以下の懲役若しくは三百万円以下の罰金に処し、又はこれを併科する。

一　第十四条各号のいずれかに該当する者であつて当該各号に掲げる小型自動車競走に関し前条第二号の違反行為の相手方となつたもの

二　業として勝車投票券の購入の委託を受け、又は財産上の利益を図る目的をもつて不特定多数の者から勝車投票券の購入の委託を受けた者

◆当せん金付証票法

（当せん金付証票の売買）

第六条　当せん金付証票の作成、売りさばきその他発売及び当せん金品の支払又は交付（以下「当せん金付証票の発売等」という。）については、都道府県知事又は特定市の市長は、当せん金付証票の発売等の事務のうち都道府県又は特定市が自ら行うものを除き、銀行その他政令で定める金融機関（以下「銀行等」という。）の申請により、その事務をこれに委託して取り扱わせることができる。

2　銀行等は、他の法律の規定にかかわらず、前項の規定により

（富くじ発売等）

第一八七条　富くじを発売した者は、二年以下の懲役又は百五十万円以下の罰金に処する。

2　富くじ発売の取次ぎをした者は、一年以下の懲役又は百万円以下の罰金に処する。

3　前二項に規定するもののほか、富くじを授受した者は、二十万円以下の罰金又は科料に処する。

例示〔法律で認められた場合〕競馬法、自転車競技法、小型自動車競走法、モーターボート競走法

委託を受けた事務を行うことができる。

3　都道府県知事又は特定市の市長は、第一項の規定による委託を行おうとする場合には、当せん金付証票の発売等の事務のうち銀行等に委託して取り扱わせるもの（以下この項において「委託対象事務」という。）の範囲及び、一定期日までに申請する銀行等に対し、委託対象事務を委託して取り扱わせ、かつ、当せん金付証票の売得金のうち、次の各号に掲げる金額の合計額に相当するものを帰属させる旨を、当該当せん金付証票の発売期間の初日の三月前まで（災害その他特別の事情に対応するための公共事業等の費用の財源に充てるために緊急に発売する必要があるものとして総務大臣が指定する当せん金付証票に係る委託対象事務を委託して取り扱わせる場合にあつては、当該当せん金付証票の発売期間の初日の一月前まで）に公告しなければならない。

一　当せん金付証票の売りさばき及び当せん金品の支払又は交付に対する一定の手数料相当額

二　前号に掲げるもの並びに当せん金付証票の購入者に支払つた当せん金及びその者に交付した当せん品の購入に必要な経費の金額（以下「手数料相当額等」という。）を除くほか、委託対象事務の実施に必要な一定の経費の金額。ただし、手数料相当額等をもつて賄われるべき経費以外の経費で委託対象事務の実施に要したものの金額が当該一定の経費の金額に満たないときは、その要した経費の金額

4　前項第一号に掲げる手数料相当額の料率は、一当せん金付証票につき、証票金額の一割を超えない範囲で、発売する都道府県知事又は特定市の市長が、これを定める。

5　第一項の規定に基づいて委託を受けた銀行等（以下「受託銀行等」という。）は、その委託に係る都道府県知事又は特定市の市長の承認を得て、他の者に同項の規定により委託を受けた事務の一部を再委託することができる。

6　都道府県知事又は特定市の市長は、前項の承認をするかどうかを判断するために必要とされる基準を定め、あらかじめ公表しなければならない。

7　何人も、当せん金付証票を転売してはならない。

（当せん金品の支払）

第一一条　当せん金付証票の当せん金品は、都道府県、特定市若しくは受託銀行等から直接に当せん金付証票を購入した者若し

くは当該購入者から贈与を受けた者又はこれらの者の相続人その他の一般承継人に対して、当せんを確認することができる当せん金付証票と引換えに、これを支払い、又は交付する。

2　当せん金付証票を発売した都道府県、特定市又は受託銀行等は、都道府県、特定市若しくは受託銀行等から直接に当せん金付証票を購入した者若しくは当該購入者から贈与を受けた者又はこれらの者の相続人その他の一般の承継人に対してのみ、その当せん金品を支払い、又は交付する責めに任ずる。

（受託銀行等の経理）

第一四条　受託銀行等は、第六条第一項の規定により委託を受けた事務に関する経理については、その通常の業務の勘定と別な勘定を設けて行い、かつ、その勘定に属する資金を、総務省令で定めるところにより確実かつ有利な方法により管理する場合を除き、貸付け、投資その他の通常の業務に使用してはならない。

（報告及び検査）

第一七条　受託銀行等は、都道府県知事又は特定市の市長に、その委託を受けた当せん金付証票に関し、各月及び要求されるごとに報告書を提出しなければならない。この場合において、各月の報告書は、十五日以内に、これを提出するものとする。

2　都道府県知事又は特定市の市長は、少なくとも年三回、職員をして、その委託した業務に関し、受託銀行等の営業所又は事務所に立ち入り、帳簿その他の関係書類を検査させる。

3　前項の規定により立入検査をする職員は、その身分を示す証票を携帯し、関係人の請求があつたときは、これを呈示しなければならない。

4　都道府県知事又は特定市の市長は、特に必要があると認めるときは、その委託した業務に関し、第二項の検査のほか、職員以外の者で監査に関する実務に精通しているものに委託して帳簿その他の関係書類を検査させることができる。この場合において、検査の委託を受けた者は、受託銀行等に対し、帳簿その他の関係書類の提出を求めることができる。

5　前項の規定に基づいて検査を行つた者は、検査の実施に関して知り得た秘密を漏らしてはならない。

6　第四項の規定に基づいて検査を行う者は、検査の事務に関しては、刑法（明治四十年法律第四十五号）その他の罰則の適用については、法令により公務に従事する職員とみなす。

第二十四章　礼拝所及び墳墓に関する罪

（礼拝所不敬及び説教等妨害）

第一八八条　神祠《し》、仏堂、墓所その他の礼拝所に対し、公然と不敬な行為をした者は、六月以下の懲役若しくは禁錮又は十万円以下の罰金に処する。

緊逮	即決	裁員	被参	医療	テロ等	公訴時効
×	○	×	×	×	×	3

7　都道府県知事又は特定市の市長は、第二項及び第四項の検査の結果を総務大臣に報告しなければならない。

8　総務大臣は、前項の報告を受けた場合において、当せん金付証票の発売等の事務の適正な執行を確保するために特に必要があると認めるときは、同項の都道府県知事又は特定市の市長に対し、必要な措置を講ずることを求めることができる。

（罰則）

第一八条　次の各号のいずれかに該当する者は、これを十年以下の懲役又は、百万円以下の罰金に処する。

一　第六条第七項の規定に違反し、当せん金付証票を転売した者

二　第十一条第一項の規定に違反し、当せん金品を支払い、若しくは交付し、又は受領した者

三　第十四条の規定に違反し、第六条第一項の規定により受託銀行等が委託を受けた事務に関し、その勘定に属する資金を貸付け、投資その他の通常の業務に使用し、又はその経理を他の勘定と区分してなさず、若しくは虚偽の経理をした者

四　前条第一項の規定による報告をせず、又は虚偽の報告をした者

五　前条第二項の規定による検査を拒み、妨げ、又は忌避した者

2　前条第五項の規定に違反して検査の実施に関して知り得た秘密を漏らした者は、二年以下の懲役又は五十万円以下の罰金に処する。

第一九条　受託銀行等の代表者、代理人又は使用人その他の従業者が、その受託銀行等の業務に関して、前条第一項の違反行為をしたときは、行為者を罰するほか、その受託銀行等に対しても、同項の罰金刑を科する。

◆軽犯罪法

〔軽犯罪〕

第一条　左の各号の一に該当する者は、これを拘留又は科料に処する。

二十四　公私の儀式に対して悪戯などでこれを妨害した者

2　説教、礼拝又は葬式を妨害した者は、一年以下の懲役若しくは禁錮又は十万円以下の罰金に処する。

（墳墓発掘）
第一八九条　墳墓を発掘した者は、二年以下の懲役に処する。

（死体損壊等）
第一九〇条　死体、遺骨、遺髪又は棺に納めてある物を損壊し、遺棄し、又は領得した者は、三年以下の懲役に処する。

緊逮	即決	裁員	被参	医療	テロ等	公訴時効
×	○	×	×	×	×	3

◆**刑事訴訟法**
〔検証と必要な処分〕
第一二九条　検証については、身体の検査、死体の解剖、墳墓の発掘、物の破壊その他必要な処分をすることができる。

緊逮	即決	裁員	被参	医療	テロ等	公訴時効
○	○	×	×	×	×	3

◆**刑事訴訟法**
〔検証と必要な処分〕
第一二九条　検証については、身体の検査、死体の解剖、墳墓の発掘、物の破壊その他必要な処分をすることができる。
〔鑑定と必要な処分、許可状〕
第一六八条　鑑定人は、鑑定について必要がある場合には、裁判所の許可を受けて、人の住居若しくは人の看守する邸宅、建造物若しくは船舶内に入り、身体を検査し、死体を解剖し、墳墓を発掘し、又は物を破壊することができる。
②　裁判所は、前項の許可をするには、被告人の氏名、罪名及び立ち入るべき場所、検査すべき身体、解剖すべき死体、発掘すべき墳墓又は破壊すべき物並びに鑑定人の氏名その他裁判所の規則で定める事項を記載した許可状を発して、これをしなければならない。
③　裁判所は、身体の検査に関し、適当と認める条件を附することができる。
④　鑑定人は、第一項の処分を受ける者に許可状を示さなければ

◆**墓地、埋葬等に関する法律**
〔埋葬・火葬又は改葬の許可〕
第五条　埋葬、火葬又は改葬を行おうとする者は、厚生労働省令で定めるところにより、市町村長（特別区の区長を含む。以下同じ。）の許可を受けなければならない。
2　前項の許可は、埋葬及び火葬に係るものにあつては死亡若しくは死産の届出を受理し、死亡の報告若しくは死産の通知を受け、又は船舶の船長から死亡若しくは死産に関する航海日誌の謄本の送付を受けた市町村長が、改葬に係るものにあつては死体又は焼骨の現に存する地の市町村長が行なうものとする。

◆**軽犯罪法**
〔軽犯罪〕
第一条　左の各号の一に該当する者は、これを拘留又は科料に処する。
十八　自己の占有する場所内に、老幼、不具若しくは傷病のため扶助を必要とする者又は人の死体若しくは死胎のあることを知りながら、速やかにこれを公務員に申し出なかつた者

◆**警察等が取り扱う死体の死因又は身元の調査等に関する法律**
〔礼意の保持〕
第二条　警察官は、死体の取扱いに当たっては、礼意を失わないように注意しなければならない。
〔遺族等への配慮〕
第三条　警察官は、死体の取扱いに当たっては、遺族等の心身の状況、その置かれている環境等について適切な配慮をしなければならない。
〔解剖〕
第六条　警察署長は、取扱死体について、第三項に規定する法人又は機関に所属する医師その他法医学に関する専門的な知識経験を有する者の意見を聴き、死因を明らかにするため特に必要があると認めるときは、解剖を実施することができる。この場合において、当該解剖は、医師に行わせるものとする。

（死体損壊等）

第一九〇条　死体、遺骨、遺髪又は棺に納めてある物を損壊し、遺棄し、又は領得した者は、三年以下の懲役に処する。

ならない。

⑤ 前三項の規定は、鑑定人が公判廷でする第一項の処分については、これを適用しない。

⑥ 第百三十一条、第百三十七条、第百三十八条及び第百四十条の規定は、鑑定人の第一項の規定によつてする身体の検査についてこれを準用する。

2　警察署長は、前項の規定により解剖を実施するに当たっては、あらかじめ、遺族に対して解剖が必要である旨を説明しなければならない。ただし、遺族がないとき、遺族の所在が不明であるとき又は遺族への説明を終えてから解剖するのではその目的がほとんど達せられないことが明らかであるときは、この限りでない。

3　警察署長は、国立大学法人法（平成十五年法律第百十二号）第二条第一項に規定する国立大学法人、地方独立行政法人法（平成十五年法律第百十八号）第六十八条第一項に規定する公立大学法人、私立学校法（昭和二十四年法律第二百七十号）第三条に規定する学校法人その他の法人又は国若しくは地方公共団体の機関であって、国家公安委員会が厚生労働大臣と協議して定める基準に該当すると都道府県公安委員会が認めたものに、第一項の規定による解剖の実施を委託することができる。

（身元を明らかにするための措置）

第八条　警察署長は、取扱死体について、その身元を明らかにするため必要があると認めるときは、その必要な限度において、血液、歯牙、骨等の当該取扱死体の組織の一部を採取し、又は当該取扱死体から人の体内に植え込む方法で用いられる医療機器を摘出するために当該取扱死体を切開することができる。

2　前項の規定による身元を明らかにするための措置は、医師又は歯科医師に行わせるものとする。ただし、血液の採取、爪の切除その他組織の採取の程度が軽微な措置であって政令で定めるものについては、警察官に行わせることができる。

◆死体解剖保存法

〔保健所長の許可〕

第二条　死体の解剖をしようとする者は、あらかじめ、解剖をしようとする地の保健所長の許可を受けなければならない。ただし、次の各号のいずれかに該当する場合は、この限りでない。

一　死体の解剖に関し相当の学識技能を有する医師、歯科医師その他の者であつて、厚生労働大臣が適当と認定したものが解剖する場合

二　医学に関する大学（大学の学部を含む。以下同じ。）の解剖学、病理学又は法医学の教授又は准教授が解剖する場合

三　第八条の規定により解剖する場合

四　刑事訴訟法（昭和二十三年法律第百三十一号）第百二十九条（同法第二百二十二条第一項において準用する場合を含

（墳墓発掘死体損壊等）

第一九一条 第百八十九条の罪を犯して、死体、遺骨、遺髪又は棺に納めてある物を損壊し、遺棄し、又は領得した者は、三月以上五年以下の懲役に処する。

手続法

緊逮	即決	裁員	被参	医療	テロ等	公訴時効
○	○	×	×	×	Ⅱ	5

特別法

む。）、第百六十八条第一項又は第二百二十五条第一項の規定により解剖する場合

五 食品衛生法（昭和二十二年法律第二百三十三号）第五十九条第一項又は第二項の規定により解剖する場合

六 検疫法（昭和二十六年法律第二百一号）第十三条第二項の規定により解剖する場合

七 警察等が取り扱う死体の死因又は身元の調査等に関する法律（平成二十四年法律第三十四号）第六条第一項（同法第十二条において準用する場合を含む。）の規定により解剖する場合

2 保健所長は、公衆衛生の向上又は医学の教育若しくは研究のため特に必要があると認められる場合でなければ、前項の規定による許可を与えてはならない。

3 第一項の規定による許可に関して必要な事項は、厚生労働省令で定める。

（遺族の承諾）

第七条 死体の解剖をしようとする者は、その遺族の承諾を受けなければならない。ただし、次の各号のいずれかに該当する場合においては、この限りでない。

一 死亡確認後三十日を経過しても、なおその死体について引取者のない場合

二 二人以上の医師（うち一人は歯科医師であつてもよい。）が診療中であつた患者が死亡した場合において、主治の医師を含む二人以上の診療中の医師又は歯科医師がその死因を明らかにするため特にその解剖の必要を認め、かつ、その遺族の所在が不明であり、又は遺族が遠隔の地に居住する等の事由により遺族の諾否の判明するのを待つていてはその解剖の目的がほとんど達せられないことが明らかな場合

三 第二条第一項第三号、第四号又は第七号に該当する場合

四 食品衛生法第五十九条第二項の規定により解剖する場合

五 検疫法第十三条第二項後段の規定に該当する場合

（変死者密葬）

第一九二条　検視を経ないで変死者を葬った者は、十万円以下の罰金又は科料に処する。

緊逮	即決	裁員	被参	医療	テロ等	公訴時効
×	○	×	×	×	×	3

◆刑事訴訟法

〔検視〕

第二二九条　変死者又は変死の疑のある死体があるときは、その所在地を管轄する地方検察庁又は区検察庁の検察官は、検視をしなければならない。

② 検察官は、検察事務官又は司法警察員に前項の処分をさせることができる。

◆墓地、埋葬等に関する法律

第二一条　左の各号の一に該当する者は、これを千円以下の罰金又は拘留若しくは科料に処する。

一　第三条、第四条、第五条第一項又は第十二条から第十七条までの規定に違反した者

二　第十八条の規定による当該職員の立入検査を拒み、妨げ、若しくは忌避した者、又は同条の規定による報告をせず、若しくは虚偽の報告をした者

◆軽犯罪法

〔軽犯罪〕

第一条　左の各号の一に該当する者は、これを拘留又は科料に処する。

十九　正当な理由がなくて変死体又は死胎の現場を変えた者

◆医師法

〔異状死体等の届出義務〕

第二一条　医師は、死体又は妊娠四月以上の死産児を検案して異状があると認めたときは、二十四時間以内に所轄警察署に届け出なければならない。

〔罰則〕

第三三条の二　次の各号のいずれかに該当する者は、五十万円以下の罰金に処する。

一　**第六条**第三項、**第十八条**、**第二十条から第二十二条まで又は第二十四条**の規定に違反した者

二　第七条の二第一項の規定による命令に違反して再教育研修を受けなかつた者

三　第七条の三第一項の規定による陳述をせず、報告をせず、若しくは虚偽の陳述若しくは報告をし、物件を提出せず、又は検査を拒み、妨げ、若しくは忌避した者

➡**第六条**〔登録・免許証の交付及び届出〕
第一八条〔名称の使用制限〕
第二〇条〔無診察治療等の禁止〕
第二一条〔異状死体等の届出義務〕
第二二条〔処方せんの交付義務〕
第二四条〔診療録の記載及び保存〕

刑法（一九三条）

第二十五章　汚職の罪

（公務員職権濫用）

第一九三条　公務員がその職権を濫用して、人に義務のないことを行わせ、又は権利の行使を妨害したときは、二年以下の懲役又は禁錮に処する。

刑法〔公務員〕定義＝七①〔本条の適用〕公務員の国外犯＝四3

手続法

緊逮	即決	裁員	被参	医療	テロ等	公訴時効
×	○	×	×	×	×	3

◆ 日本国憲法

〔公務員の選定罷免権・公務員の本質・普通選挙及び秘密投票の保障〕

第一五条

② すべて公務員は、全体の奉仕者であつて、一部の奉仕者ではない。

◆ 刑事訴訟法

〔準起訴手続、付審判請求〕

第二六二条　刑法第百九十三条から第百九十六条まで又は破壊活動防止法（昭和二十七年法律第二百四十号）第四十五条若しくは無差別大量殺人行為を行った団体の規制に関する法律（平成十一年法律第百四十七号）第四十二条若しくは第四十三条の罪について告訴又は告発をした者は、検察官の公訴を提起しない処分に不服があるときは、その検察官所属の検察庁の所在地を管轄する地方裁判所に事件を裁判所の審判に付することを請求することができる。

② 前項の請求は、第二百六十条の通知を受けた日から七日以内に、請求書を公訴を提起しない処分をした検察官に差し出してこれをしなければならない。

〔請求の取下げ〕

第二六三条　前条第一項の請求は、第二百六十六条の決定があるまでこれを取り下げることができる。

② 前項の取下をした者は、その事件について更に前条第一項の請求をすることができない。

〔公訴提起の義務〕

第二六四条　検察官は、第二百六十二条第一項の請求を理由があるものと認めるときは、公訴を提起しなければならない。

〔準起訴手続〕

第二六五条　第二百六十二条第一項の請求についての審理及び裁判は、合議体でこれをしなければならない。

特別法

◆ 破壊活動防止法

（公安調査官の職権濫用の罪）

第四五条　公安調査官がその職権を濫用し、人をして義務のないことを行わせ、又は行うべき権利を妨害したときは、三年以下の懲役又は禁こに処する。

（公務員職権濫用）

第一九三条　公務員がその職権を濫用して、人に義務のないことを行わせ、又は権利の行使を妨害したときは、二年以下の懲役又は禁錮に処する。

刑法　〔公務員〕定義＝七①　〔本条の適用〕公務員の国外犯＝四3

②　裁判所は、必要があるときは、合議体の構成員に事実の取調をさせ、又は地方裁判所若しくは簡易裁判所の裁判官にこれを嘱託することができる。この場合には、受命裁判官及び受託裁判官は、裁判所又は裁判長と同一の権限を有する。

〔請求棄却・付審判の決定〕

第二六六条　裁判所は、第二百六十二条第一項の請求を受けたときは、左の区別に従い、決定をしなければならない。

一　請求が法令上の方式に違反し、若しくは請求権の消滅後にされたものであるとき、又は請求が理由のないときは、請求を棄却する。

二　請求が理由のあるときは、事件を管轄地方裁判所の審判に付する。

〔公訴提起の擬制〕

第二六七条　前条第二号の決定があつたときは、その事件について公訴の提起があつたものとみなす。

〔決定の通知〕

第二六七条の二　裁判所は、第二百六十六条第二号の決定をした場合において、同一の事件について、検察審査会法（昭和二十三年法律第百四十七号）第二条第一項第一号に規定する審査を行う検察審査会又は同法第四十一条の六第一項の起訴議決をした検察審査会（同法第四十一条の九第一項の規定により公訴の提起及びその維持に当たる者が指定された後は、その者）があるときは、これに当該決定をした旨を通知しなければならない。

〔公訴維持のための指定弁護士〕

第二六八条　裁判所は、第二百六十六条第二号の規定により事件がその裁判所の審判に付されたときは、その事件について公訴の維持にあたる者を弁護士の中から指定しなければならない。

②　前項の指定を受けた弁護士は、事件について公訴を維持するため、裁判の確定に至るまで検察官の職務を行う。但し、検察事務官及び司法警察職員に対する捜査の指揮は、検察官に嘱託してこれをしなければならない。

③　前項の規定により検察官の職務を行う弁護士は、これを法令により公務に従事する職員とみなす。

④　裁判所は、第一項の指定を受けた弁護士がその職務を行うに適さないと認めるときその他特別の事情があるときは、何時でもその指定を取り消すことができる。

刑法（一九四条）

（特別公務員職権濫用）

第一九四条　裁判、検察若しくは警察の職務を行う者又はこれらの職務を補助する者がその職権を濫用して、人を逮捕し、又は監禁したときは、六月以上十年以下の懲役又は禁錮に処する。

刑法　通常の逮捕監禁＝二二〇

手続法

⑤　第一項の指定を受けた弁護士には、政令で定める額の手当を給する。

〔請求者に対する費用賠償の決定〕

第二六九条　裁判所は、第二百六十二条第一項の請求を棄却する場合又はその請求の取下があつた場合には、決定で、請求者に、その請求に関する手続によつて生じた費用の全部又は一部の賠償を命ずることができる。この決定に対しては、即時抗告をすることができる。

緊逮	即決	裁員	被参	医療	テロ等	公訴時効
○	○	×	○	×	×	7

◆ **日本国憲法**

〔逮捕に対する保障〕

第三三条　何人も、現行犯として逮捕される場合を除いては、権限を有する司法官憲が発し、且つ理由となつてゐる犯罪を明示する令状によらなければ、逮捕されない。

〔抑留及び拘禁に対する保障〕

第三四条　何人も、理由を直ちに告げられ、且つ、直ちに弁護人に依頼する権利を与へられなければ、抑留又は拘禁されない。又、何人も、正当な理由がなければ、拘禁されず、要求があれば、その理由は、直ちに本人及びその弁護人の出席する公開の法廷で示されなければならない。

◆ **刑事訴訟法**

〔準起訴手続、付審判請求〕

第二六二条　刑法第百九十三条から第百九十六条まで又は破壊活動防止法（昭和二十七年法律第二百四十号）第四十五条若しくは無差別大量殺人行為を行った団体の規制に関する法律（平成十一年法律第百四十七号）第四十二条若しくは第四十三条の罪について告訴又は告発をした者は、検察官の公訴を提起しない処分に不服があるときは、その検察官所属の検察庁の所在地を管轄する地方裁判所に事件を裁判所の審判に付することを請求することができる。

②　前項の請求は、第二百六十条の通知を受けた日から七日以内に、請求書を公訴を提起しない処分をした検察官に差し出して

特別法

◆ **組織的な犯罪の処罰及び犯罪収益の規制等に関する法律**

（テロリズム集団その他の組織的犯罪集団による実行準備行為を伴う重大犯罪遂行の計画）

第六条の二

4　**第一項及び第二項**の罪に係る事件についての刑事訴訟法（昭和二十三年法律第百三十一号）第百九十八条第一項の規定による取調べその他の捜査を行うに当たっては、その適正の確保に十分に配慮しなければならない。

⬇第一項及び第二項〔テロ等準備罪〕

◆ **犯罪捜査のための通信傍受に関する法律**

（関係者による通信の秘密の尊重等）

第二八条　検察官、検察事務官及び司法警察職員並びに弁護人その他通信の傍受に関与し、又はその状況若しくは傍受をした通信の内容を職務上知り得た者は、通信の秘密を不当に害しないように注意し、かつ、捜査の妨げとならないように注意しなければならない。

（通信の秘密を侵す行為の処罰等）

第三〇条　捜査又は調査の権限を有する公務員が、その捜査又は調査の職務に関し、電気通信事業法（昭和五十九年法律第八十六号）第百七十九条第一項又は有線電気通信法（昭和二十八年法律第九十六号）第十四条第一項の罪を犯したときは、三年以下の懲役又は百万円以下の罰金に処する。

2　前項の罪の未遂は、罰する。

3　前二項の罪について告訴又は告発をした者は、検察官の公訴を提起しない処分に不服があるときは、刑事訴訟法第二百六十二条第一項の請求をすることができる。

（特別公務員職権濫用）
第一九四条　裁判、検察若しくは警察の職務を行う者又はこれらの職務を補助する者がその職権を濫用して、人を逮捕し、又は監禁したときは、六月以上十年以下の懲役又は禁錮に処する。

刑法 通常の逮捕監禁＝二二〇

これをしなければならない。

〔請求の取下げ〕
第二六三条　前条第一項の請求は、第二百六十六条の決定があるまでこれを取り下げることができる。
② 前項の取下をした者は、その事件について更に前条第一項の請求をすることができない。

〔公訴提起の義務〕
第二六四条　検察官は、第二百六十二条第一項の請求を理由があるものと認めるときは、公訴を提起しなければならない。

〔準起訴手続〕
第二六五条　第二百六十二条第一項の請求についての審理及び裁判は、合議体でこれをしなければならない。
② 裁判所は、必要があるときは、合議体の構成員に事実の取調をさせ、又は地方裁判所若しくは簡易裁判所の裁判官にこれを嘱託することができる。この場合には、受命裁判官及び受託裁判官は、裁判所又は裁判長と同一の権限を有する。

〔請求棄却・付審判の決定〕
第二六六条　裁判所は、第二百六十二条第一項の請求を受けたときは、左の区別に従い、決定をしなければならない。
一　請求が法令上の方式に違反し、若しくは請求権の消滅後にされたものであるとき、又は請求が理由のないときは、請求を棄却する。
二　請求が理由のあるときは、事件を管轄地方裁判所の審判に付する。

〔公訴提起の擬制〕
第二六七条　前条第二号の決定があつたときは、その事件について公訴の提起があつたものとみなす。

〔決定の通知〕
第二六七条の二　裁判所は、第二百六十六条第二号の決定をした場合において、同一の事件について、検察審査会法（昭和二十三年法律第百四十七号）第二条第一項第一号に規定する審査を行う検察審査会又は同法第四十一条の六第一項の規定による起訴議決をした検察審査会（同法第四十一条の九第一項の規定により公訴の提起及びその維持に当たる者が指定された後は、その者）があるときは、これに当該決定をした旨を通知しなければならない。

〔公訴維持のための指定弁護士〕

第二六八条　裁判所は、第二百六十六条第二号の規定により事件がその裁判所の審判に付されたときは、その事件について公訴の維持にあたる者を弁護士の中から指定しなければならない。

② 前項の指定を受けた弁護士は、事件について公訴を維持するため、裁判の確定に至るまで検察官の職務を行う。但し、検察事務官及び司法警察職員に対する捜査の指揮は、検察官に嘱託してこれをしなければならない。

③ 前項の規定により検察官の職務を行う弁護士は、これを法令により公務に従事する職員とみなす。

④ 裁判所は、第一項の指定を受けた弁護士がその職務を行うに適さないと認めるときその他特別の事情があるときは、何時でもその指定を取り消すことができる。

⑤ 第一項の指定を受けた弁護士には、政令で定める額の手当を給する。

〔請求者に対する費用賠償の決定〕

第二六九条　裁判所は、第二百六十二条第一項の請求を棄却する場合又はその請求の取下があつた場合には、決定で、請求者に、その請求に関する手続によつて生じた費用の全部又は一部の賠償を命ずることができる。この決定に対しては、即時抗告をすることができる。

◆警察官職務執行法

〔この法律の目的〕

第一条

⬇第一項〔目的〕

2 この法律に規定する手段は、**前項**の目的のため必要な最小の限度において用いるべきものであつて、いやしくもその濫用にわたるようなことがあつてはならない。

〔質問〕

第二条

⬇第一項〔質問〕
第二項〔同行要求〕

3 **前二項**に規定する者は、刑事訴訟に関する法律の規定によらない限り、身柄を拘束され、又はその意に反して警察署、派出所若しくは駐在所に連行され、若しくは答弁を強要されることはない。

〔立入〕

（特別公務員暴行陵虐）

第一九五条　裁判、検察若しくは警察の職務を行う者又はこれらの職務を補助する者が、その職務を行うに当たり、被告人、被疑者その他の者に対して暴行又は陵辱若しくは加虐の行為をしたときは、七年以下の懲役又は禁錮に処する。

２　法令により拘禁された者を看守し又は護送する者がその拘禁された者に対して暴行又は陵辱若しくは加虐の行為をしたときも、前項と同様とする。

刑法②〔法令により拘禁された者〕九七・九八・九九参照〔本項の適用〕公務員の国外犯＝四3

第六条

３　警察官は、**前二項**の規定による立入に際しては、みだりに関係者の正当な業務を妨害してはならない。

➡第一項〔危険時の立入り〕
第二項〔公開の場所への立入り〕

（武器の使用）

第七条　警察官は、犯人の逮捕若しくは逃走の防止、自己若しくは他人に対する防護又は公務執行に対する抵抗の抑止のため必要であると認める相当な理由のある場合においては、その事態に応じ合理的に必要と判断される限度において、武器を使用することができる。

緊速	即決	裁員	被参	医療	テロ等	公訴時効
○	○	×	×	×	×	5

◆**日本国憲法**

〔拷問及び残虐な刑罰の禁止〕

第三六条　公務員による拷問及び残虐な刑罰は、絶対にこれを禁ずる。

〔自己に不利益な供述と自白の証拠能力〕

第三八条　何人も、自己に不利益な供述を強要されない。

②　強制、拷問若しくは脅迫による自白又は不当に長く抑留若しくは拘禁された後の自白は、これを証拠とすることができない。

③　何人も、自己に不利益な唯一の証拠が本人の自白である場合には、有罪とされ、又は刑罰を科せられない。

◆**刑事訴訟法**

〔準起訴手続、付審判請求〕

第二六二条　刑法第百九十三条から第百九十六条まで又は破壊活動防止法（昭和二十七年法律第二百四十号）第四十五条若しくは無差別大量殺人行為を行った団体の規制に関する法律（平成十一年法律第百四十七号）第四十二条若しくは第四十三条の罪について告訴又は告発をした者は、検察官の公訴を提起しない処分に不服があるときは、その検察官所属の検察庁の所在地を

◆**組織的な犯罪の処罰及び犯罪収益の規制等に関する法律**

（テロリズム集団その他の組織的犯罪集団による実行準備行為を伴う重大犯罪遂行の計画）

第六条の二

４　**第一項及び第二項**の罪に係る事件についての刑事訴訟法（昭和二十三年法律第百三十一号）第百九十八条第一項の規定による取調べその他の捜査を行うに当たっては、その適正の確保に十分に配慮しなければならない。

➡第一項及び第二項〔テロ等準備罪〕

管轄する地方裁判所に事件を裁判所の審判に付することを請求することができる。

② 前項の請求は、第二百六十条の通知を受けた日から七日以内に、請求書を公訴を提起しない処分をした検察官に差し出してこれをしなければならない。

〔請求の取下げ〕

第二六三条 前条第一項の請求は、第二百六十六条の決定があるまでこれを取り下げることができる。

② 前項の取下をした者は、その事件について更に前条第一項の請求をすることができない。

〔公訴提起の義務〕

第二六四条 検察官は、第二百六十二条第一項の請求を理由があるものと認めるときは、公訴を提起しなければならない。

〔準起訴手続〕

第二六五条 第二百六十二条第一項の請求についての審理及び裁判は、合議体でこれをしなければならない。

② 裁判所は、必要があるときは、合議体の構成員に事実の取調をさせ、又は地方裁判所若しくは簡易裁判所の裁判官にこれを嘱託することができる。この場合には、受命裁判官及び受託裁判官は、裁判所又は裁判長と同一の権限を有する。

〔請求棄却・付審判の決定〕

第二六六条 裁判所は、第二百六十二条第一項の請求を受けたときは、左の区別に従い、決定をしなければならない。

一 請求が法令上の方式に違反し、若しくは請求権の消滅後にされたものであるとき、又は請求が理由のないときは、請求を棄却する。

二 請求が理由のあるときは、事件を管轄地方裁判所の審判に付する。

〔公訴提起の擬制〕

第二六七条 前条第二号の決定があつたときは、その事件について公訴の提起があつたものとみなす。

〔決定の通知〕

第二六七条の二 裁判所は、第二百六十六条第二号の決定をした場合において、同一の事件について、検察審査会法（昭和二十三年法律第百四十七号）第二条第一項第一号に規定する審査を行う検察審査会又は同法第四十一条の六第一項の起訴議決をした検察審査会（同法第四十一条の九第一項の規定により公訴の

（特別公務員職権濫用等致死傷）

第一九六条　前二条の罪を犯し、よって人を死傷させた者は、傷害の罪と比較して、重い刑により処断する。

刑法〔傷害の罪〕二〇四・二〇五〔刑の軽重〕一〇

提起及びその維持に当たる者が指定された後は、その者）があるときは、これに当該決定をした旨を通知しなければならない。

〔公訴維持のための指定弁護士〕

第二六八条　裁判所は、第二百六十六条第二号の規定により事件がその裁判所の審判に付されたときは、その事件について公訴の維持にあたる者を弁護士の中から指定しなければならない。

②　前項の指定を受けた弁護士は、事件について公訴を維持するため、裁判の確定に至るまで検察官の職務を行う。但し、検察事務官及び司法警察職員に対する捜査の指揮は、検察官に嘱託してこれをしなければならない。

③　前項の規定により検察官の職務を行う弁護士は、これを法令により公務に従事する職員とみなす。

④　裁判所は、第一項の指定を受けた弁護士がその職務を行うに適さないと認めるときその他特別の事情があるときは、何時でもその指定を取り消すことができる。

⑤　第一項の指定を受けた弁護士には、政令で定める額の手当を給する。

〔請求者に対する費用賠償の決定〕

第二六九条　裁判所は、第二百六十二条第一項の請求を棄却する場合又はその請求の取下があつた場合には、決定で、請求者に、その請求に関する手続によつて生じた費用の全部又は一部の賠償を命ずることができる。この決定に対しては、即時抗告をすることができる。

緊速	即決	裁員	被参	医療	テロ等	公訴時効
○	○	×	○	△	×	10(7)

※致死の場合

緊速	即決	裁員	被参	医療	テロ等	公訴時効
○	×	○	○	△	×	20(10)

◆刑事訴訟法

〔準起訴手続、付審判請求〕

第二六二条　刑法第百九十三条から第百九十六条まで又は破壊活動防止法（昭和二十七年法律第二百四十号）第四十五条若しくは無差別大量殺人行為を行った団体の規制に関する法律（平成十一年法律第百四十七号）第四十二条若しくは第四十三条の罪について告訴又は告発をした者は、検察官の公訴を提起しない処分に不服があるときは、その検察官所属の検察庁の所在地を管轄する地方裁判所に事件を裁判所の審判に付することを請求することができる。

② 前項の請求は、第二百六十条の通知を受けた日から七日以内に、請求書を公訴を提起しない処分をした検察官に差し出してこれをしなければならない。

〔請求の取下げ〕

第二六三条　前条第一項の請求は、第二百六十六条の決定があるまでこれを取り下げることができる。

② 前項の取下をした者は、その事件について更に前条第一項の請求をすることができない。

〔公訴提起の義務〕

第二六四条　検察官は、第二百六十二条第一項の請求を理由があるものと認めるときは、公訴を提起しなければならない。

〔準起訴手続〕

第二六五条　第二百六十二条第一項の請求についての審理及び裁判は、合議体でこれをしなければならない。

② 裁判所は、必要があるときは、合議体の構成員に事実の取調をさせ、又は地方裁判所若しくは簡易裁判所の裁判官にこれを嘱託することができる。この場合には、受命裁判官及び受託裁判官は、裁判所又は裁判長と同一の権限を有する。

〔請求棄却・付審判の決定〕

第二六六条　裁判所は、第二百六十二条第一項の請求を受けたときは、左の区別に従い、決定をしなければならない。

一　請求が法令上の方式に違反し、若しくは請求権の消滅後にされたものであるとき、又は請求が理由のないときは、請求を棄却する。

二　請求が理由のあるときは、事件を管轄地方裁判所の審判に付する。

〔公訴提起の擬制〕

第二六七条　前条第二号の決定があつたときは、その事件につい

（特別公務員職権濫用等致死傷）
第一九六条　前二条の罪を犯し、よって人を死傷させた者は、傷害の罪と比較して、重い刑により処断する。

刑法〔傷害の罪〕二〇四・二〇五〔刑の軽重〕一〇

て公訴の提起があつたものとみなす。

〔決定の通知〕
第二六七条の二　裁判所は、第二百六十六条第二号の決定をした場合において、同一の事件について、検察審査会法（昭和二十三年法律第百四十七号）第二条第一項第一号に規定する審査を行う検察審査会又は同法第四十一条の六第一項の起訴議決をした検察審査会（同法第四十一条の九第一項の規定により公訴の提起及びその維持に当たる者が指定された後は、その者）があるときは、これに当該決定をした旨を通知しなければならない。

〔公訴維持のための指定弁護士〕
第二六八条　裁判所は、第二百六十六条第二号の規定により事件がその裁判所の審判に付されたときは、その事件について公訴の維持にあたる者を弁護士の中から指定しなければならない。
② 前項の指定を受けた弁護士は、事件について公訴を維持するため、裁判の確定に至るまで検察官の職務を行う。但し、検察事務官及び司法警察職員に対する捜査の指揮は、検察官に嘱託してこれをしなければならない。
③ 前項の規定により検察官の職務を行う弁護士は、これを法令により公務に従事する職員とみなす。
④ 裁判所は、第一項の指定を受けた弁護士がその職務を行うに適さないと認めるときその他特別の事情があるときは、何時でもその指定を取り消すことができる。
⑤ 第一項の指定を受けた弁護士には、政令で定める額の手当を給する。

〔請求者に対する費用賠償の決定〕
第二六九条　裁判所は、第二百六十二条第一項の請求を棄却する場合又はその請求の取下があつた場合には、決定で、請求者に、その請求に関する手続によつて生じた費用の全部又は一部の賠償を命ずることができる。この決定に対しては、即時抗告をすることができる。

刑法（一九七条・一九七条の二）

（収賄、受託収賄及び事前収賄）

第一九七条　公務員が、その職務に関し、賄賂《ろ》を収受し、又はその要求若しくは約束をしたときは、五年以下の懲役に処する。この場合において、請託を受けたときは、七年以下の懲役に処する。

2　公務員になろうとする者が、その担当すべき職務に関し、請託を受けて、賄賂を収受し、又はその要求若しくは約束をしたときは、公務員となった場合において、五年以下の懲役に処する。

刑法〔本条の適用〕公務員の国外犯＝四3〔公務員〕定義＝七①

（第三者供賄）

第一九七条の二　公務員が、その職務に関し、請託を受けて、第三者に賄賂を供与させ、又はその供与の要求若しくは約束をしたときは、五年以下の懲役に処する。

刑法〔適用範囲・公務員〕一九七参照

手続法

緊逮	即決	裁員	被参	医療	テロ等	公訴時効
○	○	×	×	×	①前Ⅱ ①後× ②Ⅱ	5

緊逮	即決	裁員	被参	医療	テロ等	公訴時効
○	○	×	×	×	Ⅱ	5

特別法

◆**経済関係罰則ノ整備ニ関スル法律**

〔収賄罪〕

第一条　特別ノ法令ニ依リ設立セラレタル会社、鉄道事業、電気事業、瓦斯事業其ノ他其ノ性質上当然ニ独占ト為ルベキ事業ヲ営ミ若ハ臨時物資需給調整法其ノ他経済ノ統制ヲ目的トスル法令ニ依リ統制ニ関スル業務ヲ為ス会社若ハ組合又ハ此等ニ準ズルモノニシテ別表ニ掲グルモノノ役員其ノ他ノ職員其ノ職務ニ関シ賄賂ヲ収受シ又ハ之ヲ要求若ハ約束シタルトキハ三年以下ノ懲役ニ処ス因テ不正ノ行為ヲ為シ又ハ相当ノ行為ヲ為サザルトキハ七年以下ノ懲役ニ処ス

◆**民事執行法**

（売却の場所の秩序維持）

第六五条　執行官は、次に掲げる者に対し、売却の場所に入ることを制限し、若しくはその場所から退場させ、又は買受けの申出をさせないことができる。

三　民事執行の手続における売却に関し刑法（明治四十年法律第四十五号）第九十五条から第九十六条の五まで、第百九十七条から第百九十七条の四まで若しくは第百九十八条、組織的な犯罪の処罰及び犯罪収益の規制等に関する法律（平成十一年法律第百三十六号）第三条第一項第一号から第四号まで若しくは第二項（同条第一項第一号から第四号までに係る部分に限る。）又は公職にある者等のあっせん行為による利得等の処罰に関する法律（平成十二年法律第百三十号）第一条第一項、第二条第一項若しくは第四条の規定により刑に処せられ、その裁判の確定の日から二年を経過しない者

◆**民事執行法**

（売却の場所の秩序維持）

第六五条　執行官は、次に掲げる者に対し、売却の場所に入ることを制限し、若しくはその場所から退場させ、又は買受けの申出をさせないことができる。

三　民事執行の手続における売却に関し刑法（明治四十年法律第四十五号）第九十五条から第九十六条の五まで、第百九十七条から第百九十七条の四まで若しくは第百九十八条、組織的な犯罪の処罰及び犯罪収益の規制等に関する法律（平成十一年法律第百三十六号）第三条第一項第一号から第四号まで若しくは第二項（同条第一項第一号から第四号までに係る部

（加重収賄及び事後収賄）

第一九七条の三　公務員が前二条の罪を犯し、よって不正な行為をし、又は相当の行為をしなかったときは、一年以上の有期懲役に処する。

2　公務員が、その職務上不正な行為をしたこと又は相当の行為をしなかったことに関し、賄賂を収受し、若しくはその要求若しくは約束をし、又は第三者にこれを供与させ、若しくはその供与の要求若しくは約束をしたときも、前項と同様とする。

3　公務員であった者が、その在職中に請託を受けて職務上不正な行為をしたこと又は相当の行為をしなかったことに関し、賄賂を収受し、又はその要求若しくは約束をしたときは、五年以下の懲役に処する。

刑法（適用範囲・公務員）一九七参照（特別規定）一九七参照

（あっせん収賄）

第一九七条の四　公務員が請託を受け、他の公務員に職務上不正な行為をさせるように、又は相当の行為をさせないようにあっせんをすること又はしたことの報酬として、賄賂を収受し、又はその要求若しくは約束をしたときは、五年以下の懲役に処する。

刑法（適用範囲・公務員）一九七参照

緊逮	即決	裁員	被参	医療	テロ等	公訴時効
○	①× ②× ③○	×	×	×	①Ⅰ ②Ⅰ ③Ⅱ	①＝10（7） ②＝10（7） ③＝5

緊逮	即決	裁員	被参	医療	テロ等	公訴時効
○	○	×	×	×	Ⅱ	5

分に限る。）又は公職にある者等のあっせん行為による利得等の処罰に関する法律（平成十二年法律第百三十号）第一条第一項、第二条第一項若しくは第四条の規定により刑に処せられ、その裁判の確定の日から二年を経過しない者

◆民事執行法

（売却の場所の秩序維持）

第六五条　執行官は、次に掲げる者に対し、売却の場所に入ることを制限し、若しくはその場所から退場させ、又は買受けの申出をさせないことができる。

三　民事執行の手続における売却に関し刑法（明治四十年法律第四十五号）第九十五条から第九十六条の五まで、第百九十七条から第百九十七条の四まで若しくは第百九十八条、組織的な犯罪の処罰及び犯罪収益の規制等に関する法律（平成十一年法律第百三十六号）第三条第一項第一号から第四号まで若しくは第二項（同条第一項第一号から第四号までに係る部分に限る。）又は公職にある者等のあっせん行為による利得等の処罰に関する法律（平成十二年法律第百三十号）第一条第一項、第二条第一項若しくは第四条の規定により刑に処せられ、その裁判の確定の日から二年を経過しない者

◆公職にある者等のあっせん行為による利得等の処罰に関する法律

（公職者あっせん利得）

第一条　衆議院議員、参議院議員又は地方公共団体の議会の議員若しくは長（以下「公職にある者」という。）が、国若しくは地方公共団体が締結する売買、貸借、請負その他の契約又は特定の者に対する行政庁の処分に関し、請託を受けて、その権限に基づく影響力を行使して公務員にその職務上の行為をさせるように、又はさせないようにあっせんをすること又はしたことにつき、その報酬として財産上の利益を収受したときは、三年以下の懲役に処する。

2　公職にある者が、国又は地方公共団体が資本金の二分の一以上を出資している法人が締結する売買、貸借、請負その他の契

約に関し、請託を受けて、その権限に基づく影響力を行使して当該法人の役員又は職員にその職務上の行為をさせるように、又はさせないようにあっせんをすること又はしたことにつき、その報酬として財産上の利益を収受したときも、前項と同様とする。

（議員秘書あっせん利得）

第二条　衆議院議員又は参議院議員の秘書（国会法（昭和二十二年法律第七十九号）第百三十二条に規定する秘書その他衆議院議員又は参議院議員に使用される者で当該衆議院議員又は当該参議院議員の政治活動を補佐するものをいう。以下同じ。）が、国若しくは地方公共団体が締結する売買、貸借、請負その他の契約又は特定の者に対する行政庁の処分に関し、請託を受けて、当該衆議院議員又は当該参議院議員の権限に基づく影響力を行使して公務員にその職務上の行為をさせるように、又はさせないようにあっせんをすること又はしたことにつき、その報酬として財産上の利益を収受したときは、二年以下の懲役に処する。

2　衆議院議員又は参議院議員の秘書が、国又は地方公共団体が資本金の二分の一以上を出資している法人が締結する売買、貸借、請負その他の契約に関し、請託を受けて、当該衆議院議員又は当該参議院議員の権限に基づく影響力を行使して当該法人の役員又は職員にその職務上の行為をさせるように、又はさせないようにあっせんをすること又はしたことにつき、その報酬として財産上の利益を収受したときも、前項と同様とする。

◆ 民事執行法

（売却の場所の秩序維持）

第六五条　執行官は、次に掲げる者に対し、売却の場所に入ることを制限し、若しくはその場所から退場させ、又は買受けの申出をさせないことができる。

三　民事執行の手続における売却に関し刑法（明治四十年法律第四十五号）第九十五条から第九十六条の五まで、第百九十七条から第百九十七条の四まで若しくは第百九十八条、組織的な犯罪の処罰及び犯罪収益の規制等に関する法律（平成十一年法律第百三十六号）第三条第一項第一号から第四号まで若しくは第二項（同条第一項第一号から第四号までに係る部分に限る。）又は公職にある者等のあっせん行為による利得等の処罰に関する法律（平成十二年法律第百三十号）第一条

（没収及び追徴）

第一九七条の五　犯人又は情を知った第三者が収受した賄賂は、没収する。その全部又は一部を没収することができないときは、その価額を追徴する。

刑法〔没収〕任意的没収＝一九

◆刑事訴訟法

〔仮納付の判決〕

第三四八条　裁判所は、罰金、科料又は追徴を言い渡す場合において、判決の確定を待つてはその執行をすることができず、又はその執行をするのに著しい困難を生ずる虞があると認めるときは、検察官の請求により又は職権で、被告人に対し、仮に罰金、科料又は追徴に相当する金額を納付すべきことを命ずることができる。

② 仮納付の裁判は、刑の言渡と同時に、判決でその言渡をしなければならない。

③ 仮納付の裁判は、直ちにこれを執行することができる。

〔財産刑等の執行〕

第四九〇条　罰金、科料、没収、追徴、過料、没取、訴訟費用、費用賠償又は仮納付の裁判は、検察官の命令によつてこれを執行する。この命令は、執行力のある債務名義と同一の効力を有する。

② 前項の裁判の執行は、民事執行法（昭和五十四年法律第四号）その他強制執行の手続に関する法令の規定に従つてする。ただし、執行前に裁判の送達をすることを要しない。

〔相続財産に対する執行〕

第四九一条　没収又は租税その他の公課若しくは専売に関する法令の規定により言い渡した罰金若しくは追徴は、刑の言渡を受けた者が判決の確定した後死亡した場合には、相続財産についてこれを執行することができる。

〔合併後の法人に対する執行〕

第四九二条　法人に対して罰金、科料、没収又は追徴を言い渡した場合に、その法人が判決の確定した後合併によつて消滅したときは、合併の後存続する法人又は合併によつて設立された法人に対して執行することができる。

〔仮納付の執行の調整〕

第四九三条　第一審と第二審とにおいて、仮納付の裁判があつた場合に、第一審の仮納付の裁判について既に執行があつたときは、その執行は、これを第二審の仮納付の裁判で納付を命ぜられた金額の限度において、第二審の仮納付の裁判についての執

第一項、第二条第一項若しくは第四条の規定により刑に処せられ、その裁判の確定の日から二年を経過しない者

◆経済関係罰則ノ整備ニ関スル法律

（没収・追徴）

第三条　前二条ノ場合ニ於テ収受シタル賄賂ハ之ヲ没収ス其ノ全部又ハ一部ヲ没収スルコト能ハザルトキハ其ノ価額ヲ追徴ス

⬇第一条〔収賄罪〕
第二条〔事前収賄罪・事後収賄罪〕

刑法（一九八条）

（贈賄）
第一九八条　第百九十七条から第百九十七条の四までに規定する賄賂を供与し、又はその申込み若しくは約束をした者は、三年以下の懲役又は二百五十万円以下の罰金に処する。

手続法

行とみなす。
② 前項の場合において、第一審の仮納付の裁判の執行によって得た金額が第二審の仮納付の裁判で納付を命ぜられた金額を超えるときは、その超過額は、これを還付しなければならない。
〔仮納付の執行と本刑の執行〕
第四九四条　仮納付の裁判の執行があつた後に、罰金、科料又は追徴の裁判が確定したときは、その金額の限度において刑の執行があつたものとみなす。
② 前項の場合において、仮納付の裁判の執行によつて得た金額が罰金、科料又は追徴の金額を超えるときは、その超過額は、これを還付しなければならない。

緊逮	即決	裁員	被参	医療	テロ等	公訴時効
○	○	×	×	×	×	3

特別法

◆経済関係罰則ノ整備ニ関スル法律
〔贈賄罪〕
第四条　第一条及第二条ニ規定スル賄賂ヲ供与シ又ハ其ノ申込若ハ約束ヲ為シタル者ハ三年以下ノ懲役又ハ二百五十万円以下ノ罰金ニ処ス

◆民事執行法
（売却の場所の秩序維持）
第六五条　執行官は、次に掲げる者に対し、売却の場所に入ることを制限し、若しくはその場所から退場させ、又は買受けの申出をさせないことができる。
三　民事執行の手続における売却に関し刑法（明治四十年法律第四十五号）第九十五条から第九十六条の五まで、第百九十七条から第百九十七条の四まで若しくは第百九十八条、組織的な犯罪の処罰及び犯罪収益の規制等に関する法律（平成十一年法律第百三十六号）第三条第一項第一号から第四号まで若しくは第二項（同条第一項第一号から第四号までに係る部分に限る。）又は公職にある者等のあっせん行為による利得等の処罰に関する法律（平成十二年法律第百三十号）第一条第一項、第二条第一項若しくは第四条の規定により刑に処せられ、その裁判の確定の日から二年を経過しない者

第二十六章　殺人の罪

（殺人）

第一九九条　人を殺した者は、死刑又は無期若しくは五年以上の懲役に処する。

刑法〔自殺関与及び同意殺人〕二〇二〔予備〕二〇一〔未遂〕二〇三

（尊属殺）

第二〇〇条　削除

緊逮	即決	裁員	被参	医療	テロ等	公訴時効
○	×	○	○	○	×	無(25)

予備　未遂

◆少年法

（死刑と無期刑の緩和）

第五一条　罪を犯すとき十八歳に満たない者に対しては、死刑をもつて処断すべきときは、無期刑を科する。

2　罪を犯すとき十八歳に満たない者に対しては、無期刑をもつて処断すべきときであつても、有期の懲役又は禁錮を科することができる。この場合において、その刑は、十年以上二十年以下において言い渡す。

◆組織的な犯罪の処罰及び犯罪収益の規制等に関する法律

（組織的な殺人等）

第三条　次の各号に掲げる罪に当たる行為が、団体の活動（団体の意思決定に基づく行為であって、その効果又はこれによる利益が当該団体に帰属するものをいう。以下同じ。）として、当該罪に当たる行為を実行するための組織により行われたときは、その罪を犯した者は、当該各号に定める刑に処する。

七　刑法第百九十九条（殺人）の罪　死刑又は無期若しくは六年以上の懲役

2　団体に不正権益（団体の威力に基づく一定の地域又は分野における支配力であって、当該団体の構成員による犯罪その他の不正な行為により当該団体又はその構成員が継続的に利益を得ることを容易にすべきものをいう。以下この項及び第六条の二第二項において同じ。）を得させ、又は団体の不正権益を維持し、若しくは拡大する目的で、前項各号（第五号、第六号及び第十三号を除く。）に掲げる罪を犯した者も、同項と同様とする。

◆破壊活動防止法

（政治目的のための放火の罪の予備等）

第三九条　政治上の主義若しくは施策を推進し、支持し、又はこれに反対する目的をもつて、刑法第百八条、第百九条第一項、第百十七条第一項前段、第百二十六条第一項若しくは第二項、第百九十九条若しくは第二百三十六条第一項の罪の予備、陰謀若しくは教唆をなし、又はこれらの罪を実行させる目的をもつてするその罪のせん動をなした者は、五年以下の懲役又は禁こに処する。

◆爆発物取締罰則

〔爆発物使用〕

第一条　治安ヲ妨ケ又ハ人ノ身体財産ヲ害セントスルノ目的ヲ以テ爆発物ヲ使用シタル者及ヒ人ヲシテ之ヲ使用セシメタル者ハ死刑又ハ無期若クハ七年以上ノ懲役又ハ禁錮ニ処ス

刑法（二〇一条・二〇二条）

（予備）
第二〇一条　第百九十九条の罪を犯す目的で、その予備をした者は、二年以下の懲役に処する。ただし、情状により、その刑を免除することができる。

（自殺関与及び同意殺人）
第二〇二条　人を教唆し若しくは幇助して自殺させ、又は人をその嘱託を受け若しくはその承諾を得て殺した者は、六月以上七年以下の懲役又は禁錮に処する。

刑法〔未遂〕二〇三

手続法

緊逮	即決	裁員	被参	医療	テロ等	公訴時効
×	○	×	×	×	×	3

情状免刑

◆刑事訴訟法
〔刑の免除の判決〕
第三三四条　被告事件について刑を免除するときは、判決でその旨の言渡をしなければならない。

緊逮	即決	裁員	被参	医療	テロ等	公訴時効
○	○	×	○	○	×	10(5)

未遂

※自殺関与未遂の場合

緊逮	即決	裁員	被参	医療	テロ等	公訴時効
○	○	×	○	○	×	5

特別法

◆組織的な犯罪の処罰及び犯罪収益の規制等に関する法律
（組織的な殺人等の予備）
第六条　次の各号に掲げる罪で、これに当たる行為が、団体の活動として、当該行為を実行するための組織により行われるものを犯す目的で、その予備をした者は、当該各号に定める刑に処する。ただし、実行に着手する前に自首した者は、その刑を減軽し、又は免除する。
一　刑法第百九十九条（殺人）の罪　五年以下の懲役
2　第三条第二項に規定する目的で、前項各号に掲げる罪の予備をした者も、同項と同様とする。

➡第三条第二項（組織的な殺人等）〔不正権益の供与、維持・拡大を目的とする〕

◆軽犯罪法
〔軽犯罪〕
第一条　左の各号の一に該当する者は、これを拘留又は科料に処する。
二　正当な理由がなくて刃物、鉄棒その他人の生命を害し、又は人の身体に重大な害を加えるのに使用されるような器具を隠して携帯していた者

（未遂罪）
第二〇三条　第百九十九条及び前条の罪の未遂は、罰する。

刑法〔未遂〕四三・四四

第二十七章　傷害の罪

（傷害）
第二〇四条　人の身体を傷害した者は、十五年以下の懲役又は五十万円以下の罰金に処する。

刑法〔本罪との比較〕ガス漏出等致死傷＝一一八②、往来妨害致死傷＝一二四②、浄水汚染等致死傷＝一四五、特別公務員職権濫用等致死傷＝一九六、不同意堕胎致死傷＝二一六、遺棄等致死傷＝二一九、逮捕等致死傷＝二二一、建造物等損壊致死傷＝二六〇

緊逮	即決	裁員	被参	医療	テロ等	公訴時効
○	×	○	○	○	×	25(15)

緊逮	即決	裁員	被参	医療	テロ等	公訴時効
○	○	×	○	○	I	10(7)

◆軽犯罪法

〔軽犯罪〕
第一条　左の各号の一に該当する者は、これを拘留又は科料に処する。

二　正当な理由がなくて刃物、鉄棒その他人の生命を害し、又は人の身体に重大な害を加えるのに使用されるような器具を隠して携帯していた者

二十九　他人の身体に対して害を加えることを共謀した者の誰かがその共謀に係る行為の予備行為をした場合における共謀者

◆消防法

第四〇条　次のいずれかに該当する者は、二年以下の懲役又は百万円以下の罰金に処する。

一　第二十六条第一項の規定による消防車の通過を故意に妨害した者

二　消防団員が消火活動又は水災を除く他の災害の警戒防御及び救護に従事するに当たり、その行為を妨害した者

三　第二十五条（第三十六条第八項において準用する場合を含む。）又は第二十九条第五項（第三十条の二及び第三十六条第八項において準用する場合を含む。）の規定により消火若しくは延焼の防止又は人命の救助に従事する者に対し、その行為を妨害した者

③　第一項の罪を犯し、よつて人を死傷に至らしめた者は、この法律又は刑法により、重きに従つて処断する。

◆暴力行為等処罰ニ関スル法律

〔銃砲又は刀剣類使用による傷害罪〕

第一条ノ二　銃砲又ハ刀剣類ヲ用ヒテ人ノ身体ヲ傷害シタル者ハ一年以上十五年以下ノ懲役ニ処ス

② 前項ノ未遂罪ハ之ヲ罰ス

③ 前二項ノ罪ハ刑法第三条、第三条の二及第四条の二ノ例ニ従フ

〔常習的傷害罪、暴行罪、脅迫罪、器物損壊罪〕

第一条ノ三　常習トシテ刑法第二百四条、第二百八条、第二百二十二条又ハ第二百六十一条ノ罪ヲ犯シタル者人ヲ傷害シタルモノナルトキハ一年以上十五年以下ノ懲役ニ処シ其ノ他ノ場合ニ在リテハ三月以上五年以下ノ懲役ニ処ス

〔集団的犯罪請託罪、同受託罪〕

第三条　第一条ノ方法ニ依リ刑法第百九十九条、第二百四条、第二百八条、第二百二十二条、第二百二十三条、第二百三十四条、第二百六十条又ハ第二百六十一条ノ罪ヲ犯サシムル目的ヲ以テ金品其ノ他ノ財産上ノ利益若ハ職務ヲ供与シ又ハ其ノ申込若ハ約束ヲ為シタル者及情ヲ知リテ供与ヲ受ケ又ハ其ノ要求若ハ約束ヲ為シタル者ハ六月以下ノ懲役又ハ十万円以下ノ罰金ニ処ス

② 第一条ノ方法ニ依リ刑法第九十五条ノ罪ヲ犯サシムル目的ヲ以テ前項ノ行為ヲ為シタル者ハ六月以下ノ懲役若ハ禁錮又ハ十万円以下ノ罰金ニ処ス

◆自動車の運転により人を死傷させる行為等の処罰に関する法律

（危険運転致死傷）

第二条　次に掲げる行為を行い、よって、人を負傷させた者は十五年以下の懲役に処し、人を死亡させた者は一年以上の有期懲役に処する。

一　アルコール又は薬物の影響により正常な運転が困難な状態で自動車を走行させる行為

二　その進行を制御することが困難な高速度で自動車を走行させる行為

三　その進行を制御する技能を有しないで自動車を走行させる行為

四　人又は車の通行を妨害する目的で、走行中の自動車の直前に進入し、その他通行中の人又は車に著しく接近し、かつ、重大な交通の危険を生じさせる速度で自動車を運転する行為

五　赤色信号又はこれに相当する信号を殊更に無視し、かつ、

（傷害致死）

第二〇五条　身体を傷害し、よって人を死亡させた者は、三年以上の有期懲役に処する。

緊逮	即決	裁員	被参	医療	テロ等	公訴時効
○	×	○	○	○	×	20(10)

重大な交通の危険を生じさせる速度で自動車を運転する行為

六　通行禁止道路（道路標識若しくは道路標示により、又はその他法令の規定により自動車の通行が禁止されている道路又はその部分であって、これを通行することが人又は車に交通の危険を生じさせるものとして政令で定めるものをいう。）を進行し、かつ、重大な交通の危険を生じさせる速度で自動車を運転する行為

第三条　アルコール又は薬物の影響により、その走行中に正常な運転に支障が生じるおそれがある状態で、自動車を運転し、よって、そのアルコール又は薬物の影響により正常な運転が困難な状態に陥り、人を負傷させた者は十二年以下の懲役に処し、人を死亡させた者は十五年以下の懲役に処する。

2　自動車の運転に支障を及ぼすおそれがある病気として政令で定めるものの影響により、その走行中に正常な運転に支障が生じるおそれがある状態で、自動車を運転し、よって、その病気の影響により正常な運転が困難な状態に陥り、人を死傷させた者も、前項と同様とする。

◆人の健康に係る公害犯罪の処罰に関する法律

（故意犯）

第二条　工場又は事業場における事業活動に伴って人の健康を害する物質（身体に蓄積した場合に人の健康を害することとなる物質を含む。以下同じ。）を排出し、公衆の生命又は身体に危険を生じさせた者は、三年以下の懲役又は三百万円以下の罰金に処する。

2　前項の罪を犯し、よって人を死傷させた者は、七年以下の懲役又は五百万円以下の罰金に処する。

◆自動車の運転により人を死傷させる行為等の処罰に関する法律

（危険運転致死傷）

第二条　次に掲げる行為を行い、よって、人を負傷させた者は十五年以下の懲役に処し、人を死亡させた者は一年以上の有期懲役に処する。

一　アルコール又は薬物の影響により正常な運転が困難な状態で自動車を走行させる行為

二　その進行を制御することが困難な高速度で自動車を走行させる行為

刑法

（現場助勢）

第二〇六条　前二条の犯罪が行われるに当たり、現場において勢いを助けた者は、自ら人を傷害しなくても、一年以下の懲役又は十万円以下の罰金若しくは科料に処する。

刑法〔幇助〕六二

（同時傷害の特例）

第二〇七条　二人以上で暴行を加えて人を傷害した場合において、それぞれの暴行による傷害の軽重を知ることができず、又はその傷害を生じさせた者を知ることができないときは、共同して実行した者でな

手続法

緊逮	即決	裁員	被参	医療	テロ等	公訴時効
×	○	×	×	×	×	3

特別法

三　その進行を制御する技能を有しないで自動車を走行させる行為

四　人又は車の通行を妨害する目的で、走行中の自動車の直前に進入し、その他通行中の人又は車に著しく接近し、かつ、重大な交通の危険を生じさせる速度で自動車を運転する行為

五　赤色信号又はこれに相当する信号を殊更に無視し、かつ、重大な交通の危険を生じさせる速度で自動車を運転する行為

六　通行禁止道路（道路標識若しくは道路標示により、又はその他法令の規定により自動車の通行が禁止されている道路又はその部分であって、これを通行することが人又は車に交通の危険を生じさせるものとして政令で定めるものをいう。）を進行し、かつ、重大な交通の危険を生じさせる速度で自動車を運転する行為

第三条　アルコール又は薬物の影響により、その走行中に正常な運転に支障が生じるおそれがある状態で、自動車を運転し、よって、そのアルコール又は薬物の影響により正常な運転が困難な状態に陥り、人を負傷させた者は十二年以下の懲役に処し、人を死亡させた者は十五年以下の懲役に処する。

2　自動車の運転に支障を及ぼすおそれがある病気として政令で定めるものの影響により、その走行中に正常な運転に支障が生じるおそれがある状態で、自動車を運転し、よって、その病気の影響により正常な運転が困難な状態に陥り、人を死傷させた者も、前項と同様とする。

くても、共犯の例による。

刑法〔共犯の例〕共同正犯＝六〇

（暴行）
第二〇八条　暴行を加えた者が人を傷害するに至らなかったときは、二年以下の懲役若しくは三十万円以下の罰金又は拘留若しくは科料に処する。

刑法〔特別規定〕公務執行妨害及び職務強要＝九五、強制執行行為妨害等＝九六の三②、逃走援助＝一〇〇②、騒乱＝一〇六・一〇七、強制性交等＝一七六・一七七、特別公務員の暴行＝一九五、強要＝二二三①、強盗＝二三六・二三八

〔平二五・一一・二七法八六改正により削除された旧第二〇八条の二〕
（危険運転致死傷）
第二〇八条の二　アルコール又は薬物の影響により正常な運転が困難な状態で自動車を走行させ、よって、人を負傷させた者は十五年以下の懲役に処し、人を死亡させた者は一年以上の有期懲役に処する。その進行を制御することが困難な高速度

緊逮	即決	裁員	被参	医療	テロ等	公訴時効
×	○	×	×	×	×	3

◆暴力行為等処罰ニ関スル法律
〔集団的暴行罪、脅迫罪、器物損壊罪〕
第一条　団体若ハ多衆ノ威力ヲ示シ、団体若ハ多衆ヲ仮装シテ威力ヲ示シ又ハ兇器ヲ示シ若ハ数人共同シテ刑法（明治四十年法律第四十五号）第二百八条、第二百二十二条又ハ第二百六十一条ノ罪ヲ犯シタル者ハ三年以下ノ懲役又ハ三十万円以下ノ罰金ニ処ス
〔常習的傷害罪、暴行罪、脅迫罪、器物損壊罪〕
第一条ノ三　常習トシテ刑法第二百四条、第二百八条、第二百二十二条又ハ第二百六十一条ノ罪ヲ犯シタル者人ヲ傷害シタルモノナルトキハ一年以上十五年以下ノ懲役ニ処シ其ノ他ノ場合ニ在リテハ三月以上五年以下ノ懲役ニ処ス
〔集団的犯罪請託罪、同受託罪〕
第三条　第一条ノ方法ニ依リ刑法第百九十九条、第二百四条、第二百八条、第二百二十二条、第二百二十三条、第二百三十四条、第二百六十条又ハ第二百六十一条ノ罪ヲ犯サシムル目的ヲ以テ金品其ノ他ノ財産上ノ利益若ハ職務ヲ供与シ又ハ其ノ申込若ハ約束ヲ為シタル者及情ヲ知リテ供与ヲ受ケ又ハ其ノ要求若ハ約束ヲ為シタル者ハ六月以下ノ懲役又ハ十万円以下ノ罰金ニ処ス
②　第一条ノ方法ニ依リ刑法第九十五条ノ罪ヲ犯サシムル目的ヲ以テ前項ノ行為ヲ為シタル者ハ六月以下ノ懲役若ハ禁錮又ハ十万円以下ノ罰金ニ処ス

◆自動車の運転により人を死傷させる行為等の処罰に関する法律
（危険運転致死傷）
第二条　次に掲げる行為を行い、よって、人を負傷させた者は十五年以下の懲役に処し、人を死亡させた者は一年以上の有期懲役に処する。
一　アルコール又は薬物の影響により正常な運転が困難な状態で自動車を走行させる行為

で、又はその進行を制御する技能を有しないで自動車を走行させ、よって人を死傷させた者も、同様とする。

2　人又は車の通行を妨害する目的で、走行中の自動車の直前に進入し、その他通行中の人又は車に著しく接近し、かつ、重大な交通の危険を生じさせる速度で自動車を運転し、よって人を死傷させた者も、前項と同様とする。赤色信号又はこれに相当する信号を殊更に無視し、かつ、重大な交通の危険を生じさせる速度で自動車を運転し、よって人を死傷させた者も、同様とする。

二　その進行を制御することが困難な高速度で自動車を走行させる行為

三　その進行を制御する技能を有しないで自動車を走行させる行為

四　人又は車の通行を妨害する目的で、走行中の自動車の直前に進入し、その他通行中の人又は車に著しく接近し、かつ、重大な交通の危険を生じさせる速度で自動車を運転する行為

五　赤色信号又はこれに相当する信号を殊更に無視し、かつ、重大な交通の危険を生じさせる速度で自動車を運転する行為

六　通行禁止道路（道路標識若しくは道路標示により、又はその他法令の規定により自動車の通行が禁止されている道路又はその部分であって、これを通行することが人又は車に交通の危険を生じさせるものとして政令で定めるものをいう。）を進行し、かつ、重大な交通の危険を生じさせる速度で自動車を運転する行為

第三条　アルコール又は薬物の影響により、その走行中に正常な運転に支障が生じるおそれがある状態で、自動車を運転し、よって、そのアルコール又は薬物の影響により正常な運転が困難な状態に陥り、人を負傷させた者は十二年以下の懲役に処し、人を死亡させた者は十五年以下の懲役に処する。

2　自動車の運転に支障を及ぼすおそれがある病気として政令で定めるものの影響により、その走行中に正常な運転に支障が生じるおそれがある状態で、自動車を運転し、よって、その病気の影響により正常な運転が困難な状態に陥り、人を死傷させた者も、前項と同様とする。

◆道路交通法

（定義）

第二条　この法律において、次の各号に掲げる用語の意義は、それぞれ当該各号に定めるところによる。

九　自動車　原動機を用い、かつ、レール又は架線によらないで運転する車であつて、原動機付自転車、自転車及び身体障害者用の車いす並びに歩行補助車その他の小型の車で政令で定めるもの（以下「歩行補助車等」という。）以外のものをいう。

〔平二五・一一・二七法八六改正前の旧第二〇八条の三〕
（凶器準備集合及び結集）
第二〇八条の二　二人以上の者が他人の生命、身体又は財産に対し共同して害を加える目的で集合した場合において、凶器を準備して又はその準備があることを知って集合した者は、二年以下の懲役又は三十万円以下の罰金に処する。
2　前項の場合において、凶器を準備して又はその準備があることを知って人を集合させた者は、三年以下の懲役に処する。

第二十八章　過失傷害の罪

（過失傷害）
第二〇九条　過失により人を傷害した者は、三十万円以下の罰金又は科料に処する。
2　前項の罪は、告訴がなければ公訴を提起することができない。

刑法①〔過失〕三八①

緊速	即決	裁員	被参	医療	テロ等	公訴時効
①× ②○	○	×	×	×	×	3

緊速	即決	裁員	被参	医療	テロ等	公訴時効
①×	○	×	×	×	×	3
①＝親告						

◆刑事訴訟法
〔告訴権者〕

◆暴力行為等処罰ニ関スル法律
〔集団的暴行罪、脅迫罪、器物損壊罪〕
第一条　団体若ハ多衆ノ威力ヲ示シ、団体若ハ多衆ヲ仮装シテ威力ヲ示シ又ハ兇器ヲ示シ若ハ数人共同シテ刑法（明治四十年法律第四十五号）第二百八条、第二百二十二条又ハ第二百六十一条ノ罪ヲ犯シタル者ハ三年以下ノ懲役又ハ三十万円以下ノ罰金ニ処ス

◆爆発物取締罰則
〔爆発物使用〕
第一条　治安ヲ妨ケ又ハ人ノ身体財産ヲ害セントスルノ目的ヲ以テ爆発物ヲ使用シタル者及ヒ人ヲシテ之ヲ使用セシメタル者ハ死刑又ハ無期若クハ七年以上ノ懲役又ハ禁錮ニ処ス

◆盗犯等ノ防止及処分ニ関スル法律
〔盗犯に対する正当防衛〕
第一条　左ノ各号ノ場合ニ於テ自己又ハ他人ノ生命、身体又ハ貞操ニ対スル現在ノ危険ヲ排除スル為犯人ヲ殺傷シタルトキハ刑法第三十六条第一項ノ防衛行為アリタルモノトス
二　兇器ヲ携帯シテ又ハ門戸牆壁等ヲ踰越損壊シ若ハ鎖鑰ヲ開キテ人ノ住居又ハ人ノ看守スル邸宅、建造物若ハ船舶ニ侵入スル者ヲ防止セントスルトキ
〔常習特殊窃盗罪・同強盗罪〕
第二条　常習トシテ左ノ各号ノ方法ニ依リ刑法第二百三十五条、第二百三十六条、第二百三十八条若ハ第二百三十九条ノ罪又ハ其ノ未遂罪ヲ犯シタル者ニ対シ窃盗ヲ以テ論ズベキトキハ三年以上、強盗ヲ以テ論ズベキトキハ七年以上ノ有期懲役ニ処ス
一　兇器ヲ携帯シテ犯シタルトキ

◆軽犯罪法
〔軽犯罪〕
第一条　左の各号の一に該当する者は、これを拘留又は科料に処する。
十一　相当の注意をしないで、他人の身体又は物件に害を及ぼす虞のある場所に物を投げ、注ぎ、又は発射した者

第二三〇条　犯罪により害を被つた者は、告訴をすることができる。

〔同前〕

第二三一条　被害者の法定代理人は、独立して告訴をすることができる。

②　被害者が死亡したときは、その配偶者、直系の親族又は兄弟姉妹は、告訴をすることができる。但し、被害者の明示した意思に反することはできない。

〔同前〕

第二三二条　被害者の法定代理人が被疑者であるとき、被疑者の配偶者であるとき、又は被疑者の四親等内の血族若しくは三親等内の姻族であるときは、被害者の親族は、独立して告訴をすることができる。

〔告訴権者の指定〕

第二三四条　親告罪について告訴をすることができる者がない場合には、検察官は、利害関係人の申立により告訴をすることができる者を指定することができる。

〔告訴期間〕

第二三五条　親告罪の告訴は、犯人を知つた日から六箇月を経過したときは、これをすることができない。ただし、刑法第二百三十二条第二項の規定により外国の代表者が行う告訴及び日本国に派遣された外国の使節に対する同法第二百三十条又は第二百三十一条の罪につきその使節が行う告訴については、この限りでない。

〔告訴期間の独立〕

第二三六条　告訴をすることができる者が数人ある場合には、一人の期間の徒過は、他の者に対しその効力を及ぼさない。

〔告訴・告発の方式〕

第二四一条　告訴又は告発は、書面又は口頭で検察官又は司法警察員にこれをしなければならない。

②　検察官又は司法警察員は、口頭による告訴又は告発を受けたときは調書を作らなければならない。

〔公訴棄却の判決〕

第三三八条　左の場合には、判決で公訴を棄却しなければならない。

四　公訴提起の手続がその規定に違反したため無効であるとき。

（過失致死）
第二一〇条　過失により人を死亡させた者は、五十万円以下の罰金に処する。

刑法〔過失〕三八①

（業務上過失致死傷等）
第二一一条　業務上必要な注意を怠り、よって人を死傷させた者は、五年以下の懲役若しくは禁錮又は百万円以下の罰金に処する。重大な過失により人を死傷させた者も、同様とする。

刑法〔過失〕三八①〔重大な過失の他の例〕失火＝一一七の二

〔平二五・一一・二七法八六改正により削除された旧第二一一条第二項〕
2　自動車の運転上必要な注意を怠り、よって人を死傷させた者は、七年以下の懲役若しくは禁錮又は百万円以下の罰金に処する。ただし、その傷害が軽いときは、情状により、その刑を免除することができる。

緊逮	即決	裁員	被参	医療	テロ等	公訴時効
×	○	×	×	×	×	3

緊逮	即決	裁員	被参	医療	テロ等	公訴時効
○	○	×	○	×	×	5

※重過失傷害の場合

緊逮	即決	裁員	被参	医療	テロ等	公訴時効
○	○	×	○	×	×	5

※致死の場合

緊逮	即決	裁員	被参	医療	テロ等	公訴時効
○	○	×	○	×	×	10(5)

◆**人の健康に係る公害犯罪の処罰に関する法律**

（過失犯）
第三条　業務上必要な注意を怠り、工場又は事業場における事業活動に伴つて人の健康を害する物質を排出し、公衆の生命又は身体に危険を生じさせた者は、二年以下の懲役若しくは禁錮《こ》又は二百万円以下の罰金に処する。
2　前項の罪を犯し、よつて人を死傷させた者は、五年以下の懲役若しくは禁錮《こ》又は三百万円以下の罰金に処する。

◆**自動車の運転により人を死傷させる行為等の処罰に関する法律**

（過失運転致死傷）
第五条　自動車の運転上必要な注意を怠り、よって人を死傷させた者は、七年以下の懲役若しくは禁錮又は百万円以下の罰金に処する。ただし、その傷害が軽いときは、情状により、その刑を免除することができる。

◆**自動車の運転により人を死傷させる行為等の処罰に関する法律**

（過失運転致死傷アルコール等影響発覚免脱）
第四条　アルコール又は薬物の影響によりその走行中に正常な運転に支障が生じるおそれがある状態で自動車を運転した者が、運転上必要な注意を怠り、よって人を死傷させた場合において、その運転の時のアルコール又は薬物の影響の有無又は程度が発覚することを免れる目的で、更にアルコール又は薬物を摂取すること、その場を離れて身体に保有するアルコール又は薬物の濃度を減少させることその他その影響の有無又は程度が発覚することを免れるべき行為をしたときは、十

刑法（二一二条・二一三条）

第二十九章　堕胎の罪

（堕胎）
第二一二条　妊娠中の女子が薬物を用い、又はその他の方法により、堕胎したときは、一年以下の懲役に処する。

（同意堕胎及び同致死傷）
第二一三条　女子の嘱託を受け、又はその承諾を得て堕胎させた者は、二年以下の懲役に処する。よって女子を死傷させた者は、三月以上五年以下の懲役に処する。

手続法

緊逮	即決	裁員	被参	医療	テロ等	公訴時効
×	○	×	×	×	×	3

緊逮	即決	裁員	被参	医療	テロ等	公訴時効
前× 後○	○	×	前× 後○	×	×	前＝3 後(致傷)＝5

※致死の場合

緊逮	即決	裁員	被参	医療	テロ等	公訴時効
○	○	×	○	×	×	10(5)

特別法

二年以下の懲役に処する。

（過失運転致死傷）
第五条　自動車の運転上必要な注意を怠り、よって人を死傷させた者は、七年以下の懲役若しくは禁錮又は百万円以下の罰金に処する。ただし、その傷害が軽いときは、情状により、その刑を免除することができる。

◆道路交通法

（定義）
第二条　この法律において、次の各号に掲げる用語の意義は、それぞれ当該各号に定めるところによる。
九　自動車　原動機を用い、かつ、レール又は架線によらないで運転する車であつて、原動機付自転車、自転車及び身体障害者用の車いす並びに歩行補助車その他の小型の車で政令で定めるもの（以下「歩行補助車等」という。）以外のものをいう。

（業務上堕胎及び同致死傷）

第二一四条　医師、助産師、薬剤師又は医薬品販売業者が女子の嘱託を受け、又はその承諾を得て堕胎させたときは、三月以上五年以下の懲役に処する。よって女子を死傷させたときは、六月以上七年以下の懲役に処する。

緊逮	即決	裁員	被参	医療	テロ等	公訴時効
○	○	×	前× 後○	×	×	5

※致死の場合

緊逮	即決	裁員	被参	医療	テロ等	公訴時効
○	○	×	○	×	×	10(5)

（不同意堕胎）

第二一五条　女子の嘱託を受けないで、又はその承諾を得ないで堕胎させた者は、六月以上七年以下の懲役に処する。

2　前項の罪の未遂は、罰する。

刑法〔致死傷〕二一六②〔未遂〕四三・四四

緊逮	即決	裁員	被参	医療	テロ等	公訴時効
○	○	×	×	×	×	5
未遂						

（不同意堕胎致死傷）

第二一六条　前条の罪を犯し、よって女子を死傷させた者は、傷害の罪と比較して、重い刑により処断する。

刑法〔傷害の罪〕二〇四・二〇五〔刑の軽重〕一〇

緊逮	即決	裁員	被参	医療	テロ等	公訴時効
○	○	×	○	△	×	10(7)

※致死の場合

緊逮	即決	裁員	被参	医療	テロ等	公訴時効
○	×	○	○	△	×	20(10)

第三十章　遺棄の罪

（遺棄）

第二一七条　老年、幼年、身体障害又は疾病のために扶助を必要とする者を遺棄した者は、一年以下の懲

緊逮	即決	裁員	被参	医療	テロ等	公訴時効
×	○	×	×	×	×	3

◆母体保護法

（医師の認定による人工妊娠中絶）

第一四条　都道府県の区域を単位として設立された公益社団法人たる医師会の指定する医師（以下「指定医師」という。）は、次の各号の一に該当する者に対して、本人及び配偶者の同意を得て、人工妊娠中絶を行うことができる。

一　妊娠の継続又は分娩が身体的又は経済的理由により母体の健康を著しく害するおそれのあるもの

二　暴行若しくは脅迫によつて又は抵抗若しくは拒絶することができない間に姦淫《かんいん》されて妊娠したもの

2　前項の同意は、配偶者が知れないとき若しくはその意思を表示することができないとき又は妊娠後に配偶者がなくなつたときには本人の同意だけで足りる。

◆軽犯罪法

（軽犯罪）

第一条　左の各号の一に該当する者は、これを拘留又は科料に処する。

刑法（二一八条・二一九条）

役に処する。

刑法〔致死傷〕二一九

（保護責任者遺棄等）

第二一八条　老年者、幼年者、身体障害者又は病者を保護する責任のある者がこれらの者を遺棄し、又はその生存に必要な保護をしなかったときは、三月以上五年以下の懲役に処する。

刑法〔致死傷〕二一九

例示〔交通事故の場合〕救護義務＝道交七二・一一七・一一七の五1

（遺棄等致死傷）

第二一九条　前二条の罪を犯し、よって人を死傷させた者は、傷害の罪と比較して、重い刑により処断する。

刑法〔傷害の罪〕二〇四・二〇五〔刑の軽重〕一〇

手続法

緊逮	即決	裁員	被参	医療	テロ等	公訴時効
○	○	×	×	×	×	5

◆ 民法

（監護及び教育の権利義務）

第八二〇条　親権を行う者は、子の利益のために子の監護及び教育をする権利を有し、義務を負う。

（扶養義務者）

第八七七条　直系血族及び兄弟姉妹は、互いに扶養をする義務がある。

2　家庭裁判所は、特別の事情があるときは、前項に規定する場合のほか、三親等内の親族間においても扶養の義務を負わせることができる。

3　前項の規定による審判があった後事情に変更を生じたときは、家庭裁判所は、その審判を取り消すことができる。

緊逮	即決	裁員	被参	医療	テロ等	公訴時効
○	○	×	○	△	×	10(7)

※致死の場合

緊逮	即決	裁員	被参	医療	テロ等	公訴時効
○	×	○	○	△	×	20(10)

特別法

十八　自己の占有する場所内に、老幼、不具若しくは傷病のため扶助を必要とする者又は人の死体若しくは死胎のあることを知りながら、速やかにこれを公務員に申し出なかつた者

◆ 道路交通法

（交通事故の場合の措置）

第七二条　交通事故があつたときは、当該交通事故に係る車両等の運転者その他の乗務員（以下この節において「運転者等」という。）は、直ちに車両等の運転を停止して、負傷者を救護し、道路における危険を防止する等必要な措置を講じなければならない。この場合において、当該車両等の運転者（運転者が死亡し、又は負傷したためやむを得ないときは、その他の乗務員。以下次項において同じ。）は、警察官が現場にいるときは当該警察官に、警察官が現場にいないときは直ちに最寄りの警察署（派出所又は駐在所を含む。以下次項において同じ。）の警察官に当該交通事故が発生した日時及び場所、当該交通事故における死傷者の数及び負傷者の負傷の程度並びに損壊した物及びその損壊の程度、当該交通事故に係る車両等の積載物並びに当該交通事故について講じた措置を報告しなければならない。

第三十一章　逮捕及び監禁の罪

（逮捕及び監禁）

第二二〇条　不法に人を逮捕し、又は監禁した者は、三月以上七年以下の懲役に処する。

刑法　〔致死傷〕二二一　〔特別規定〕裁判、検察若しくは警察の職務を行う者＝一九四

緊逮	即決	裁員	被参	医療	テロ等	公訴時効
○	○	×	○	×	×	5

◆日本国憲法

〔奴隷的拘束及び苦役からの自由〕

第一八条　何人も、いかなる奴隷的拘束も受けない。又、犯罪に因る処罰の場合を除いては、その意に反する苦役に服させられない。

〔逮捕に対する保障〕

第三三条　何人も、現行犯として逮捕される場合を除いては、権限を有する司法官憲が発し、且つ理由となつてゐる犯罪を明示する令状によらなければ、逮捕されない。

◆組織的な犯罪の処罰及び犯罪収益の規制等に関する法律

（組織的な殺人等）

第三条　次の各号に掲げる罪に当たる行為が、団体の活動（団体の意思決定に基づく行為であって、その効果又はこれによる利益が当該団体に帰属するものをいう。以下同じ。）として、当該罪に当たる行為を実行するための組織により行われたときは、その罪を犯した者は、当該各号に定める刑に処する。

八　刑法第二百二十条（逮捕及び監禁）の罪　三月以上十年以下の懲役

２　団体に不正権益（団体の威力に基づく一定の地域又は分野における支配力であって、当該団体の構成員による犯罪その他の不正な行為により当該団体又はその構成員が継続的に利益を得ることを容易にすべきものをいう。以下この項及び第六条の二第二項において同じ。）を得させ、又は団体の不正権益を維持し、若しくは拡大する目的で、前項各号（第五号、第六号及び第十三号を除く。）に掲げる罪を犯した者も、同項と同様とする。

◆人質による強要行為等の処罰に関する法律

（人質による強要等）

第一条　人を逮捕し、又は監禁し、これを人質にして、第三者に対し、義務のない行為をすること又は権利を行わないことを要求した者は、六月以上十年以下の懲役に処する。

２　第三者に対して義務のない行為をすること又は権利を行わないことを要求するための人質にする目的で、人を逮捕し、又は監禁した者も、前項と同様とする。

３　前項の未遂罪は、罰する。

（加重人質強要）

第二条　二人以上共同して、かつ、凶器を示して人を逮捕し、又は監禁した者が、これを人質にして、第三者に対し、義務のない行為をすること又は権利を行わないことを要求したときは、無期又は五年以上の懲役に処する。

刑法（二二一条・二二二条）

（逮捕等致死傷）
第二二一条　前条の罪を犯し、よって人を死傷させた者は、傷害の罪と比較して、重い刑により処断する。

刑法〔傷害の罪〕二〇四・二〇五〔刑の軽重〕一〇

第三十二章　脅迫の罪

（脅迫）
第二二二条　生命、身体、自由、名誉又は財産に対し害を加える旨を告知して人を脅迫した者は、二年以下の懲役又は三十万円以下の罰金に処する。
2　親族の生命、身体、自由、名誉又は財産に対し害を加える旨を告知して人を脅迫した者も、前項と同様とする。

手続法

緊逮	即決	裁員	被参	医療	テロ等	公訴時効
○	○	×	○	△	×	10(7)

※致死の場合

緊逮	即決	裁員	被参	医療	テロ等	公訴時効
○	×	○	○	△	×	20(10)

緊逮	即決	裁員	被参	医療	テロ等	公訴時効
×	○	×	×	×	×	3

◆民法
（親族の範囲）
第七二五条　次に掲げる者は、親族とする。
一　六親等内の血族
二　配偶者
三　三親等内の姻族
（縁組による親族関係の発生）
第七二七条　養子と養親及びその血族との間においては、養子縁組の日から、血族間におけるのと同一の親族関係を生ずる。
（離婚等による姻族関係の終了）
第七二八条　姻族関係は、離婚によって終了する。
2　夫婦の一方が死亡した場合において、生存配偶者が姻族関係を終了させる意思を表示したときも、前項と同様とする。
（離縁による親族関係の終了）
第七二九条　養子及びその配偶者並びに養子の直系卑属及びその配偶者と養親及びその血族との親族関係は、離縁によって終了する。

特別法

◆暴力行為等処罰ニ関スル法律
〔集団的暴行罪、脅迫罪、器物損壊罪〕
第一条　団体若ハ多衆ノ威力ヲ示シ、団体若ハ多衆ヲ仮装シテ威力ヲ示シ又ハ兇器ヲ示シ若ハ数人共同シテ刑法（明治四十年法律第四十五号）第二百八条、第二百二十二条又ハ第二百六十一条ノ罪ヲ犯シタル者ハ三年以下ノ懲役又ハ三十万円以下ノ罰金ニ処ス
〔常習的傷害罪、暴行罪、脅迫罪、器物損壊罪〕
第一条ノ三　常習トシテ刑法第二百四条、第二百八条、第二百二十二条又ハ第二百六十一条ノ罪ヲ犯シタル者人ヲ傷害シタルモノナルトキハ一年以上十五年以下ノ懲役ニ処シ其ノ他ノ場合ニ在リテハ三月以上五年以下ノ懲役ニ処ス
〔集団的犯罪請託罪、同受託罪〕
第三条　第一条ノ方法ニ依リ刑法第百九十九条、第二百四条、第二百八条、第二百二十二条、第二百二十三条、第二百三十四条、第二百六十条又ハ第二百六十一条ノ罪ヲ犯サシムル目的ヲ以テ金品其ノ他ノ財産上ノ利益若ハ職務ヲ供与シ又ハ其ノ申込若ハ約束ヲ為シタル者及情ヲ知リテ供与ヲ受ケ又ハ其ノ要求若ハ約束ヲ為シタル者ハ六月以下ノ懲役又ハ十万円以下ノ罰金ニ処ス
②　第一条ノ方法ニ依リ刑法第九十五条ノ罪ヲ犯サシムル目的ヲ以テ前項ノ行為ヲ為シタル者ハ六月以下ノ懲役若ハ禁錮又ハ十万円以下ノ罰金ニ処ス

（強要）
第二二三条　生命、身体、自由、名誉若しくは財産に対し害を加える旨を告知して脅迫し、又は暴行を用いて、人に義務のないことを行わせ、又は権利の行使を妨害した者は、三年以下の懲役に処する。
2　親族の生命、身体、自由、名誉又は財産に対し害を加える旨を告知して脅迫し、人に義務のないことを行わせ、又は権利の行使を妨害した者も、前項と同様とする。
3　前二項の罪の未遂は、罰する。

刑法　〔未遂〕四三・四四〔特別規定〕職務強要＝九五②、逃走援助＝一〇〇②、騒乱＝一〇六・一〇七、強制性交等＝一七六・一七七、強盗＝二三六・二三八

緊逮	即決	裁員	被参	医療	テロ等	公訴時効
○	○	×	×	×	×	3

未遂

◆ 民法
（親族の範囲）
第七二五条　次に掲げる者は、親族とする。
一　六親等内の血族
二　配偶者
三　三親等内の姻族
（縁組による親族関係の発生）
第七二七条　養子と養親及びその血族との間においては、養子縁組の日から、血族間におけるのと同一の親族関係を生ずる。
（離婚等による姻族関係の終了）
第七二八条　姻族関係は、離婚によって終了する。
2　夫婦の一方が死亡した場合において、生存配偶者が姻族関係を終了させる意思を表示したときも、前項と同様とする。
（離縁による親族関係の終了）
第七二九条　養子及びその配偶者並びに養子の直系卑属及びその配偶者と養親及びその血族との親族関係は、離縁によって終了する。

◆ 組織的な犯罪の処罰及び犯罪収益の規制等に関する法律
（組織的な殺人等）
第三条　次の各号に掲げる罪に当たる行為が、団体の活動（団体の意思決定に基づく行為であって、その効果又はこれによる利益が当該団体に帰属するものをいう。以下同じ。）として、当該罪に当たる行為を実行するための組織により行われたときは、その罪を犯した者は、当該各号に定める刑に処する。
九　刑法第二百二十三条第一項又は第二項（強要）の罪　五年以下の懲役
2　団体に不正権益（団体の威力に基づく一定の地域又は分野における支配力であって、当該団体の構成員による犯罪その他の不正な行為により当該団体又はその構成員が継続的に利益を得ることを容易にすべきものをいう。以下この項及び第六条の二第二項において同じ。）を得させ、又は団体の不正権益を維持し、若しくは拡大する目的で、前項各号（第五号、第六号及び第十三号を除く。）に掲げる罪を犯した者も、同項と同様とする。

◆ 暴力行為等処罰ニ関スル法律
〔集団的犯罪請託罪、同受託罪〕
第三条　第一条ノ方法ニ依リ刑法第百九十九条、第二百四条、第二百八条、第二百二十二条、第二百二十三条、第二百三十四条、第二百六十条又ハ第二百六十一条ノ罪ヲ犯サシムル目的ヲ以テ金品其ノ他ノ財産上ノ利益若ハ職務ヲ供与シ又ハ其ノ申込若ハ約束ヲ為シタル者及情ヲ知リテ供与ヲ受ケ又ハ其ノ要求若ハ約束ヲ為シタル者ハ六月以下ノ懲役又ハ十万円以下ノ罰金ニ処ス
②　第一条ノ方法ニ依リ刑法第九十五条ノ罪ヲ犯サシムル目的ヲ以テ前項ノ行為ヲ為シタル者ハ六月以下ノ懲役若ハ禁錮又ハ十万円以下ノ罰金ニ処ス

◆ 人質による強要行為等の処罰に関する法律
（人質による強要等）
第一条　人を逮捕し、又は監禁し、これを人質にして、第三者に対し、義務のない行為をすること又は権利を行わないことを要求した者は、六月以上十年以下の懲役に処する。
2　第三者に対して義務のない行為をすること又は権利を行わないことを要求するための人質にする目的で、人を逮捕し、又は

刑法（二二四条）

第三十三章　略取、誘拐及び人身売買の罪

（未成年者略取及び誘拐）

第二二四条　未成年者を略取し、又は誘拐した者は、三月以上七年以下の懲役に処する。

刑法〔未遂〕二二八〔親告罪〕二二九

手続法

緊逮	即決	裁員	被参	医療	テロ等	公訴時効
○	○	×	○	×	Ⅱ	5

未遂　親告

◆民法
（成年）
第四条　年齢二十歳をもって、成年とする。

特別法

監禁した者も、前項と同様とする。
3　前項の未遂罪は、罰する。
（加重人質強要）
第二条　二人以上共同して、かつ、凶器を示して人を逮捕し、又は監禁した者が、これを人質にして、第三者に対し、義務のない行為をすること又は権利を行わないことを要求したときは、無期又は五年以上の懲役に処する。
第三条　航空機の強取等の処罰に関する法律（昭和四十五年法律第六十八号）第一条第一項の罪を犯した者が、当該航空機内にある者を人質にして、第三者に対し、義務のない行為をすること又は権利を行わないことを要求したときは、無期又は十年以上の懲役に処する。

◆児童福祉法
〔禁止行為〕
第三四条　何人も、次に掲げる行為をしてはならない。
一　身体に障害又は形態上の異常がある児童を公衆の観覧に供する行為
二　児童にこじきをさせ、又は児童を利用してこじきをする行為
三　公衆の娯楽を目的として、満十五歳に満たない児童にかるわざ又は曲馬をさせる行為
四　満十五歳に満たない児童に戸々について、又は道路その他これに準ずる場所で歌謡、遊芸その他の演技を業務としてさせる行為
四の二　児童に午後十時から午前三時までの間、戸々について、又は道路その他これに準ずる場所で物品の販売、配布、展示若しくは拾集又は役務の提供を業務としてさせる行為
四の三　戸々について、又は道路その他これに準ずる場所で物品の販売、配布、展示若しくは拾集又は役務の提供を業務として行う満十五歳に満たない児童を、当該業務を行うために、風俗営業等の規制及び業務の適正化等に関する法律（昭和二十三年法律第百二十二号）第二条第四項の接待飲食等営業、同条第六項の店舗型性風俗特殊営業及び同条第九項の店

（営利目的等略取及び誘拐）

第二二五条　営利、わいせつ、結婚又は生命若しくは身体に対する加害の目的で、人を略取し、又は誘拐した者は、一年以上十年以下の懲役に処する。

刑法〔未遂〕二二八

緊逮	即決	裁員	被参	医療	テロ等	公訴時効
○	×	×	○	×	Ⅱ	7

未遂

舗型電話異性紹介営業に該当する営業を営む場所に立ち入らせる行為
五　満十五歳に満たない児童に酒席に侍する行為を業務としてさせる行為
六　児童に淫《いん》行をさせる行為
七　前各号に掲げる行為をするおそれのある者その他児童に対し、刑罰法令に触れる行為をなすおそれのある者に、情を知つて、児童を引き渡す行為及び当該引渡し行為のなされるおそれがあるの情を知つて、他人に児童を引き渡す行為
八　成人及び児童のための正当な職業紹介の機関以外の者が、営利を目的として、児童の養育をあつせんする行為
九　児童の心身に有害な影響を与える行為をさせる目的をもつて、これを自己の支配下に置く行為

第六〇条　第三十四条第一項第六号の規定に違反した者は、十年以下の懲役若しくは三百万円以下の罰金に処し、又はこれを併科する。
②　第三十四条第一項第一号から第五号まで又は第七号から第九号までの規定に違反した者は、三年以下の懲役若しくは百万円以下の罰金に処し、又はこれを併科する。
③　第三十四条第二項の規定に違反した者は、一年以下の懲役又は五十万円以下の罰金に処する。
④　児童を使用する者は、児童の年齢を知らないことを理由として、前三項の規定による処罰を免れることができない。ただし、過失のないときは、この限りでない。
⑤　第一項及び第二項（第三十四条第一項第七号又は第九号の規定に違反した者に係る部分に限る。）の罪は、刑法第四条の二の例に従う。

◆**組織的な犯罪の処罰及び犯罪収益の規制等に関する法律**

（組織的な殺人等の予備）
第六条　次の各号に掲げる罪で、これに当たる行為が、団体の活動として、当該行為を実行するための組織により行われるものを犯す目的で、その予備をした者は、当該各号に定める刑に処する。ただし、実行に着手する前に自首した者は、その刑を減軽し、又は免除する。
二　刑法第二百二十五条（営利目的等略取及び誘拐）の罪（営

刑法（二二五条の二）

（身の代金目的略取等）

第二二五条の二　近親者その他略取され又は誘拐された者の安否を憂慮する者の憂慮に乗じてその財物を交付させる目的で、人を略取し、又は誘拐した者は、無期又は三年以上の懲役に処する。

2　人を略取し又は誘拐した者が近親者その他略取され又は誘拐された者の安否を憂慮する者の憂慮に乗じて、その財物を交付させ、又はこれを要求する行為をしたときも、前項と同様とする。

[刑法]〔未遂〕二二八〔予備〕二二八の三〔解放による刑の減軽〕二二八の二

手続法

緊逮	即決	裁員	被参	医療	テロ等	公訴時効
○	×	○	○	×	×	15(10)

①＝[未遂]　①＝[予備]　[解放減軽]

特別法

利の目的によるものに限る。）　二年以下の懲役

2　第三条第二項に規定する目的で、前項各号に掲げる罪の予備をした者も、同項と同様とする。

⬇第三条第二項（組織的な殺人等）〔不正権益の供与、維持・拡大を目的とする〕

◆職業安定法

第六三条　次の各号のいずれかに該当する者は、これを一年以上十年以下の懲役又は二十万円以上三百万円以下の罰金に処する。

一　暴行、脅迫、監禁その他精神又は身体の自由を不当に拘束する手段によつて、職業紹介、労働者の募集若しくは労働者の供給を行つた者又はこれらに従事した者

二　公衆衛生又は公衆道徳上有害な業務に就かせる目的で、職業紹介、労働者の募集若しくは労働者の供給を行つた者又はこれらに従事した者

◆組織的な犯罪の処罰及び犯罪収益の規制等に関する法律

（組織的な殺人等）

第三条　次の各号に掲げる罪に当たる行為が、団体の活動（団体の意思決定に基づく行為であって、その効果又はこれによる利益が当該団体に帰属するものをいう。以下同じ。）として、当該罪に当たる行為を実行するための組織により行われたときは、その罪を犯した者は、当該各号に定める刑に処する。

十　刑法第二百二十五条の二（身の代金目的略取等）の罪　無期又は五年以上の懲役

2　団体に不正権益（団体の威力に基づく一定の地域又は分野における支配力であって、当該団体の構成員による犯罪その他の不正な行為により当該団体又はその構成員が継続的に利益を得ることを容易にすべきものをいう。以下この項及び第六条の二第二項において同じ。）を得させ、又は団体の不正権益を維持し、若しくは拡大する目的で、前項各号（第五号、第六号及び第十三号を除く。）に掲げる罪を犯した者も、同項と同様とする。

（所在国外移送目的略取及び誘拐）

第二二六条 所在国外に移送する目的で、人を略取し、又は誘拐した者は、二年以上の有期懲役に処する。

刑法（未遂）二二八

緊逮	即決	裁員	被参	医療	テロ等	公訴時効
○	×	×	○	×	Ⅰ	10(7)

未遂

（人身売買）

第二二六条の二 人を買い受けた者は、三月以上五年以下の懲役に処する。

2 未成年者を買い受けた者は、三月以上七年以下の懲役に処する。

3 営利、わいせつ、結婚又は生命若しくは身体に対する加害の目的で、人を買い受けた者は、一年以上十年以下の懲役に処する。

4 人を売り渡した者も、前項と同様とする。

5 所在国外に移送する目的で、人を売買した者は、二年以上の有期懲役に処する。

刑法（未遂）二二八

緊逮	即決	裁員	被参	医療	テロ等	公訴時効
○	①○ ②○ ③× ④× ⑤×	×	○	×	①Ⅱ ②× ③× ④Ⅱ ⑤Ⅰ	①=5 ②=5 ③=7 ④=7 ⑤=10

未遂

◆ 民法

（成年）

第四条 年齢二十歳をもって、成年とする。

（被略取者等所在国外移送）

第二二六条の三 略取され、誘拐され、又は売買された者を所在国外に移送した者は、二年以上の有期懲役に処する。

刑法（未遂）二二八

緊逮	即決	裁員	被参	医療	テロ等	公訴時効
○	×	×	○	×	Ⅰ	10

未遂

◆ 売春防止法

（困惑等による売春）

第七条 人を欺き、若しくは困惑させてこれに売春をさせ、又は親族関係による影響力を利用して人に売春をさせた者は、三年以下の懲役又は十万円以下の罰金に処する。

2 人を脅迫し、又は人に暴行を加えてこれに売春をさせた者は、三年以下の懲役又は三年以下の懲役及び十万円以下の罰金に処する。

3 前二項の未遂罪は、罰する。

（売春をさせる業）

第一二条 人を自己の占有し、若しくは管理する場所又は自己の指定する場所に居住させ、これに売春をさせることを業とした者は、十年以下の懲役及び三十万円以下の罰金に処する。

（被略取者引渡し等）

第二二七条　第二百二十四条、第二百二十五条又は前三条の罪を犯した者を幇助する目的で、略取され、誘拐され、又は売買された者を引き渡し、収受し、輸送し、蔵匿し、又は隠避させた者は、三月以上五年以下の懲役に処する。

２　第二百二十五条の二第一項の罪を犯した者を幇助する目的で、略取され又は誘拐された者を引き渡し、収受し、輸送し、蔵匿し、又は隠避させた者は、一年以上十年以下の懲役に処する。

３　営利、わいせつ又は生命若しくは身体に対する加害の目的で、略取され、誘拐され、又は売買された者を引き渡し、収受し、輸送し、又は蔵匿した者は、六月以上七年以下の懲役に処する。

４　第二百二十五条の二第一項の目的で、略取され又は誘拐された者を収受した者は、二年以上の有期懲役に処する。略取され又は誘拐された者を収受した者が近親者その他略取され又は誘拐された者の安否を憂慮する者の憂慮に乗じて、その財物を交付させ、又はこれを要求する行為をしたときも、同様とする。

刑法〔未遂〕二二八〔親告罪〕二二九②④〔解放による刑の減軽〕二二八の二

（未遂罪）

第二二八条　第二百二十四条、第二百二十五条、第二百二十五条の二第一項、第二百二十六条から第二百二十六条の三まで並びに前条第一項から第三項まで及び第四項前段の罪の未遂は、罰する。

刑法〔未遂〕四三・四四

緊逮	即決	裁員	被参	医療	テロ等	公訴時効
○	①○ ②× ③○ ④×	×	○	×	①Ⅱ ②× ③Ⅱ ④Ⅰ	①＝5 ②＝7 ③＝5 ④＝10（7）

①〜③・④前＝未遂
①・③＝親告（例外あり）
②・④＝解放減軽

（解放による刑の減軽）

第二二八条の二　第二百二十五条の二又は第二百二十七条第二項若しくは第四項の罪を犯した者が、公訴が提起される前に、略取され又は誘拐された者を安全な場所に解放したときは、その刑を減軽する。

刑法〔刑の減軽〕六八

（身の代金目的略取等予備）

第二二八条の三　第二百二十五条の二第一項の罪を犯す目的で、その予備をした者は、二年以下の懲役に処する。ただし、実行に着手する前に自首した者は、その刑を減軽し、又は免除する。

刑法〔自首〕四二①〔刑の減軽〕六八

（親告罪）

第二二九条　第二百二十四条の罪及び同条の罪を幇助する目的で犯した第二百二十七条第一項の罪並びにこれらの罪の未遂罪は、告訴がなければ公訴を提起することができない。

緊逮	即決	裁員	被参	医療	テロ等	公訴時効
×	○	×	×	×	×	3

自首減免

◆刑事訴訟法

〔刑の免除の判決〕

第三三四条　被告事件について刑を免除するときは、判決でその旨の言渡をしなければならない。

◆刑事訴訟法

〔告訴権者〕

第二三〇条　犯罪により害を被つた者は、告訴をすることができる。

〔同前〕

第二三一条　被害者の法定代理人は、独立して告訴をすることができる。

②　被害者が死亡したときは、その配偶者、直系の親族又は兄弟姉妹は、告訴をすることができる。但し、被害者の明示した意思に反することはできない。

〔同前〕

◆組織的な犯罪の処罰及び犯罪収益の規制等に関する法律

（組織的な殺人等）

第三条　次の各号に掲げる罪に当たる行為が、団体の活動（団体の意思決定に基づく行為であって、その効果又はこれによる利益が当該団体に帰属するものをいう。以下同じ。）として、当該罪に当たる行為を実行するための組織により行われたときは、その罪を犯した者は、当該各号に定める刑に処する。

十　刑法第二百二十五条の二（身の代金目的略取等）の罪　無期又は五年以上の懲役

（組織的な身の代金目的略取等における解放による刑の減軽）

第五条　第三条第一項第十号に掲げる罪に係る同条の罪を犯した者が、公訴が提起される前に、略取され又は誘拐された者を安全な場所に解放したときは、その刑を減軽する。

第二三二条　被害者の法定代理人が被疑者であるとき、被疑者の配偶者であるとき、又は被疑者の四親等内の血族若しくは三親等内の姻族であるときは、被害者の親族は、独立して告訴をすることができる。

〔告訴権者の指定〕

第二三四条　親告罪について告訴をすることができる者がない場合には、検察官は、利害関係人の申立により告訴をすることができる者を指定することができる。

〔告訴期間〕

第二三五条　親告罪の告訴は、犯人を知つた日から六箇月を経過したときは、これをすることができない。ただし、刑法第二百三十二条第二項の規定により外国の代表者が行う告訴及び日本国に派遣された外国の使節に対する同法第二百三十条又は第二百三十一条の罪につきその使節が行う告訴については、この限りでない。

〔告訴・告発の方式〕

第二四一条　告訴又は告発は、書面又は口頭で検察官又は司法警察員にこれをしなければならない。

②　検察官又は司法警察員は、口頭による告訴又は告発を受けたときは調書を作らなければならない。

〔公訴棄却の判決〕

第三三八条　左の場合には、判決で公訴を棄却しなければならない。

四　公訴提起の手続がその規定に違反したため無効であるとき。

◆民法

（婚姻の無効）

第七四二条　婚姻は、次に掲げる場合に限り、無効とする。

一　人違いその他の事由によって当事者間に婚姻をする意思がないとき。

二　当事者が婚姻の届出をしないとき。ただし、その届出が第七百三十九条第二項に定める方式を欠くだけであるときは、婚姻は、そのためにその効力を妨げられない。

（婚姻の取消し）

第七四三条　婚姻は、次条から第七百四十七条までの規定によらなければ、取り消すことができない。

（不適法な婚姻の取消し）

（親告罪）

第二二九条　第二百二十四条の罪及び同条の罪を幇助する目的で犯した第二百二十七条第一項の罪並びにこれらの罪の未遂罪は、告訴がなければ公訴を提起することができない。

第七四四条　第七百三十一条から第七百三十六条までの規定に違反した婚姻は、各当事者、その親族又は検察官から、その取消しを家庭裁判所に請求することができる。ただし、検察官は、当事者の一方が死亡した後は、これを請求することができない。

2　第七百三十二条又は第七百三十三条の規定に違反した婚姻については、当事者の配偶者又は前配偶者も、その取消しを請求することができる。

（不適齢者の婚姻の取消し）

第七四五条　第七百三十一条の規定に違反した婚姻は、不適齢者が適齢に達したときは、その取消しを請求することができない。

2　不適齢者は、適齢に達した後、なお三箇月間は、その婚姻の取消しを請求することができる。ただし、適齢に達した後に追認をしたときは、この限りでない。

（再婚禁止期間内にした婚姻の取消し）

第七四六条　第七百三十三条の規定に違反した婚姻は、前婚の解消若しくは取消しの日から起算して百日を経過し、又は女が再婚後に出産したときは、その取消しを請求することができない。

（詐欺又は強迫による婚姻の取消し）

第七四七条　詐欺又は強迫によって婚姻をした者は、その婚姻の取消しを家庭裁判所に請求することができる。

2　前項の規定による取消権は、当事者が、詐欺を発見し、若しくは強迫を免れた後三箇月を経過し、又は追認をしたときは、消滅する。

（婚姻の取消しの効力）

第七四八条　婚姻の取消しは、将来に向かってのみその効力を生ずる。

2　婚姻の時においてその取消しの原因があることを知らなかった当事者が、婚姻によって財産を得たときは、現に利益を受けている限度において、その返還をしなければならない。

3　婚姻の時においてその取消しの原因があることを知っていた当事者は、婚姻によって得た利益の全部を返還しなければならない。この場合において、相手方が善意であったときは、これに対して損害を賠償する責任を負う。

（離婚の規定の準用）

刑法（二三〇条・二三〇条の二）

第三十四章　名誉に対する罪

（名誉毀《き》損）

第二三〇条　公然と事実を摘示し、人の名誉を毀《き》損した者は、その事実の有無にかかわらず、三年以下の懲役若しくは禁錮又は五十万円以下の罰金に処する。

２　死者の名誉を毀損した者は、虚偽の事実を摘示することによってした場合でなければ、罰しない。

刑法①〔不処罰〕二三〇の二〔親告罪〕二三二①

（公共の利害に関する場合の特例）

第二三〇条の二　前条第一項の行為が公共の利害に関する事実に係り、かつ、その目的が専ら公益を図ることにあったと認める場合には、事実の真否を判断し、真実であることの証明があったときは、これを罰しない。

２　前項の規定の適用については、公訴が提起されるに至っていない人の犯罪行為に関する事実は、公共の利害に関する事実とみなす。

３　前条第一項の行為が公務員又は公選による公務員の候補者に関する事実に係る場合には、事実の真否を判断し、真実であることの証明があったときは、これを罰しない。

刑法〔公務員〕定義＝七①

手続法

第七四九条　第七百二十八条第一項、第七百六十六条から第七百六十九条まで、第七百九十条第一項ただし書並びに第八百十九条第二項、第三項、第五項及び第六項の規定は、婚姻の取消しについて準用する。

緊逮	即決	裁員	被参	医療	テロ等	公訴時効
○	○	×	×	×	×	3

親告

◆刑事訴訟法

〔告訴権者〕

第二三三条　死者の名誉を毀損した罪については、死者の親族又は子孫は、告訴をすることができる。

②　名誉を毀損した罪について被害者が告訴をしないで死亡したときも、前項と同様である。但し、被害者の明示した意思に反することはできない。

特別法

◆公職選挙法

（公職の定義）

第三条　この法律において「公職」とは、衆議院議員、参議院議員並びに地方公共団体の議会の議員及び長の職をいう。

（侮辱）

第二三一条　事実を摘示しなくても、公然と人を侮辱した者は、拘留又は科料に処する。

刑法〔親告罪〕二三二

（親告罪）

第二三二条　この章の罪は、告訴がなければ公訴を提起することができない。

2　告訴をすることができる者が天皇、皇后、太皇太后、皇太后又は皇嗣であるときは内閣総理大臣が、外国の君主又は大統領であるときはその国の代表者がそれぞれ代わって告訴を行う。

緊速	即決	裁員	被参	医療	テロ等	公訴時効
×	○	×	×	×	×	1

親告

◆日本国憲法

〔天皇の地位・国民主権〕

第一条　天皇は、日本国の象徴であり日本国民統合の象徴であつて、この地位は、主権の存する日本国民の総意に基く。

◆刑事訴訟法

〔告訴権者〕

第二三〇条　犯罪により害を被つた者は、告訴をすることができる。

〔同前〕

第二三一条　被害者の法定代理人は、独立して告訴をすることができる。

②　被害者が死亡したときは、その配偶者、直系の親族又は兄弟姉妹は、告訴をすることができる。但し、被害者の明示した意思に反することはできない。

〔同前〕

第二三二条　被害者の法定代理人が被疑者であるとき、被疑者の配偶者であるとき、又は被疑者の四親等内の血族若しくは三親等内の姻族であるときは、被害者の親族は、独立して告訴をすることができる。

〔同前〕

第二三三条　死者の名誉を毀損した罪については、死者の親族又は子孫は、告訴をすることができる。

②　名誉を毀損した罪について被害者が告訴をしないで死亡したときも、前項と同様である。但し、被害者の明示した意思に反することはできない。

〔告訴権者の指定〕

第二三四条　親告罪について告訴をすることができる者がない場合には、検察官は、利害関係人の申立により告訴をすることができる者を指定することができる。

〔告訴期間〕

刑法（二三三条）

第三十五章　信用及び業務に対する罪

（信用毀損及び業務妨害）
第二三三条　虚偽の風説を流布し、又は偽計を用いて、人の信用を毀損し、又はその業務を妨害した者は、三年以下の懲役又は五十万円以下の罰金に処する。

手続法

第二三五条　親告罪の告訴は、犯人を知つた日から六箇月を経過したときは、これをすることができない。ただし、刑法第二百三十二条第二項の規定により外国の代表者が行う告訴及び日本国に派遣された外国の使節に対する同法第二百三十条又は第二百三十一条の罪につきその使節が行う告訴については、この限りでない。
〔告訴・告発の方式〕
第二四一条　告訴又は告発は、書面又は口頭で検察官又は司法警察員にこれをしなければならない。
②　検察官又は司法警察員は、口頭による告訴又は告発を受けたときは調書を作らなければならない。
〔公訴棄却の判決〕
第三三八条　左の場合には、判決で公訴を棄却しなければならない。
四　公訴提起の手続がその規定に違反したため無効であるとき。

緊速	即決	裁員	被参	医療	テロ等	公訴時効
○	○	×	×	×	×	3

特別法

◆組織的な犯罪の処罰及び犯罪収益の規制等に関する法律

（組織的な殺人等）
第三条　次の各号に掲げる罪に当たる行為が、団体の活動（団体の意思決定に基づく行為であって、その効果又はこれによる利益が当該団体に帰属するものをいう。以下同じ。）として、当該罪に当たる行為を実行するための組織により行われたときは、その罪を犯した者は、当該各号に定める刑に処する。
十一　刑法第二百三十三条（信用毀損及び業務妨害）の罪　五年以下の懲役又は五十万円以下の罰金
2　団体に不正権益（団体の威力に基づく一定の地域又は分野における支配力であって、当該団体の構成員による犯罪その他の不正な行為により当該団体又はその構成員が継続的に利益を得ることを容易にすべきものをいう。以下この項及び第六条の二第二項において同じ。）を得させ、又は団体の不正権益を維持し、若しくは拡大する目的で、前項各号（第五号、第六号及び第十三号を除く。）に掲げる罪を犯した者も、同項と同様とす

刑法（二三四条）

（威力業務妨害）
第二三四条　威力を用いて人の業務を妨害した者も、前条の例による。

手続法

緊速	即決	裁員	被参	医療	テロ等	公訴時効
○	○	×	×	×	×	3

特別法

る。

◆**金融商品取引法**

第一九七条　次の各号のいずれかに該当する者は、十年以下の懲役若しくは千万円以下の罰金に処し、又はこれを併科する。

五　**第百五十七条**、**第百五十八条又は第百五十九条**の規定に違反した者（当該違反が商品関連市場デリバティブ取引のみに係るものである場合を除く。）

⬇第一五七条（不正行為の禁止）
第一五八条（風説の流布、偽計、暴行又は脅迫の禁止）
第一五九条（相場操縦行為等の禁止）

◆**軽犯罪法**

〔軽犯罪〕
第一条　左の各号の一に該当する者は、これを拘留又は科料に処する。

三十一　他人の業務に対して悪戯などでこれを妨害した者

◆**組織的な犯罪の処罰及び犯罪収益の規制等に関する法律**

（組織的な殺人等）
第三条　次の各号に掲げる罪に当たる行為が、団体の活動（団体の意思決定に基づく行為であって、その効果又はこれによる利益が当該団体に帰属するものをいう。以下同じ。）として、当該罪に当たる行為を実行するための組織により行われたときは、その罪を犯した者は、当該各号に定める刑に処する。

十二　刑法第二百三十四条（威力業務妨害）の罪　五年以下の懲役又は五十万円以下の罰金

2　団体に不正権益（団体の威力に基づく一定の地域又は分野における支配力であって、当該団体の構成員による犯罪その他の不正な行為により当該団体又はその構成員が継続的に利益を得ることを容易にすべきものをいう。以下この項及び第六条の二第二項において同じ。）を得させ、又は団体の不正権益を維持し、若しくは拡大する目的で、前項各号（第五号、第六号及び第十三号を除く。）に掲げる罪を犯した者も、同項と同様とする。

◆**暴力行為等処罰ニ関スル法律**

〔集団的犯罪請託罪、同受託罪〕

（電子計算機損壊等業務妨害）

第二三四条の二　人の業務に使用する電子計算機若しくはその用に供する電磁的記録を損壊し、若しくは人の業務に使用する電子計算機に虚偽の情報若しくは不正な指令を与え、又はその他の方法により、電子計算機に使用目的に沿うべき動作をさせず、又は使用目的に反する動作をさせて、人の業務を妨害した者は、五年以下の懲役又は百万円以下の罰金に処する。

2　前項の罪の未遂は、罰する。

刑法〔電磁的記録〕定義＝七の二②不正指令電磁的記録供用＝一六八の二③〔未遂〕四三・四四

緊逮	即決	裁員	被参	医療	テロ等	公訴時効
○	○	×	×	×	Ⅱ	5

未遂

第三条　第一条ノ方法ニ依リ刑法第百九十九条、第二百四条、第二百八条、第二百二十二条、第二百二十三条、第二百三十四条、第二百六十条又ハ第二百六十一条ノ罪ヲ犯サシムル目的ヲ以テ金品其ノ他ノ財産上ノ利益若ハ職務ヲ供与シ又ハ其ノ申込若ハ約束ヲ為シタル者及情ヲ知リテ供与ヲ受ケ又ハ其ノ要求若ハ約束ヲ為シタル者ハ六月以下ノ懲役又ハ十万円以下ノ罰金ニ処ス

②　第一条ノ方法ニ依リ刑法第九十五条ノ罪ヲ犯サシムル目的ヲ以テ前項ノ行為ヲ為シタル者ハ六月以下ノ懲役若ハ禁錮又ハ十万円以下ノ罰金ニ処ス

⬇第一条〔集団的暴行罪、脅迫罪、器物損壊罪〕

◆不正アクセス行為の禁止等に関する法律

（定義）

第二条

4　この法律において「不正アクセス行為」とは、次の各号のいずれかに該当する行為をいう。

一　アクセス制御機能を有する特定電子計算機に電気通信回線を通じて当該アクセス制御機能に係る他人の識別符号を入力して当該特定電子計算機を作動させ、当該アクセス制御機能により制限されている特定利用をし得る状態にさせる行為（当該アクセス制御機能を付加したアクセス管理者がするもの及び当該アクセス管理者又は当該識別符号に係る利用権者の承諾を得てするものを除く。）

二　アクセス制御機能を有する特定電子計算機に電気通信回線を通じて当該アクセス制御機能による特定利用の制限を免れることができる情報（識別符号であるものを除く。）又は指令を入力して当該特定電子計算機を作動させ、その制限されている特定利用をし得る状態にさせる行為（当該アクセス制御機能を付加したアクセス管理者がするもの及び当該アクセス管理者の承諾を得てするものを除く。次号において同じ。）

三　電気通信回線を介して接続された他の特定電子計算機が有するアクセス制御機能によりその特定利用を制限されている特定電子計算機に電気通信回線を通じてその制限を免れることができる情報又は指令を入力して当該特定電子計算機を作動させ、その制限されている特定利用をし得る状態にさせる

（電子計算機損壊等業務妨害）

第二三四条の二　人の業務に使用する電子計算機若しくはその用に供する電磁的記録を損壊し、若しくは人の業務に使用する電子計算機に虚偽の情報若しくは不正な指令を与え、又はその他の方法により、電子計算機に使用目的に沿うべき動作をさせず、又は使用目的に反する動作をさせて、人の業務を妨害した者は、五年以下の懲役又は百万円以下の罰金に処する。

2　前項の罪の未遂は、罰する。

刑法〔電磁的記録〕定義＝七の二②〔不正指令電磁的記録供用＝一六八の二③〔未遂〕四三・四四

行為

（不正アクセス行為の禁止）

第三条　何人も、不正アクセス行為をしてはならない。

（他人の識別符号を不正に取得する行為の禁止）

第四条　何人も、不正アクセス行為（第二条第四項第一号に該当するものに限る。第六条及び第十二条第二号において同じ。）の用に供する目的で、アクセス制御機能に係る他人の識別符号を取得してはならない。

（不正アクセス行為を助長する行為の禁止）

第五条　何人も、業務その他正当な理由による場合を除いては、アクセス制御機能に係る他人の識別符号を、当該アクセス制御機能に係るアクセス管理者及び当該識別符号に係る利用権者以外の者に提供してはならない。

（他人の識別符号を不正に保管する行為の禁止）

第六条　何人も、不正アクセス行為の用に供する目的で、不正に取得されたアクセス制御機能に係る他人の識別符号を保管してはならない。

（識別符号の入力を不正に要求する行為の禁止）

第七条　何人も、アクセス制御機能を特定電子計算機に付加したアクセス管理者になりすまし、その他当該アクセス管理者であると誤認させて、次に掲げる行為をしてはならない。ただし、当該アクセス管理者の承諾を得てする場合は、この限りでない。

一　当該アクセス管理者が当該アクセス制御機能に係る識別符号を付された利用権者に対し当該識別符号を特定電子計算機に入力することを求める旨の情報を、電気通信回線に接続して行う自動公衆送信（公衆によって直接受信されることを目的として公衆からの求めに応じ自動的に送信を行うことをいい、放送又は有線放送に該当するものを除く。）を利用して公衆が閲覧することができる状態に置く行為

二　当該アクセス管理者が当該アクセス制御機能に係る識別符号を付された利用権者に対し当該識別符号を特定電子計算機に入力することを求める旨の情報を、電子メール（特定電子メールの送信の適正化等に関する法律（平成十四年法律第二十六号）第二条第一号に規定する電子メールをいう。）により当該利用権者に送信する行為

（罰則）

刑法（二三五条）

第三十六章　窃盗及び強盗の罪

（窃盗）

第二三五条　他人の財物を窃取した者は、窃盗の罪とし、十年以下の懲役又は五十万円以下の罰金に処する。

刑法〔他人の財物〕他人の占有又は看守する自己の財物＝二四二、電気＝二四五〔未遂〕二四三〔親族間の犯罪〕二四四

手続法

緊逮	即決	裁員	被参	医療	テロ等	公訴時効
○	○	×	×	×	Ⅱ	7

未遂　親族

特別法

第一一条　第三条の規定に違反した者は、三年以下の懲役又は百万円以下の罰金に処する。

第一二条　次の各号のいずれかに該当する者は、一年以下の懲役又は五十万円以下の罰金に処する。

一　第四条の規定に違反した者

二　第五条の規定に違反して、相手方に不正アクセス行為の用に供する目的があることの情を知ってアクセス制御機能に係る他人の識別符号を提供した者

三　第六条の規定に違反した者

四　第七条の規定に違反した者

五　第九条第三項の規定に違反した者

第一三条　第五条の規定に違反した者（前条第二号に該当する者を除く。）は、三十万円以下の罰金に処する。

◆盗犯等ノ防止及処分ニ関スル法律

〔常習特殊窃盗罪・同強盗罪〕

第二条　常習トシテ左ノ各号ノ方法ニ依リ刑法第二百三十五条、第二百三十六条、第二百三十八条若ハ第二百三十九条ノ罪又ハ其ノ未遂罪ヲ犯シタル者ニ対シ窃盗ヲ以テ論ズベキトキハ三年以上、強盗ヲ以テ論ズベキトキハ七年以上ノ有期懲役ニ処ス

一　兇器ヲ携帯シテ犯シタルトキ

二　二人以上現場ニ於テ共同シテ犯シタルトキ

三　門戸牆壁等ヲ踰越損壊シ又ハ鎖鑰ヲ開キ人ノ住居又ハ人ノ看守スル邸宅、建造物若ハ艦船ニ侵入シテ犯シタルトキ

四　夜間人ノ住居又ハ人ノ看守スル邸宅、建造物若ハ艦船ニ侵入シテ犯シタルトキ

〔常習累犯窃盗罪・同強盗罪〕

第三条　常習トシテ前条ニ掲ゲタル刑法各条ノ罪又ハ其ノ未遂罪ヲ犯シタル者ニシテ其ノ行為前十年内ニ此等ノ罪又ハ此等ノ罪ト他ノ罪トノ併合罪ニ付三回以上六月ノ懲役以上ノ刑ノ執行ヲ受ケ又ハ其ノ執行ノ免除ヲ得タルモノニ対シ刑ヲ科スベキトキハ前条ノ例ニ依ル

（不動産侵奪）

第二三五条の二　他人の不動産を侵奪した者は、十年以下の懲役に処する。

刑法〔未遂〕二四三〔親族間の犯罪〕二四四

（強盗）

第二三六条　暴行又は脅迫を用いて他人の財物を強取した者は、強盗の罪とし、五年以上の有期懲役に処する。

2　前項の方法により、財産上不法の利益を得、又は他人にこれを得させた者も、同項と同様とする。

刑法〔他人の財物〕他人の占有又は看守する自己の財物＝二四二、電気＝二四五〔未遂〕二四三〔予備〕二三七

緊逮	即決	裁員	被参	医療	テロ等	公訴時効
○	○	×	×	×	Ⅱ	7

未遂　親族

◆民法

（不動産及び動産）

第八六条　土地及びその定着物は、不動産とする。

（占有回収の訴え）

第二〇〇条　占有者がその占有を奪われたときは、占有回収の訴えにより、その物の返還及び損害の賠償を請求することができる。

2　占有回収の訴えは、占有を侵奪した者の特定承継人に対して提起することができない。ただし、その承継人が侵奪の事実を知っていたときは、この限りでない。

緊逮	即決	裁員	被参	医療	テロ等	公訴時効
○	×	×	×	○	Ⅰ	10(7)

未遂　予備

◆盗犯等ノ防止及処分ニ関スル法律

〔常習特殊窃盗罪・同強盗罪〕

第二条　常習トシテ左ノ各号ノ方法ニ依リ刑法第二百三十五条、第二百三十六条、第二百三十八条若ハ第二百三十九条ノ罪又ハ其ノ未遂罪ヲ犯シタル者ニ対シ窃盗ヲ以テ論ズベキトキハ三年以上、強盗ヲ以テ論ズベキトキハ七年以上ノ有期懲役ニ処ス

一　兇器ヲ携帯シテ犯シタルトキ

二　二人以上現場ニ於テ共同シテ犯シタルトキ

三　門戸牆壁等ヲ踰越損壊シ又ハ鎖鑰ヲ開キ人ノ住居又ハ人ノ看守スル邸宅、建造物若ハ艦船ニ侵入シテ犯シタルトキ

四　夜間人ノ住居又ハ人ノ看守スル邸宅、建造物若ハ艦船ニ侵入シテ犯シタルトキ

〔常習累犯窃盗罪・同強盗罪〕

第三条　常習トシテ前条ニ掲ゲタル刑法各条ノ罪又ハ其ノ未遂罪ヲ犯シタル者ニシテ其ノ行為前十年内ニ此等ノ罪又ハ此等ノ罪ト他ノ罪トノ併合罪ニ付三回以上六月ノ懲役以上ノ刑ノ執行ヲ受ケ又ハ其ノ執行ノ免除ヲ得タルモノニ対シ刑ヲ科スベキトキハ前条ノ例ニ依ル

刑法（二三七条）

（強盗予備）

第二三七条　強盗の罪を犯す目的で、その予備をした者は、二年以下の懲役に処する。

手続法

緊速	即決	裁員	被参	医療	テロ等	公訴時効
×	○	×	×	×	×	3

特別法

◆航空機の強取等の処罰に関する法律

（航空機の強取等）

第一条　暴行若しくは脅迫を用い、又はその他の方法により人を抵抗不能の状態に陥れて、航行中の航空機を強取し、又はほしいままにその運航を支配した者は、無期又は七年以上の懲役に処する。

2　前項の未遂罪は、罰する。

◆破壊活動防止法

（政治目的のための放火の罪の予備等）

第三九条　政治上の主義若しくは施策を推進し、支持し、又はこれに反対する目的をもつて、刑法第百八条、第百九条第一項、第百十七条第一項前段、第百二十六条第一項若しくは第二項、第百九十九条若しくは第二百三十六条第一項の罪の予備、陰謀若しくは教唆をなし、又はこれらの罪を実行させる目的をもつてするその罪のせん動をなした者は、五年以下の懲役又は禁こに処する。

◆軽犯罪法

〔軽犯罪〕

第一条　左の各号の一に該当する者は、これを拘留又は科料に処する。

二　正当な理由がなくて刃物、鉄棒その他人の生命を害し、又は人の身体に重大な害を加えるのに使用されるような器具を隠して携帯していた者

三　正当な理由がなくて合かぎ、のみ、ガラス切りその他他人の邸宅又は建物に侵入するのに使用されるような器具を隠して携帯していた者

◆航空機の強取等の処罰に関する法律

（航空機強取等予備）

第三条　第一条第一項の罪を犯す目的で、その予備をした者は、三年以下の懲役に処する。ただし、実行に着手する前に自首した者は、その刑を減軽し、又は免除する。

⬇第一条（航空機の強取等）

（事後強盗）

第二三八条　窃盗が、財物を得てこれを取り返されることを防ぎ、逮捕を免れ、又は罪跡を隠滅するために、暴行又は脅迫をしたときは、強盗として論ずる。

刑法 〔未遂〕二四三

緊速	即決	裁員	被参	医療	テロ等	公訴時効
○	×	×	×	○	I	10(7)

未遂

◆盗犯等ノ防止及処分ニ関スル法律

〔常習特殊窃盗罪・同強盗罪〕

第二条　常習トシテ左ノ各号ノ方法ニ依リ刑法第二百三十五条、第二百三十六条、第二百三十八条若ハ第二百三十九条ノ罪又ハ其ノ未遂罪ヲ犯シタル者ニ対シ窃盗ヲ以テ論ズベキトキハ三年以上、強盗ヲ以テ論ズベキトキハ七年以上ノ有期懲役ニ処ス

一　兇器ヲ携帯シテ犯シタルトキ

二　二人以上現場ニ於テ共同シテ犯シタルトキ

三　門戸牆壁等ヲ踰越損壊シ又ハ鎖鑰ヲ開キ人ノ住居又ハ人ノ看守スル邸宅、建造物若ハ艦船ニ侵入シテ犯シタルトキ

四　夜間人ノ住居又ハ人ノ看守スル邸宅、建造物若ハ艦船ニ侵入シテ犯シタルトキ

〔常習累犯窃盗罪・同強盗罪〕

第三条　常習トシテ前条ニ掲ゲタル刑法各条ノ罪又ハ其ノ未遂罪ヲ犯シタル者ニシテ其ノ行為前十年内ニ此等ノ罪又ハ此等ノ罪ト他ノ罪トノ併合罪ニ付三回以上六月ノ懲役以上ノ刑ノ執行ヲ受ケ又ハ其ノ執行ノ免除ヲ得タルモノニ対シ刑ヲ科スベキトキハ前条ノ例ニ依ル

（昏《こん》酔強盗）

第二三九条　人を昏《こん》酔させてその財物を盗取した者は、強盗として論ずる。

刑法 〔未遂〕二四三

緊速	即決	裁員	被参	医療	テロ等	公訴時効
○	×	×	×	×	I	10(7)

未遂

◆盗犯等ノ防止及処分ニ関スル法律

〔常習特殊窃盗罪・同強盗罪〕

第二条　常習トシテ左ノ各号ノ方法ニ依リ刑法第二百三十五条、第二百三十六条、第二百三十八条若ハ第二百三十九条ノ罪又ハ其ノ未遂罪ヲ犯シタル者ニ対シ窃盗ヲ以テ論ズベキトキハ三年以上、強盗ヲ以テ論ズベキトキハ七年以上ノ有期懲役ニ処ス

一　兇器ヲ携帯シテ犯シタルトキ

二　二人以上現場ニ於テ共同シテ犯シタルトキ

三　門戸牆壁等ヲ踰越損壊シ又ハ鎖鑰ヲ開キ人ノ住居又ハ人ノ看守スル邸宅、建造物若ハ艦船ニ侵入シテ犯シタルトキ

四　夜間人ノ住居又ハ人ノ看守スル邸宅、建造物若ハ艦船ニ侵入シテ犯シタルトキ

〔常習累犯窃盗罪・同強盗罪〕

第三条　常習トシテ前条ニ掲ゲタル刑法各条ノ罪又ハ其ノ未遂罪ヲ犯シタル者ニシテ其ノ行為前十年内ニ此等ノ罪又ハ此等ノ罪ト他ノ罪トノ併合罪ニ付三回以上六月ノ懲役以上ノ刑ノ執行ヲ受ケ又ハ其ノ執行ノ免除ヲ得タルモノニ対シ刑ヲ科スベキトキハ前条ノ例ニ依ル

刑法（二四〇条・二四一条）

（強盗致死傷）

第二四〇条　強盗が、人を負傷させたときは無期又は六年以上の懲役に処し、死亡させたときは死刑又は無期懲役に処する。

刑法 〔未遂〕二四三

手続法

緊逮	即決	裁員	被参	医療	テロ等	公訴時効
○	×	○	○	○	×	15(10) 致死＝無(25)

未遂

※強盗殺人未遂の場合

緊逮	即決	裁員	被参	医療	テロ等	公訴時効
○	×	○	○	○	×	25(15)

◆少年法

（死刑と無期刑の緩和）

第五十一条　罪を犯すとき十八歳に満たない者に対しては、死刑をもつて処断すべきときは、無期刑を科する。

2　罪を犯すとき十八歳に満たない者に対しては、無期刑をもつて処断すべきときであつても、有期の懲役又は禁錮を科することができる。この場合において、その刑は、十年以上二十年以下において言い渡す。

特別法

◆盗犯等ノ防止及処分ニ関スル法律

（常習強盗致傷罪・常習強盗強姦罪）

第四条　常習トシテ刑法第二百四十条ノ罪（人ヲ傷シタルトキニ限ル）又ハ第二百四十一条第一項ノ罪ヲ犯シタル者ハ無期又ハ十年以上ノ懲役ニ処ス

◆航空機の強取等の処罰に関する法律

（航空機強取等致死）

第二条　前条の罪を犯し、よつて人を死亡させた者は、死刑又は無期懲役に処する。

⬇第一条（航空機の強取等）

（強盗・強制性交等及び同致死）

第二四一条　強盗の罪若しくはその未遂罪を犯した者が強制性交等の罪（第百七十九条第二項の罪を除く。以下この項において同じ。）若しくはその未遂罪をも犯したとき、又は強制性交等の罪若しくはその未遂罪を犯した者が強盗の罪若しくはその未遂罪をも犯したときは、無期又は七年以上の懲役に処する。

2　前項の場合のうち、その犯した罪がいずれも未遂罪であるときは、人を死傷させたときを除き、その刑を減軽することができる。ただし、自己の意思に

緊逮	即決	裁員	被参	医療	テロ等	公訴時効
○	×	○	○	○	×	15(10) 致死＝無(25)

未遂

◆少年法

（死刑と無期刑の緩和）

第五十一条　罪を犯すとき十八歳に満たない者に対しては、死刑をもつて処断すべきときは、無期刑を科する。

◆盗犯等ノ防止及処分ニ関スル法律

（常習強盗致傷罪・常習強盗強姦罪）

第四条　常習トシテ刑法第二百四十条ノ罪（人ヲ傷シタルトキニ限ル）又ハ第二百四十一条第一項ノ罪ヲ犯シタル者ハ無期又ハ十年以上ノ懲役ニ処ス

よりいずれかの犯罪を中止したときは、その刑を減軽し、又は免除する。

3　第一項の罪に当たる行為により人を死亡させた者は、死刑又は無期懲役に処する。

刑法〔強制性交等〕一七七―一七九　②〔減軽〕六八―七〇・七二2　③〔未遂〕二四三

（他人の占有等に係る自己の財物）

第二四二条　自己の財物であっても、他人が占有し、又は公務所の命令により他人が看守するものであるときは、この章の罪については、他人の財物とみなす。

刑法〔公務所〕定義＝七②

（未遂罪）

第二四三条　第二百三十五条から第二百三十六条まで、第二百三十八条から第二百四十条まで及び第二百四十一条第三項の罪の未遂は、罰する。

刑法〔未遂〕四三・四四

（親族間の犯罪に関する特例）

第二四四条　配偶者、直系血族又は同居の親族との間で第二百三十五条の罪、第二百三十五条の二の罪又はこれらの罪の未遂罪を犯した者は、その刑を免除する。

2　前項に規定する親族以外の親族との間で犯した同項に規定する罪は、告訴がなければ公訴を提起することができない。

3　前二項の規定は、親族でない共犯については、適用しない。

刑法③〔共犯〕六〇―六二

2　罪を犯すとき十八歳に満たない者に対しては、無期刑をもって処断すべきときであっても、有期の懲役又は禁錮を科することができる。この場合において、その刑は、十年以上二十年以下において言い渡す。

◆民法

（親族の範囲）

第七二五条　次に掲げる者は、親族とする。

一　六親等内の血族

二　配偶者

三　三親等内の姻族

（縁組による親族関係の発生）

第七二七条　養子と養親及びその血族との間においては、養子縁組の日から、血族間におけるのと同一の親族関係を生ずる。

（離婚等による姻族関係の終了）

第七二八条　姻族関係は、離婚によって終了する。

2　夫婦の一方が死亡した場合において、生存配偶者が姻族関係を終了させる意思を表示したときも、前項と同様とする。

（離縁による親族関係の終了）

第七二九条　養子及びその配偶者並びに養子の直系卑属及びその配偶者と養親及びその血族との親族関係は、離縁によって終了する。

◆ 刑事訴訟法

〔告訴権者〕

第二三〇条　犯罪により害を被つた者は、告訴をすることができる。

〔同前〕

第二三一条　被害者の法定代理人は、独立して告訴をすることができる。

②　被害者が死亡したときは、その配偶者、直系の親族又は兄弟姉妹は、告訴をすることができる。但し、被害者の明示した意思に反することはできない。

〔同前〕

第二三二条　被害者の法定代理人が被疑者であるとき、被疑者の配偶者であるとき、又は被疑者の四親等内の血族若しくは三親等内の姻族であるときは、被害者の親族は、独立して告訴をすることができる。

〔告訴権者の指定〕

第二三四条　親告罪について告訴をすることができる者がない場合には、検察官は、利害関係人の申立により告訴をすることができる者を指定することができる。

〔告訴期間〕

第二三五条　親告罪の告訴は、犯人を知つた日から六箇月を経過したときは、これをすることができない。ただし、刑法第二百三十二条第二項の規定により外国の代表者が行う告訴及び日本国に派遣された外国の使節に対する同法第二百三十条又は第二百三十一条の罪につきその使節が行う告訴については、この限りでない。

〔告訴期間の独立〕

第二三六条　告訴をすることができる者が数人ある場合には、一人の期間の徒過は、他の者に対しその効力を及ぼさない。

〔告訴・告発の方式〕

第二四一条　告訴又は告発は、書面又は口頭で検察官又は司法警察員にこれをしなければならない。

②　検察官又は司法警察員は、口頭による告訴又は告発を受けたときは調書を作らなければならない。

（電気）
第二四五条　この章の罪については、電気は、財物とみなす。

第三十七章　詐欺及び恐喝の罪

（詐欺）
第二四六条　人を欺いて財物を交付させた者は、十年以下の懲役に処する。
2　前項の方法により、財産上不法の利益を得、又は他人にこれを得させた者も、同項と同様とする。
刑法〔未遂〕二五〇〔自己の財物・親族間の犯罪・電気〕二五一
例示〔特別規定〕税の逋脱＝所税二三八・二三九、法税一五九・一六〇、相税六八、消税六四、印税二一、地方揮発油税法一五、誇大広告＝医薬品医療機器等六六①、軽犯一34、不正取引＝金商一五七

（電子計算機使用詐欺）

第二四六条の二　前条に規定するもののほか、人の事務処理に使用する電子計算機に虚偽の情報若しくは不正な指令を与えて財産権の得喪若しくは変更に係る不実の電磁的記録を作り、又は財産権の得喪若しくは変更に係る虚偽の電磁的記録を人の事務処理の用に供して、財産上不法の利益を得、又は他人にこれを得させた者は、十年以下の懲役に処する。

刑法〔電磁的記録〕定義＝七の二〔未遂〕二五〇〔親族間の犯

（刑の免除の判決）
第三三四条　被告事件について刑を免除するときは、判決でその旨の言渡をしなければならない。
（公訴棄却の判決）
第三三八条　左の場合には、判決で公訴を棄却しなければならない。
四　公訴提起の手続がその規定に違反したため無効であるとき。

緊逮	即決	裁員	被参	医療	テロ等	公訴時効
○	○	×	×	×	×	7

未遂　親族

緊逮	即決	裁員	被参	医療	テロ等	公訴時効
○	○	×	×	×	Ⅱ	7

未遂　親族

◆組織的な犯罪の処罰及び犯罪収益の規制等に関する法律

（組織的な殺人等）
第三条　次の各号に掲げる罪に当たる行為が、団体の活動（団体の意思決定に基づく行為であって、その効果又はこれによる利益が当該団体に帰属するものをいう。以下同じ。）として、当該罪に当たる行為を実行するための組織により行われたときは、その罪を犯した者は、当該各号に定める刑に処する。
十三　刑法第二百四十六条（詐欺）の罪　一年以上の有期懲役

◆不正アクセス行為の禁止等に関する法律

（定義）

第二条
4　この法律において「不正アクセス行為」とは、次の各号のいずれかに該当する行為をいう。
一　アクセス制御機能を有する特定電子計算機に電気通信回線を通じて当該アクセス制御機能に係る他人の識別符号を入力して当該特定電子計算機を作動させ、当該アクセス制御機能により制限されている特定利用をし得る状態にさせる行為（当該アクセス制御機能を付加したアクセス管理者がするもの及び当該アクセス管理者又は当該識別符号に係る利用権者

刑法（二四六条の二）

罪）二五一

手続法

特別法

の承諾を得てするものを除く。）

二　アクセス制御機能を有する特定電子計算機に電気通信回線を通じて当該アクセス制御機能による特定利用の制限を免れることができる情報（識別符号であるものを除く。）又は指令を入力して当該特定電子計算機を作動させ、その制限されている特定利用をし得る状態にさせる行為（当該アクセス制御機能を付加したアクセス管理者がするもの及び当該アクセス管理者の承諾を得てするものを除く。次号において同じ。）

三　電気通信回線を介して接続された他の特定電子計算機が有するアクセス制御機能によりその特定利用を制限されている特定電子計算機に電気通信回線を通じてその制限を免れることができる情報又は指令を入力して当該特定電子計算機を作動させ、その制限されている特定利用をし得る状態にさせる行為

（不正アクセス行為の禁止）

第三条　何人も、不正アクセス行為をしてはならない。

（他人の識別符号を不正に取得する行為の禁止）

第四条　何人も、不正アクセス行為（第二条第四項第一号に該当するものに限る。第六条及び第十二条第二号において同じ。）の用に供する目的で、アクセス制御機能に係る他人の識別符号を取得してはならない。

（不正アクセス行為を助長する行為の禁止）

第五条　何人も、業務その他正当な理由による場合を除いては、アクセス制御機能に係る他人の識別符号を、当該アクセス制御機能に係るアクセス管理者及び当該識別符号に係る利用権者以外の者に提供してはならない。

（他人の識別符号を不正に保管する行為の禁止）

第六条　何人も、不正アクセス行為の用に供する目的で、不正に取得されたアクセス制御機能に係る他人の識別符号を保管してはならない。

（識別符号の入力を不正に要求する行為の禁止）

第七条　何人も、アクセス制御機能を特定電子計算機に付加したアクセス管理者になりすまし、その他当該アクセス管理者であると誤認させて、次に掲げる行為をしてはならない。ただし、当該アクセス管理者の承諾を得てする場合は、この限りでない。

一　当該アクセス管理者が当該アクセス制御機能に係る識別符

（背任）

第二四七条　他人のためにその事務を処理する者が、自己若しくは第三者の利益を図り又は本人に損害を加える目的で、その任務に背く行為をし、本人に財産上の損害を加えたときは、五年以下の懲役又は五十万円以下の罰金に処する。

[刑法]〔未遂〕二五〇〔親族間の犯罪〕二五一

緊速	即決	裁員	被参	医療	テロ等	公訴時効
○	○	×	×	×	Ⅱ	5
[未遂]	[親族]					

号を付された利用権者に対し当該識別符号を特定電子計算機に入力することを求める旨の情報を、電気通信回線に接続して行う自動公衆送信（公衆によって直接受信されることを目的として公衆からの求めに応じ自動的に送信を行うことをいい、放送又は有線放送に該当するものを除く。）を利用して公衆が閲覧することができる状態に置く行為

二　当該アクセス管理者が当該アクセス制御機能に係る識別符号を付された利用権者に対し当該識別符号を特定電子計算機に入力することを求める旨の情報を、電子メール（特定電子メールの送信の適正化等に関する法律（平成十四年法律第二十六号）第二条第一号に規定する電子メールをいう。）により当該利用権者に送信する行為

（罰則）

第一一条　第三条の規定に違反した者は、三年以下の懲役又は百万円以下の罰金に処する。

第一二条　次の各号のいずれかに該当する者は、一年以下の懲役又は五十万円以下の罰金に処する。

一　第四条の規定に違反した者

二　第五条の規定に違反して、相手方に不正アクセス行為の用に供する目的があることの情を知ってアクセス制御機能に係る他人の識別符号を提供した者

三　第六条の規定に違反した者

四　第七条の規定に違反した者

五　第九条第三項の規定に違反した者

第一三条　第五条の規定に違反した者（前条第二号に該当する者を除く。）は、三十万円以下の罰金に処する。

◆会社法

（取締役等の特別背任罪）

第九六〇条　次に掲げる者が、自己若しくは第三者の利益を図り又は株式会社に損害を加える目的で、その任務に背く行為をし、当該株式会社に財産上の損害を加えたときは、十年以下の懲役若しくは千万円以下の罰金に処し、又はこれを併科する。

一　発起人

二　設立時取締役又は設立時監査役

三　取締役、会計参与、監査役又は執行役

四　民事保全法第五十六条に規定する仮処分命令により選任さ

（準詐欺）

第二四八条　未成年者の知慮浅薄又は人の心神耗弱に乗じて、その財物を交付させ、又は財産上不法の利益を得、若しくは他人にこれを得させた者は、十年以下の懲役に処する。

刑法〔未遂〕二五〇〔自己の財物・親族間の犯罪・電気〕二五一

緊逮	即決	裁員	被参	医療	テロ等	公訴時効
○	○	×	×	×	Ⅱ	7

未遂　親族

れた取締役、監査役又は執行役の職務を代行する者

五　第三百四十六条第二項、第三百五十一条第二項又は第四百一条第三項（第四百三条第三項及び第四百二十条第三項において準用する場合を含む。）の規定により選任された一時取締役（監査等委員会設置会社にあっては、監査等委員である取締役又はそれ以外の取締役）、会計参与、監査役、代表取締役、委員（指名委員会、監査委員会又は報酬委員会の委員をいう。）、執行役又は代表執行役の職務を行うべき者

六　支配人

七　事業に関するある種類又は特定の事項の委任を受けた使用人

八　検査役

2　次に掲げる者が、自己若しくは第三者の利益を図り又は清算株式会社に損害を加える目的で、その任務に背く行為をし、当該清算株式会社に財産上の損害を加えたときも、前項と同様とする。

一　清算株式会社の清算人

二　民事保全法第五十六条に規定する仮処分命令により選任された清算株式会社の清算人の職務を代行する者

三　第四百七十九条第四項において準用する第三百四十六条第二項又は第四百八十三条第六項において準用する第三百五十一条第二項の規定により選任された一時清算人又は代表清算人の職務を行うべき者

四　清算人代理

五　監督委員

六　調査委員

（恐喝）

第二四九条 人を恐喝して財物を交付させた者は、十年以下の懲役に処する。

2 前項の方法により、財産上不法の利益を得、又は他人にこれを得させた者も、同項と同様とする。

刑法 二四八参照

（未遂罪）

第二五〇条 この章の罪の未遂は、罰する。

刑法〔未遂〕四三・四四

（準用）

第二五一条 第二百四十二条、第二百四十四条及び第二百四十五条の規定は、この章の罪について準用する。

第三十八章 横領の罪

（横領）

第二五二条 自己の占有する他人の物を横領した者は、五年以下の懲役に処する。

2 自己の物であっても、公務所から保管を命ぜられた場合において、これを横領した者も、前項と同様とする。

刑法〔公務所〕定義＝七②〔親族間の犯罪〕二五五

手続法

緊逮	即決	裁員	被参	医療	テロ等	公訴時効
○	○	×	×	×	×	7

未遂 親族

緊逮	即決	裁員	被参	医療	テロ等	公訴時効
○	○	×	×	×	Ⅱ	5

親族

特別法

◆組織的な犯罪の処罰及び犯罪収益の規制等に関する法律

（組織的な殺人等）

第三条 次の各号に掲げる罪に当たる行為が、団体の活動（団体の意思決定に基づく行為であって、その効果又はこれによる利益が当該団体に帰属するものをいう。以下同じ。）として、当該罪に当たる行為を実行するための組織により行われたときは、その罪を犯した者は、当該各号に定める刑に処する。

十四 刑法第二百四十九条（恐喝）の罪 一年以上の有期懲役

2 団体に不正権益（団体の威力に基づく一定の地域又は分野における支配力であって、当該団体の構成員による犯罪その他の不正な行為により当該団体又はその構成員が継続的に利益を得ることを容易にすべきものをいう。以下この項及び第六条の二第二項において同じ。）を得させ、又は団体の不正権益を維持し、若しくは拡大する目的で、前項各号（第五号、第六号及び第十三号を除く。）に掲げる罪を犯した者も、同項と同様とする。

刑法（二五三条・二五四条）

（業務上横領）
第二五三条　業務上自己の占有する他人の物を横領した者は、十年以下の懲役に処する。

刑法〔親族間の犯罪〕二五五

（遺失物等横領）
第二五四条　遺失物、漂流物その他占有を離れた他人の物を横領した者は、一年以下の懲役又は十万円以下の罰金若しくは科料に処する。

手続法

緊逮	即決	裁員	被参	医療	テロ等	公訴時効
○	○	×	×	×	×	7

親族

緊逮	即決	裁員	被参	医療	テロ等	公訴時効
×	○	×	×	×	×	3

特別法

◆遺失物法

（定義）
第二条　この法律において「物件」とは、遺失物及び埋蔵物並びに準遺失物（誤って占有した他人の物、他人の置き去った物及び逸走した家畜をいう。次条において同じ。）をいう。

2　この法律において「拾得」とは、物件の占有を始めること（埋蔵物及び他人の置き去った物にあっては、これを発見すること）をいう。

3　この法律において「拾得者」とは、物件の拾得をした者をいう。

4　この法律において「遺失者」とは、物件の占有をしていた者（他に所有者その他の当該物件の回復の請求権を有する者があるときは、その者を含む。）をいう。

第四条　拾得者は、速やかに、拾得をした物件を遺失者に返還し、又は警察署長に提出しなければならない。ただし、法令の規定によりその所持が禁止されている物に該当する物件及び犯罪の犯人が占有していたと認められる物件は、速やかに、これを警察署長に提出しなければならない。

2　施設において物件（埋蔵物を除く。第三節において同じ。）の拾得をした拾得者（当該施設の施設占有者を除く。）は、前項の規定にかかわらず、速やかに、当該物件を当該施設の施設占有者に交付しなければならない。

3　前二項の規定は、動物の愛護及び管理に関する法律（昭和四十八年法律第百五号）第三十五条第三項に規定する犬又は猫に該当する物件について同項の規定による引取りの求めを行った拾得者については、適用しない。

◆水難救護法

〔隠匿物件の捜索又は押収〕
第八条　市町村長ハ救護ニ際シ遭難物件ヲ隠匿シタル者アリト認ムルトキハ其ノ物件ヲ捜索シ又ハ之ヲ差押フルコトヲ得

（準用）
第二五五条　第二百四十四条の規定は、この章の罪について準用する。

第三十九章　盗品等に関する罪

（盗品譲受け等）
第二五六条　盗品その他財産に対する罪に当たる行為によって領得された物を無償で譲り受けた者は、三年以下の懲役に処する。
2　前項に規定する物を運搬し、保管し、若しくは有償で譲り受け、又はその有償の処分のあっせんをした者は、十年以下の懲役及び五十万円以下の罰金に処する。
刑法（親族間の犯罪）二五七
例示（特別規定）過失による品触れ違反＝古物三七、質屋三四

（親族等の間の犯罪に関する特例）
第二五七条　配偶者との間又は直系血族、同居の親族若しくはこれらの者の配偶者との間で前条の罪を犯した者は、その刑を免除する。
2　前項の規定は、親族でない共犯については、適用しない。
刑法②（共犯）六〇―六二

緊逮	即決	裁員	被参	医療	テロ等	公訴時効
○	○	×	×	×	①× ②Ⅱ	①＝3 ②＝7

親族

◆民法
（親族の範囲）
第七二五条　次に掲げる者は、親族とする。
一　六親等内の血族
二　配偶者
三　三親等内の姻族
（縁組による親族関係の発生）
第七二七条　養子と養親及びその血族との間においては、養子縁

（拾得者の引渡義務及び受け得る報酬）
第二四条　漂流物又ハ沈没品ヲ拾得シタル者ハ遅滞ナク之ヲ市町村長ニ引渡スヘシ但シ其ノ物件ノ所有者分明ナル場合ニ於テハ拾得ノ日ヨリ七日以内ニ限リ直ニ其ノ所有者ニ引渡スコトヲ得
②　前項但書ノ場合ニ於テハ拾得者ハ所有者ヨリ河川ニ漂流スル材木ニ在リテハ其ノ価格ノ十五分ノ一、其ノ他ノ漂流物ニ在リテハ其ノ物件ノ価格ノ十分ノ一、沈没品ニ在リテハ其ノ物件ノ価格ノ三分ノ一ニ相当スル金額以内ノ報酬ヲ受クルコトヲ得
第三五条ノ一　刑法第三百八十五条及第三百八十七条ノ規定ハ沈没品ニ亦之ヲ適用ス

◆森林法
第一九九条　森林窃盗の贓《ぞう》物を原料として木材、木炭その他の物品を製造した場合には、その物品は、森林窃盗の贓物とみなす。
第二〇一条　森林窃盗の贓物を収受した者は、三年以下の懲役又は三十万円以下の罰金に処する。
2　森林窃盗の贓物の運搬、寄蔵、故買又は牙《が》保をした者は、五年以下の懲役又は五十万円以下の罰金に処する。

第四十章　毀棄及び隠匿の罪

（公用文書等毀棄）

第二五八条　公務所の用に供する文書又は電磁的記録を毀棄した者は、三月以上七年以下の懲役に処する。

刑法〔公務所〕定義＝七②〔電磁的記録〕定義＝七の二

（私用文書等毀棄）

第二五九条　権利又は義務に関する他人の文書又は電磁的記録を毀棄した者は、五年以下の懲役に処する。

刑法〔電磁的記録〕定義＝七の二〔親告罪〕二六四

（建造物等損壊及び同致死傷）

第二六〇条　他人の建造物又は艦船を損壊した者は、五年以下の懲役に処する。よって人を死傷させた者は、傷害の罪と比較して、重い刑により処断する。

刑法〔傷害の罪〕二〇四・二〇五〔刑の軽重〕一〇

例示〔特別規定〕家屋等へのはり札＝軽犯一33、過失犯＝道交一一六

組の日から、血族間におけるのと同一の親族関係を生ずる。

（離婚等による姻族関係の終了）

第七二八条　姻族関係は、離婚によって終了する。

２　夫婦の一方が死亡した場合において、生存配偶者が姻族関係を終了させる意思を表示したときも、前項と同様とする。

（離縁による親族関係の終了）

第七二九条　養子及びその配偶者並びに養子の直系卑属及びその配偶者と養親及びその血族との親族関係は、離縁によって終了する。

◆刑事訴訟法

〔刑の免除の判決〕

第三三四条　被告事件について刑を免除するときは、判決でその旨の言渡をしなければならない。

緊逮	即決	裁員	被参	医療	テロ等	公訴時効
○	○	×	×	×	×	5

緊逮	即決	裁員	被参	医療	テロ等	公訴時効
○	○	×	×	×	×	5

親告

緊逮	即決	裁員	被参	医療	テロ等	公訴時効
○	○	×	前× 後○	前× 後△	×	前＝5 後＝10（7）

◆組織的な犯罪の処罰及び犯罪収益の規制等に関する法律

（組織的な殺人等）

第三条　次の各号に掲げる罪に当たる行為が、団体の活動（団体の意思決定に基づく行為であって、その効果又はこれによる利益が当該団体に帰属するものをいう。以下同じ。）として、当該罪に当たる行為を実行するための組織により行われたときは、その罪を犯した者は、当該各号に定める刑に処する。

（器物損壊等）
第二六一条　前三条に規定するもののほか、他人の物を損壊し、又は傷害した者は、三年以下の懲役又は三十万円以下の罰金若しくは科料に処する。

刑法 （親告罪）二六四

※致死の場合

緊逮	即決	裁員	被参	医療	テロ等	公訴時効
○	×	○	○	△	×	20(10)

緊逮	即決	裁員	被参	医療	テロ等	公訴時効
○	○	×	×	×	×	3

親告

十五　刑法第二百六十条前段（建造物等損壊）の罪　七年以下の懲役

2　団体に不正権益（団体の威力に基づく一定の地域又は分野における支配力であって、当該団体の構成員による犯罪その他の不正な行為により当該団体又はその構成員が継続的に利益を得ることを容易にすべきものをいう。以下この項及び第六条の二第二項において同じ。）を得させ、又は団体の不正権益を維持し、若しくは拡大する目的で、前項各号（第五号、第六号及び第十三号を除く。）に掲げる罪を犯した者も、同項と同様とする。

◆暴力行為等処罰ニ関スル法律

〔集団的犯罪請託罪、同受託罪〕
第三条　第一条ノ方法ニ依リ刑法第百九十九条、第二百四条、第二百八条、第二百二十二条、第二百二十三条、第二百三十四条、第二百六十条又ハ第二百六十一条ノ罪ヲ犯サシムル目的ヲ以テ金品其ノ他ノ財産上ノ利益若ハ職務ヲ供与シ又ハ其ノ申込若ハ約束ヲ為シタル者及情ヲ知リテ供与ヲ受ケ又ハ其ノ要求若ハ約束ヲ為シタル者ハ六月以下ノ懲役又ハ十万円以下ノ罰金ニ処ス

②　第一条ノ方法ニ依リ刑法第九十五条ノ罪ヲ犯サシムル目的ヲ以テ前項ノ行為ヲ為シタル者ハ六月以下ノ懲役若ハ禁錮又ハ十万円以下ノ罰金ニ処ス

◆暴力行為等処罰ニ関スル法律

〔集団的暴行罪、脅迫罪、器物損壊罪〕
第一条　団体若ハ多衆ノ威力ヲ示シ、団体若ハ多衆ヲ仮装シテ威力ヲ示シ又ハ兇器ヲ示シ若ハ数人共同シテ刑法（明治四十年法律第四十五号）第二百八条、第二百二十二条又ハ第二百六十一条ノ罪ヲ犯シタル者ハ三年以下ノ懲役又ハ三十万円以下ノ罰金ニ処ス

〔常習的傷害罪、暴行罪、脅迫罪、器物損壊罪〕
第一条ノ三　常習トシテ刑法第二百四条、第二百八条、第二百二十二条又ハ第二百六十一条ノ罪ヲ犯シタル者人ヲ傷害シタルモノナルトキハ一年以上十五年以下ノ懲役ニ処シ其ノ他ノ場合ニ在リテハ三月以上五年以下ノ懲役ニ処ス

〔集団的犯罪請託罪、同受託罪〕
第三条　第一条ノ方法ニ依リ刑法第百九十九条、第二百四条、第

刑法（二六二条―二六三条）

（自己の物の損壊等）

第二六二条　自己の物であっても、差押えを受け、物権を負担し、又は賃貸したものを損壊し、又は傷害したときは、前三条の例による。

刑法〔差押え・物権・賃貸〕一一五参照

（境界損壊）
第二六二条の二　境界標を損壊し、移動し、若しくは除去し、又はその他の方法により、土地の境界を認識することができないようにした者は、五年以下の懲役又は五十万円以下の罰金に処する。

（信書隠匿）

第二六三条　他人の信書を隠匿した者は、六月以下の懲役若しくは禁錮又は十万円以下の罰金若しくは科料に処する。

刑法〔親告罪〕二六四

手続法

緊逮	即決	裁員	被参	医療	テロ等	公訴時効
○	○	×	×	×	×	5

緊逮	即決	裁員	被参	医療	テロ等	公訴時効
×	○	×	×	×	×	3

親告

特別法

二百八条、第二百二十二条、第二百二十三条、第二百三十四条、第二百六十条又ハ第二百六十一条ノ罪ヲ犯サシムル目的ヲ以テ金品其ノ他ノ財産上ノ利益若ハ職務ヲ供与シ又ハ其ノ申込若ハ約束ヲ為シタル者及情ヲ知リテ供与ヲ受ケ又ハ其ノ要求若ハ約束ヲ為シタル者ハ六月以下ノ懲役又ハ十万円以下ノ罰金ニ処ス
②　第一条ノ方法ニ依リ刑法第九十五条ノ罪ヲ犯サシムル目的ヲ以テ前項ノ行為ヲ為シタル者ハ六月以下ノ懲役若ハ禁錮又ハ十万円以下ノ罰金ニ処ス

◆郵便法

第七七条（郵便物を開く等の罪）　会社の取扱中に係る郵便物を正当の事由なく開き、き損し、隠匿し、放棄し、又は受取人でない者に交付した者は、それを三年以下の懲役又は五十万円以下の罰金に処する。ただし、刑法の罪に触れるときは、その行為者は、同法の罪と比較して、重きに従つて処断する。
第八六条（未遂罪及び予備罪）　**第七十六条**から**第七十八条**まで、**第八十条及び前二条**の未遂罪は、これを罰する。
②　**前条**の罪を犯す目的でその予備をした者は、これを二年以下の懲役又は十万円以下の罰金に処し、その用に供した物は、これを没収する。

（親告罪）

第二六四条　第二百五十九条、第二百六十一条及び前条の罪は、告訴がなければ公訴を提起することができない。

附　則（略）

◆刑事訴訟法

〔告訴権者〕

第二三〇条　犯罪により害を被つた者は、告訴をすることができる。

〔同前〕

第二三一条　被害者の法定代理人は、独立して告訴をすることができる。

②　被害者が死亡したときは、その配偶者、直系の親族又は兄弟姉妹は、告訴をすることができる。但し、被害者の明示した意思に反することはできない。

〔同前〕

第二三二条　被害者の法定代理人が被疑者であるとき、被疑者の配偶者であるとき、又は被疑者の四親等内の血族若しくは三親等内の姻族であるときは、被害者の親族は、独立して告訴をすることができる。

〔告訴権者の指定〕

第二三四条　親告罪について告訴をすることができる者がない場合には、検察官は、利害関係人の申立により告訴をすることができる者を指定することができる。

〔告訴期間〕

第二三五条　親告罪の告訴は、犯人を知つた日から六箇月を経過したときは、これをすることができない。ただし、刑法第二百三十二条第二項の規定により外国の代表者が行う告訴及び日本国に派遣された外国の使節に対する同法第二百三十条又は第二百三十一条の罪につきその使節が行う告訴については、この限りでない。

〔告訴期間の独立〕

第二三六条　告訴をすることができる者が数人ある場合には、一人の期間の徒過は、他の者に対しその効力を及ぼさない。

〔告訴・告発の方式〕

第二四一条　告訴又は告発は、書面又は口頭で検察官又は司法警察員にこれをしなければならない。

⬇第七六条（事業の独占を乱す罪）
第七八条（郵便用物件を損傷する等の罪）
第八〇条（信書の秘密を侵す罪）
第八四条（料金を免れる罪）
第八五条（切手類を偽造する等の罪）

刑法（二六四条）

手続法

② 検察官又は司法警察員は、口頭による告訴又は告発を受けたときは調書を作らなければならない。

〔公訴棄却の判決〕

第三三八条　左の場合には、判決で公訴を棄却しなければならない。

四　公訴提起の手続がその規定に違反したため無効であるとき。

特別法